Report on the Administrative Enforcement of Anti-monopoly Law in China (2008~2015)

中国反垄断行政执法报告

(2008~2015)

林文 著

反垄断

知识产权出版社
全国百佳图书出版单位

图书在版编目（CIP）数据

中国反垄断行政执法报告. 2008~2015/林文著. —北京：知识产权出版社，2016.10
ISBN 978-7-5130-4517-9

Ⅰ. ①中…　Ⅱ. ①林…　Ⅲ. ①反垄断法—行政执法—研究报告—中国—2008-2015
Ⅳ. ①D922.294.4

中国版本图书馆 CIP 数据核字（2016）第 243097 号

内容提要

本书对《反垄断法》实施以来截至 2015 年 12 月 31 日三大反垄断执法机构（发改委、工商行政管理机关、商务部）公布的所有反垄断案件进行了统计分析。分析主要从两方面进行，一方面是对执法结果的分析，包括反垄断案件的地域分布、行业分布、垄断行为主体类型、垄断行为类型、处罚情况等；另一方面则是对执法程序的分析，包括反垄断执法过程中的立案、调查、中止、豁免、听证、公开等环节。

责任编辑：崔　玲　　**责任校对**：谷　洋
装帧设计：sun工作室　韩建文　　**责任出版**：刘译文

中国反垄断行政执法报告（2008~2015）
Zhongguo Fanlongduan Xingzheng Zhifa Baogao（2008~2015）
林　文　著

出版发行：知识产权出版社有限责任公司　　**网　　址**：http://www.ipph.cn
社　　址：北京市海淀区西外太平庄 55 号　　**邮　　编**：100081
责编电话：010-82000860 转 8121　　**责编邮箱**：cuiling@cnipr.com
发行电话：010-82000860 转 8101/8102　　**发行传真**：010-82000893/82005070/82000270
印　　刷：北京科信印刷有限公司　　**经　　销**：各大网上书店、新华书店及相关专业书店
开　　本：720mm×1000mm　1/16　　**印　　张**：15.5
版　　次：2016 年 10 月第 1 版　　**印　　次**：2016 年 10 月第 1 次印刷
字　　数：240 千字　　**定　　价**：45.00 元
ISBN 978-7-5130-4517-9

序　言

随着我国社会主义市场经济的不断发展，市场竞争的重要性也逐渐凸显。作为市场经济的基本运行机制，竞争具有合理配置稀缺资源，推动经济技术进步，促进收入的合理分配，使消费者利益得到充分的保护，并有利于保障人们的经济自由，创造社会平等的经济基础等多种功能。可以说，竞争是市场经济的灵魂和发展的动力，市场经济本质上是一种竞争性经济。但是，竞争不能是自发、盲目和无序的，这需要国家通过有效的竞争政策和作为其核心的反垄断法加以引导和规范。因为，尽管竞争是个好东西，但不是任何人在任何时候都喜欢竞争的，一些经营者为追求短期内较为安逸的经营环境和巨额利润，实施垄断协议、滥用市场支配地位和不当的集中行为来排除、限制竞争，进而阻碍经济发展，损害消费者利益。同时，行政机关和法律、法规授权的具有管理公共事务职能的组织也可能滥用行政权力，排除、限制竞争。为了预防和制止垄断行为，保护市场公平竞争，提高经济运行效率，维护消费者利益和社会公共利益，促进社会主义市场经济健康发展，《中华人民共和国反垄断法》（简称《反垄断法》）于2007年8月30日由十届全国人大常委会二十九次会议通过，自2008年8月1日起开始施行。

《反垄断法》实施8年多来，我国三个行政执法机构调查、处理了一系列反垄断案件，维护了自由公平的市场竞争秩序，警示了各行各业的经营者，也使社会公众加深了对《反垄断法》的认识。同时，我们也要看到，我国目前的反垄断立法并不完善，反垄断执法机构的经验还很有限，反垄断行政执法工作需要不断总结提高，相关的研究也需要加强。正是在这样的背景下，林文律师团队花了一年半时间将2008年8月至2015年年底发改委、工商行政管理机关以及商务部的反垄断行政执法成果进行梳理总结，采用统计学方法进一步深入分析，并利用图表这一易于理解的可视化方式展现出来，最终成书出版。

在阅读本书样稿之后，我的第一感受便是此书的实用性强，适合不同人群阅读。本书在对我国竞争政策以及反垄断立法的基础知识进行简要介绍之后，分三部分分别对发改委、工商行政管理机关、商务部在2008~2015年的反垄断执法工作进行分析论述，统计数据完整，分析角度全面，分析深度适中，适合竞争法的研究者、执法者以及其他感兴趣的人士阅读。相关读者可以各取所需，或者在本书基础上对统计结果进行更深入的分析，或者有针对性地去解决所涉的相关问题，或者对涉及的反垄断案件的调查进程进行合理预估。

案件搜集统计工作是枯燥、艰涩的，而对统计结果进行再分析更需要投入大量精力，林文律师在繁忙的业务工作之余能有此著述十分不易。作为竞争法学者，我愿意为本书作序，向读者推介该书。

希望我们竞争法律共同体的同仁们一道，共同促进我国反垄断法的不断完善和进步，以保障正常的市场竞争环境，促进我国市场经济的良性发展！

是为序。

王先林

2016年9月2日于上海嘉怡水岸寓所

专业就是生产力

（代自序）

本书稿交给编辑的时候，一年半的努力算是修成正果，心情如释重负。

这是来上海执业后的第一本成果，自己的第十本专业书籍，尽管还未能实现著作等身，但对于从事律师工作的人，已实属不易。律师虽然不用像公务员按时打卡上下班，还常被冠为高薪自由职业的帽子，但是自由的工作往往最不自由，没有8小时工作制意味着要全天候准备为客户服务，常常上午还在北京开庭，下午又飞海南出差。“为了生活，四处奔波”来描写律师职业最为确切。故我大多数写作均是在动车、飞机上完成。同事或朋友经常问及，出书对律师到底有什么好处？我自己其实也无从解答“到底有什么作用？有多大作用？”于我而言写书更多是出于爱好；其次是总结经验，提升自己专业能力。

律师是以业绩为王的职业，大部分律师事务所对律师等级的评定也都是以业绩作为考核指标。在业绩考核的压力下往往催生出“万金油”律师，业务范围广而不专，案源也主要倚靠律师个人的社会资源。必须承认，在现今激烈的市场竞争环境下，处于事业起步阶段的律师必须成为一个“万金油”来完成原始积累，这里既指对律师执业经验的积累，也指对客户资源、个人经济实力的积累。也就是我们律师这行常笑说的“先吃饱饭再谈理想”。律师职业发展到一定阶段，大部分律师会结合自身能力与兴趣，选择一个专门的法律服务领域发展专业化道路，这也是由现今法律服务市场需求越来越多样化和专业化的趋势所决定。就我个人而言，仍然处于“专业化”律师的起步阶段。我从开始执业时，就对知识产权法律服务领域抱有浓厚兴趣（和原单位工商行政管理部门工作具有密切联系）。然而那时初出茅庐，经验不足，知识产权业务较之一般法律业务难度也更大，我在执业过程中便更难触及知识产权案件。我所能做的便是不放弃对知识产权法律知识的学习，时刻关注知识产权领域动态，以等待属于自己的机会。机会总是留给有准备的人，这些年我凭借自身在知识产权方面的法律专业能力处理了越来越多的知识产权事务，尤其是在竞争相关法律领域，也对知识产权法律服务专业化发展有了更多思考和理解。

国内知识产权法律服务专业化发展取得了一定成绩，但也存在以下不容忽视的问题需引起行业重视：一是刻意专业化，即完全是为了迎合市场宣传所需，律师并没有将业务做到真正专业化。二是律师从执业伊始就强调专业化发展，导致法律基础功底不够扎实。我们都知道打井的道理，如果井口一开始开口太小，会无法深挖，而井口打得越宽，则往下深挖越容易。律师若想发展专业化业务，必须在执业初期就培养自己对基础法律业务的掌握能力，在具备了综合法律知识和业务技能的基础上，再去发展专业化业务。三是过分强调理工背景优势，从事知识产权业务具备理工背景肯定存在优势，但并不是没有理工背景就不能做或做不好知识产权法律服务。具备理工背景的律师，如不重视学习和从案件中累积经验，同样无法在知识产权法律服务上达到专业高度。四是过于注重经济效益，不坚持选择和不断选择，同样会导致专业不精。知识产权专业是好听“不中用”的专业，仅从经济效益方面考量，与投融资、兼并重组等专业比较，相差甚远。当然，近几年知识产权中的版权、商标、专利以及不正当竞争与反垄断案件数量具有明显增长趋势，且大案越来越多，随着高科技产业发展，中国的知识产权和竞争法律服务专业有极大增长空间。但大案要案资源是有限的，能承接的律师除需要专业以外，还需要其他机会成本。

常言道“没有金刚钻不揽瓷器活”，重大、疑难的法律纠纷需要律师具备工匠精神和专业能力来解决。工匠精神是精益求精、务实创新、踏实专注、恪守信誉等职业准则的综合体现，工匠精神是对服务品牌和口碑的坚守，工匠精神是对法律和规则的敬畏，严格履行专业的服务标准和规则，专业律师的工匠精神是精于专、匠于心、品于行、行于果。就知识产权法律服务而言，尤其是反垄断法律服务，不仅涉及众多专业术语，还涉及经济学和技术问题，在案件管辖方面也不同于一般案件。我经常和团队律师讲，专业化法律服务我们需要的是“战士”，而不是“烈士”，只有具备工匠精神的专业律师才能赢得客户的信任。

多年的专业化坚持，让我有机会承办诸多知识产权、反不正当竞争和反垄断案件。每每客户常年不离不弃，还帮我推荐业务机会时，都使我倍受鼓舞和欣慰。这也督促着我不断提升专业能力，下定决心在竞争法专业化道路上发展下去，以回馈给客户更专业的服务体验。“越专业，越任性，专业就是生产力”，当一个律师的业务能力足够专业时，其专业能力产生的效益不仅体现在直接的业绩增长，也体现在其服务客户的层次提升，以及对行业的贡献等方面。

正因为坚持专业化发展，2015 年 4 月，我从西南春城的八谦律师事务所东漂至魔都金城同达（上海）律师事务所执业。上海是中国改革的前沿，市场经济发展得更为成熟，挑战与机遇并存，相比其他地区而言，这里的专业化市场空间更大，就我擅长的反不正当竞争和反垄断专业法律服务发展更为有利。短短一年半的时间内，我和我的团队克服了初期对陌生环境的不适应，逐步站稳脚跟，服务的高科技企业、地方百强企业及世界 500 强企业逐渐增多，这也增加了我们的信心，为我们以上海为“根据地”，辐射全国，专业就是生产力的战略发展打下良好基础。

2008 年实施的《反垄断法》只有 57 条，今年已实施八年整。中国大陆的反垄断执法日益深入，中国已经成为继美国、欧盟之后的第三大反垄断管辖法域。通过三大执法机构的一系列执法活动，也让人们越来越认识到反垄断法维护公平正当的竞争秩序、调节市场经济的重要作用。以发改委的反垄断执法工作为例，2012 年 12 月，查处韩国三星等六家国际大型液晶面板企业垄断案件，经济制裁 3.53 亿元，并要求涉案企业对我国企业内销电视提供的面板无偿保修服务期限由 18 个月延长到 36 个月，最终每年为相关企业节约维修成本 3.95 亿元。2013 年 2 月，对贵州茅台和四川五粮液公司各自达成并实施限定白酒最低转售价格的垄断协议案件进行查处，罚款合计 4.49 亿元，让贵州茅台和四川五粮液的价格回归理性。2013 年 8 月，对多美滋等六家乳粉企业在销售婴幼儿配方乳粉过程中的纵向价格垄断行为进行了处罚，合计罚款 6.68 亿元，乳粉企业采取的降价措施在一年内向消费者让利约 24 亿元。这表明反垄断与我们普通百姓的生活并不遥远，《反垄断法》是对消费者福利的有力保障。

但很多经营者一直存在一些思想误区，认为反垄断仅针对大企业，与一般的中小型企业没有任何关系。其实，《反垄断法》并不反对经营者做大做强，它规制的是经营者以垄断协议或是滥用市场支配地位等方式排除、限制竞争的行为。当然，由于具有市场支配地位的企业一般均为大中型企业或在行业中具有较大影响力，通常会受到反垄断执法部门的密切关注，以防止其滥用市场支配地位，破坏公平竞争的市场环境。

正是因为对《反垄断法》的理解不够，许多中小型企业参与了垄断而不自知。并且即使是滥用市场支配地位案件，拥有市场支配地位的经营者也不一定是大企业，中小企业在某个特定市场也可能具有市场支配地位。一些大型企业同样对反垄断法陌生，如在多美滋等六家乳粉企业反垄断案件调查中，美赞臣认为：此次并不是调查，“也不算调查，发改委让我们交资料，我们便上交资料了”。[1] 结果因为垄断被处罚。

由于对《反垄断法》理解错误或学习不足等，经营者为其垄断行为缴纳了巨额“学费”。截至2015年年底，工商全国反垄断行政执法案件101件，罚款达43 441 130.62元（中国人寿、泰康人寿等保险公司江西分公司达成实施垄断协议案，由于公告时间为2016年，尽管属于2015年结案的案件，仍未统计入2015年）；发改委全国共查处价格垄断案件97件，罚款达103.97亿元，最大的反垄断案学费为高通案60.88亿元。在反垄断案件中，行业协会同样因为对《反垄断法》的学习不够，“好心办坏事”受到处罚的案例比比皆是，如工商反垄断行政处罚案件101件中，当事人为行业协会就有12件，占比11.9%，包括保险、旅游等行业协会。行政机关和法律、法规授权的具有管理公共事务职能的组织滥用行政权力，实施排除、限制竞争行为，而被执法机构“通报”。行政垄断经过多年的执法已有所改善。但地方保护、区域封锁，行业壁垒、企业垄断、违法给予优惠政策或减损市场主体利益等不符合建设全国统一市场和公平竞争的现象仍然存在。2016年6月，国务院发布了《关于在市场体系建设中建立公平竞争审查制度的意见》，建立公平竞争性审查机制，主要是为了约束行政权力滥用，通过公平竞争，激发企业内在活力。

反垄断调查重拳出击，高潮迭起，巨额罚单频见（尤其外资企业因为市场地位原因，往往处罚较高，抱怨自己受到不公正待遇和中国反垄断的选择性执法），专业性强，国际合作加强，如果在一国受到处罚会引起其他国家连锁处罚的可能性较大，专业的反垄断律师在案件中的作用明显，反垄断执法机构也多次欢迎专业律师的介入，有助于案件的调查和处罚，如在汽车零配件反垄断处罚案中，日本电装因专业律师提供法律服务，最终协助该公司通过宽大制度获得最低比例的罚款处罚。

需要看到的是，由于我国《反垄断法》的实施尚处在初级阶段，反垄断执法工作还有许多问题需要总结、分析和研究。我编写出版的这本《中国反垄断行政执法报告（2008~2015）》，系统总结了自《反垄断法》实施以来截至2015年年底的所有行政处罚案例，并对相关数据进行了可视化分

[1] 郭梦仪．五大洋奶粉品牌遭反垄断调查［N］．每日经济新闻，2013-07-02.

析，同时对于基础法律知识也做了详尽介绍，尽量让本书具有可读性和实用性。后续我还将结合自己的实务经验，继续撰写《反垄断法律实务》和《反垄断合规指南》。

写作期间得到了数位反垄断法专家的指导帮助，分别是华东政法大学的徐士英教授，上海交通大学王先林教授、李剑教授、候利阳副教授，上海政法学院的丁茂中副教授，湘潭大学邹琳副教授，事务所北京总部庞正中老师，上海分所赵平主任，等等。感谢专家老师们不厌其烦，耐心指点，我和我的团队一定倍加努力，为我国反垄断法的发展作出贡献。

我的助理甘蜜律师为成书花费了不少心血，长时间加班制作可视化图表，对数据多次细致核对，以确保本书数据的准确性。在此深表谢意。

2016年8月25日于上海陆家嘴

目　录

第 1 章　中国反垄断行政执法背景概述

1.1　项目概述

1.1.1　项目背景和意义

《谢尔曼法》（*Sherman Antitrust Act*，也称为《谢尔曼反托拉斯法》）是美国于 1890 年颁布的第一部反垄断法，也是世界上第一部反垄断法。《谢尔曼法》在美国以及世界反垄断历史上有着极其重要的地位，有学者将其称为“现代各国反垄断法的鼻祖和样板”。[1] 反垄断法是世界市场经济国家的基本法律，在市场经济国家的法律体系中占有重要的地位。20 世纪以来，大部分市场经济国家都认识到利用法律手段规制经济活动的必要性，一系列规制经济的法律应运而生，其中反垄断法占据着核心地位并被誉为市场经济宪法。目前全世界已有 100 多个国家颁布了反垄断法，是全球化背景下同质化程度最高的法律之一。

随着我国社会主义市场经济建设的不断深入，市场竞争环境中出现了一些排除、限制竞争的新情形、新问题。我国于 2008 年 8 月 1 日起实施《反垄断法》，截至 2015 年 12 月底，《反垄断法》已实施 7 年，与之相配套的立法、行政执法、司法适用活动相继展开。近年来反垄断执法机关更是查处了一系列典型垄断案件，显著提升了中国《反垄断法》的权威性，中国已经成为继美国、欧盟之后的第三大反垄断管辖法域。同时亦需要认识到，中国《反垄断法》实施时间尚短，《反垄断法》在中国社会的认识度不高，全社会竞争意识还没有真正树立起来；我国反垄断执法机构执法经验不足，执法人员数量有限，也使得执法质量相比欧美等发达国家具有一定差距。《反垄断法》的实施在我国尚处于初级阶段，随着中国改革的持续深化，《反垄断法》作为完善社会主义市场经济的重要推动力量，发展前景不可小视。

---

[1] 王先林. 竞争法学［M］. 北京：中国人民大学出版社，2015：49.

2016年6月1日实施的《关于在市场体系建设中建立公平竞争审查制度的意见》，强调要从维护全国统一市场和公平竞争的角度，明确审查对象和方式，按照市场准入和退出标准、商品和要素自由流动标准、影响生产经营成本标准、影响生产经营行为标准等，对有关政策措施进行审查，从源头上防止排除和限制市场竞争。要建立健全公平竞争审查保障机制，把自我审查和外部监督结合起来，加强社会监督。对涉嫌违反公平竞争审查标准的，依法查实后要作出严肃处理。从法学理论的视角来看，反垄断法属于经济法的范畴，它是国家以法律手段来实现对国民经济的宏观调控。从内容上来看，反垄断法除了具有鲜明的公法特征外，其还具有一些私法属性。

笔者所在团队在从事反垄断法律服务过程中，对中国反垄断行政执法机构7年以来的执法成果进行了全面梳理，借助于数据统计及可视化分析，来观察中国反垄断行政执法的成长历程，以及执法实践与法律规定之间的差异，同时总结出反垄断执法机构各自的执法特点及潜在困境，以便国内外同行、相关机构、学者在研究我国反垄断执法问题时能更具针对性，进而推动中国反垄断法相关立法、行政执法的进步。同时，本书亦可为非专业人士、读者全面了解和理解中国反垄断法提供帮助，给有关企业在反垄断法律风险防范方面提供合规指引。

1.1.2 项目目标

本项目搜集了自2008年8月1日至2015年12月31日期间三大反垄断执法机关发布的全部行政处罚决定书、公告、案件新闻，部分省级执法机关官网公布的反垄断行政执法信息❶，以及其他媒体公开的较为详细的反垄断行政执法信息。在对案件信息进行整理提炼之后，采用数据可视化分析工具，主要分析了行政处罚相对人分类、相对人性质、相对人行业、处罚标准、有关从轻、减轻处罚、豁免和宽大制度的适用等问题。

1.2 数据资源

1.2.1 检索资源

工商部门反垄断执法信息，来源于国家工商行政管理总局（以下简称“工商总局”）官网“竞争执法公告”栏目（http：//www. saic. gov. cn/zwgk/gggs/

❶ 仅指省级价格主管部门、省级工商部门官网发布的反垄断行政执法案件。

jzzf/）公布的行政处罚决定书。

发改委反垄断执法信息来源于国家发展和改革委员会（以下简称“发改委”）价格监督检查与反垄断局官网、部分省级价格主管部门官网公布的反垄断行政处罚决定书、反垄断行政执法案件新闻，以及通过百度检索出的发改委反垄断行政执法信息。

商务部反垄断执法信息来源于商务部反垄断局官网公布的无条件批准经营者集中案件、附条件批准经营者集中案件、禁止经营者集中案件、未经申报受到反垄断行政处罚的经营者集中案件。

1.2.2 报告数据及说明

共检索工商行政管理机关反垄断行政执法案件 117 件[1]；发改委反垄断行政执法案件 190 件[2]；商务部经营者集中反垄断审查已结案件1 308件，未依法申报经营者集中案件 5 件。

数据统计时间：2008 年 8 月 1 日至 2015 年 12 月 31 日。

1.2.3 报告数据统计方法

除明确说明以外，本报告中案件的计数方法均以行政执法文书件数为准[3]，没有公开行政执法文书的案件则以一个当事人认定为一件反垄断行政执法案件，案件的结案时间以法律文书尾部落款时间为准。

1.2.4 报告更新说明

读者按下列联系方式反馈本报告意见或建议者，可发送个人电子邮箱地址，将免费获得最新的反垄断行政执法相关资讯。

联系邮箱：linwen@ jtnfa. com。

联系电话：（8621）6079 5656，传真（8621）6079 8759。

联系人：林文。

地址：上海市浦东新区世纪大道 201 号渣打银行大厦 7 层北京金诚同达（上海）律师事务所。

邮编：200120。

---

[1] 截至 2015 年 12 月 31 日，检索案件总数 101 件，在本书未定稿时工商总局官方网站 2016 年 2 月公布了 2015 年度江西省工商行政管理局对保险行业的反垄断处罚 16 件案件未收录。

[2] 其中公开了行政处罚决定书的案件 125 件，未公开行政处罚决定书的案件 65 件。

[3] 以行政处罚决定书的文书号划分，即一个文书号视为一件行政处罚决定书。

1.3 中国反垄断政策及立法

1.3.1 中国竞争政策的基础地位

1.3.1.1 产业政策与竞争政策

自1989年国务院发布《关于当前产业政策要点的决定》以来，产业政策一直都是我国政府调控市场经济的重要手段。伴随着中国深度走向世界的现实需求以及全球范围内兴起的多个自由贸易协定谈判，特别是已经渐成气候的《跨太平洋伙伴关系协议》（TPP），这种现状已经无法有效地满足我国社会主义市场经济的发展要求。❶

产业政策是指政府为实现一定的经济和社会目标而对产业的形成和发展进行干预的各种政策的总和。主要包括产业结构政策、产业组织政策、产业技术政策和产业布局政策以及其他对产业发展有重大影响的法规和政策。❷ 产业政策产生于日本，作用方向是由上往下，它往往有意无意地限制了民间的经济竞争和自由。我国1986年“七五”计划首次正式提出“产业政策”概念。国务院在1994年发布的《90年代国家产业政策纲要》中也指出：“产业政策包括产业结构政策、产业组织政策、产业技术政策和产业布局政策，以及其他对产业发展有重大影响的政策和法规。”这里所谓“其他对产业发展有重大影响的政策和法规”正是体现了动态、开放的要求。例如，可以根据情况将产业国际竞争力政策（产业进出口政策）和产业环境政策（产业可持续发展政策）等包括在内。实际上，各类产业政策之间存在彼此交叉渗透的关系，难以截然分开。同时，产业政策在各国的侧重点是不同的，并根据各自经济的实际情况而不断进行调整。❸

竞争政策有广义、狭义之分，狭义的竞争政策，主要是《反垄断法》及其配套法规和政策。❹ 它主要规范垄断协议行为、滥用市场支配地位行为、经营者集中和行政垄断行为。竞争政策最早产生于美国，它是由下往上，是基层人民争取经济自由、经济民主，反对垄断的产物。美国把竞争政策的核心反托拉斯法称为“自由企业的大宪章”。我国2007年颁布的《反垄断法》第9条规

❶ 丁茂中. 产业政策的竞争评估研究［J］. 法学杂志，2016（3）.

❷ 石俊华. 日本产业政策与竞争政策的关系及其对中国的启示［J］. 经济研究，2008（3）.

❸ 参见王先林. 产业政策法初论［J］. 中国法学，2003（3）.

❹ 王先林. 对近期我国反垄断执法的观察和思考［N］. 中国工商报，2014-10-15.

定，国务院设立反垄断委员会，研究拟订有关竞争政策，第一次在法律上明确提出了“竞争政策”的概念。[1] 广义的竞争政策涵盖了为维持和发展市场竞争机制所采取的各种公共措施，包括产权改革政策、垄断行业管制政策、政府补贴政策、贸易自由化政策等。[2]

我国《反垄断法》为竞争政策与产业政策的协调提供了法律依据，这主要体现在该法的第5条、第7条、第15条、第28条、第29条、第55条和第56条等条款中。这些条款体现了国家产业政策的内容，也是我国反垄断法充分借鉴西方发达国家反垄断法适用除外制度的表现。我国反垄断法对某些垄断行为适用除外规定，目的在于维护基本竞争秩序的同时实现国家产业政策，尽量减少两者之间的冲突，同时提高市场机制下的资源配置效率和产业管制下的企业竞争力。其中，该法第7条的规定体现了产业政策优先但并不具有排他地位，该条规定为产业管制与反垄断执法的协调明确了方向。也即是说，在实施《反垄断法》时应当考虑相应的产业政策，如果相关产业政策在法律上已有明确规定，《反垄断法》应尊重其他产业政策的法律规定，但如果产业政策在法律上没有明确规定，在垄断或限制竞争问题上，《反垄断法》具有普遍适用性。[3]

1.3.1.2　统一竞争政策的意义

统一竞争政策是政府制定并实施促进和保护竞争的策略选择。竞争政策旨在维护公平竞争的市场环境，通过消除垄断、促进技术进步、鼓励创新，从而实现提升消费者整体福祉的最终目标。从欧盟等发达经济体的实践看，大都确立了“竞争政策优先于其他政策”的基本原则，在该原则基础上构建了对立法和有关政策进行竞争审查的制度，如审查对象有损公平竞争，应予以调整或废止。当前，国内经济正处于“三期叠加”的特定阶段，下行压力较大，增长新动力不足和旧动力减弱的结构性矛盾较为突出。从发展经验看，我国实行的产业政策，基本为纵向的、选择性的产业政策。以各类选择性补贴政策为例，补贴在一定程度上影响甚至替代了市场对资源的配置，妨碍了市场公平竞争。主要体现在：选择性行业补贴造成行业发展不均衡，发给特定企业补贴，造成同业企业间不公平竞争。补贴不仅损害竞争秩序，还可能引起国际贸易摩擦，甚至造成权力寻租现象。[4] 竞争政策与产业政策是我国经济领域的两大类公共政策。两者的关系最终决定于政府与市场的关系与定位。十八届三中全会《中共

---

[1] 曹博. 竞争政策与产业政策关系协调研究［J］. 经济师，2016（2）.

[2] 徐士英. 反垄断法实施面临功能性挑战——兼论竞争政策与产业政策的协调竞争［J］. 政策研究，2015（7）.

[3] 王先林，丁国峰. 反垄断法实施中对竞争政策与产业政策的协调［J］. 法学，2010（9）.

[4] 参见黄勇. 供给侧结构性改革中的竞争政策［J］. 价格理论与实践，2016（1）.

中央关于全面深化改革若干重大问题的决定》指出，“经济体制改革的核心问题是处理好政府和市场的关系，使市场在资源配置中起决定性作用和更好发挥政府作用。”并明确表示将大幅度减少政府对资源的直接配置，进一步发挥市场竞争和市场价格在有效配置社会资源中的作用，更加尊重市场规则。所以，确立竞争政策在公共政策中的优先地位，必然是我国经济政策的调整方向。❶

我国社会主义市场经济体制改革的过程实际上也正是催生竞争政策的过程。从1980年国务院颁布《关于开展和保护社会主义市场竞争的暂行规定》到2007年《反垄断法》的发布，将近30年的时间里我国发布了大量促进和保护竞争的规范性法律文件。这些法律、法规的出台不仅给市场经济带来了活力，也推动了更有效率的资源分配，提高了人民的生活水平。尽管我国并没有经常使用“竞争政策”概念，但对外开放、国企改革、放松管制以及引导民营经济健康发展等措施，本质上就是竞争政策的具体体现。现在国家明确提出竞争政策的研究和实施，对于经济社会发展所起的作用不可估量。不仅将使全体消费者受益，也将使我国经济取得持续发展的根本性动力。❷

在反垄断法的实施中有许多控制标准需要明确（如经营者集中的审查标准、垄断协议豁免的认定标准、“安全港”（safe harbor）的标准等），许多认定标准需要确定（如“社会公共利益”“实质性影响竞争”等），许多实施制度需要细化（如宽大制度、承诺制度等），许多数额需要确定（如行政罚款额、民事赔偿额等）。在各国竞争法实施的实践中，上述标准的确定和界限的划分，无一不与其国家的竞争政策目标相吻合。

1.3.1.3 竞争政策与产业政策比较

竞争政策与产业政策有三方面的不同。首先，竞争政策以市场竞争为基础，产业政策是以政府调控为基础；其次，竞争政策通过法律法规方式实现，产业政策主要依靠行政手段辅以经济、法律手段实施；最后，竞争政策是长效机制，产业政策的实施有一定的时间性。面对经济“新常态”，政府和社会公众对经济发展规律的认识进一步深化，竞争政策在我国政策体系中的地位和作用日益突显，产业政策的科学性、针对性的要求在不断增强。《中共中央　国务院关于深化体制制度改革　加快实施创新驱动发展战略的若干意见》（中发〔2015〕8号）提出：“强化竞争政策和产业政策对创新的引导”。国务院批转发改委《关于2015年深化经济体制改革重点工作的工作意见》要求，“促进产业政策和竞争政策有效协调”。《中共中央　国务院关于推进价格制度改革的若

❶ 曹博. 竞争政策与产业政策关系协调研究［J］. 经济师，2016（2）.

❷ 徐士英. 竞争政策：反垄断法实施的政策前提［J］. 中国价格监管与反垄断，2014（11）.

干意见》（中发〔2015〕28 号）强调，“逐步确立竞争政策的基础性地位”，“加快建立竞争政策与产业、投资等政策的协调制度”。这一系列文件表明，竞争政策正在逐步从幕后走上前台，在经济运行过程中将扮演更加重要的角色；产业政策也在逐步改进，将在完善中发挥好引领工作。[1]

1.3.1.4　竞争政策基础性地位

我国 30 余年改革开放的进程，也是不断引入竞争，更大程度发挥市场作用的过程。十八届三中全会强调经济体制改革的“核心问题是处理好政府和市场的关系，使市场在资源配置中起决定性作用和更好发挥政府作用”，要求“建设统一开放、竞争有序的市场体系”。十八届三中全会决定中共有 19 处提到竞争，分布于各个重大改革领域，还有多处提到“破除垄断、反对垄断”。这充分说明，倡导公平竞争、自由竞争在深化改革中扮演的重要角色，以竞争引领市场化改革方向已是大势所趋。同时，确保公平竞争和自由竞争的手段就是强化竞争执法，更好地发挥政府在维护市场秩序保障市场资源配置效益最大化和效率最优化中的作用。[2]

十八届四中全会将“公平竞争”作为完善社会主义市场经济法律制度的基本导向之一，明确要求“依法加强宏观调控、市场监管，反对垄断，促进合理竞争，维护公平竞争的市场秩序。”因此，逐步确立和发挥竞争政策的基础性作用，应当是我国进一步深化改革的重要内容。

2015 年 10 月 12 日，中共中央、国务院印发《关于推进价格机制改革的若干意见》（以下简称《若干意见》），指出要“逐步确立竞争政策的基础性地位”。这是中央文件第一次明确竞争政策的定位问题，对理顺政府与市场的关系，促进充分发挥市场配置资源的决定性作用和更好发挥政府作用，实现经济持续健康发展，具有十分重要的战略意义。当前我国经济发展中出现的深层次问题，如产能过剩、创新不足等，很大程度上都源于政府对市场干预仍然较多，各种行政垄断行为还较为普遍，使得市场竞争优胜劣汰和引导资源配置的功能无法正常发挥。因此，解决这些问题的基本方向，是要使市场竞争能够充分发挥作用，释放和激发市场活力，激励市场主体创新，并通过市场的作用淘汰落后产能，催生优质产能，推动经济转型升级。

竞争政策虽然是经济政策中的一种，但将其层次定位为基础性，体现了竞争政策的特殊意义，就是要使其成为整个经济政策体系的基础和导向。根据不同的政策目标，政府会实施多种经济政策，如产业政策、财政政策、货币政

---

[1] 黄勇．供给侧结构性改革中的竞争政策［J］．价格理论与实践，2016（1）．

[2] 张穹．在第三届中国竞争政策论坛开幕式上的致辞［J］．中国价格监管与反垄断，2014（6）．

策、贸易政策、价格政策等，每种政策的着力点和作用方式有所区别。确立竞争政策的基础性地位，就是要求在这些政策的制定和实施过程中，必须充分考虑其对市场竞争的影响。2015 年，党中央、国务院先后 4 次下发文件，对建立和实施公平竞争审查制度提出明确要求，体现了国家对此的高度重视。特别是《若干意见》中已经指出，要"实施公平竞争审查制度"。目前，发改委正在按照党中央、国务院的要求，会同有关部门研究制定相关制度，建立审查程序，明确审查标准。但与此同时也要深刻认识到，公平竞争审查制度的实施，是政策制定思路和理念的一次方向性调整，涉及面广、政策性强，必将是一项复杂而艰巨的工作。毛泽东主席曾经说，"政治路线确定之后，干部就是决定因素。"在实施公平竞争审查制度，确立竞争政策基础性地位的方向和目标明确之后，需要全系统切实转变思想、深化认识，增强能力、提高水平，积极奋发、主动作为，全力保障制度顺利实施。❶

1.3.1.5 我国竞争政策的发展

截至 2015 年 12 月 31 日，现行有效的竞争政策文件共计 112 份，其中，2001 年 10 份；2010 年 8 份；2012 年 9 份；2013 年 8 份；2014 年 13 份；2015 年达到 30 份。

我国竞争政策发展分为四个阶段：

第一个阶段（1978~1991 年）：目前现行有效的竞争政策文件最早的是国务院 1982 年发布的《国务院批转国家标准局关于加强标准化工作的报告的通知》（1982 年 12 月 25 日），从此文件开始计算，截至 1991 年年底，竞争政策文件共计 4 件。其中 1987 年 2 件、1988 年 1 件，

1978 年经济体制改革政策启动时，中国就已经启动了竞争政策的建设历程，这主要体现竞争立法方面。如 1980 年，国务院颁布了我国最早的关于保护市场竞争的行政性法规——《关于开展和保护社会主义竞争的暂行规定》；1982 年，党的十二大提出"计划经济为主、市场调节为辅"原则；1984 年十二届三中全会发布《关于经济体制改革的决定》，确认社会主义经济是公有制基础上的有计划的商品经济；1987 年，党的十三大提出"建立与市场内在统一的经济体制"。地方竞争立法高涨，如 1985 年 11 月的《武汉市制止不正当竞争行为试行办法》；1987 年的《上海市制止不正当竞争暂行规定》，等等。这一时期开始孕育"竞争利于经济发展"的政策导向。这可视为中国竞争政策的起源和萌芽期。

❶ 佚名. 实施公平竞争审查制度 确立竞争政策基础性地位［J］. 中国价格监管与反垄断，2016（2）.

第二个阶段（1992~2003年）：从1992年中共十四大提出建立社会主义市场经济体制的目标开始，尤其是党的十四届三中全会通过《关于建立社会主义市场经济体制若干问题的决定》，竞争机制作用于越来越多的领域。竞争政策的制定也日益受到重视。为了保护和促进有效竞争，维护消费者利益和社会公共利益，一系列规制滥用市场地位、串通投标、垄断高价、地区封锁等行为的竞争立法成为法制建设的重要任务。真正具有竞争政策意义上的制度建设开始起步。如1993年通过《反不正当竞争法》《消费者权益保护法》，1997年通过《价格法》，1999年通过《招标投标法》，2000年国务院颁布《电信条例》，2001年国务院颁布实施《关于禁止在市场经济活动中实行地区封锁的规定》，2001年国务院发布《关于整顿和规范市场经济秩序的决定》等。此外，通过《外国投资者并购境内企业暂行规定》（2003年）等规章，企业并购也开始纳入竞争法的审查范围。这意味着我国的竞争政策建设已经起步，并朝着体系化的方向发展。[1]

第三个阶段（2003~2007年）：2007年8月30日通过的《反垄断法》是我国竞争政策体系形成的重要标志。该法出台后，相关的配套法律法规和实施指南也逐步完善，这标志着被称为竞争政策的政策法律体系逐渐形成。更为重要的是，竞争政策问题的研究也开始受到重视。《反垄断法》第9条明确规定了国务院反垄断委员会的首要职责是“研究拟定有关竞争政策”，这意味着《反垄断法》的实施已经成为我国竞争政策重要内容，并对我国竞争政策的体系化产生重要影响。

第四个阶段（2008~2015年）：这一时期可以视为中国竞争政策快速发展期和竞争政策的确定期。反垄断法实施以后，因为该法原则性较强，相关执法机关后续颁布了一系列的配套立法，包括国务院反垄断委员会制定的《国务院反垄断委员会关于相关市场界定的指南》《国务院关于经营者集中申报标准的规定》；发改委制定的《反价格垄断规定》《反价格垄断行政执法程序规定》；工商总局、商务部也都为执法细化了有关标准，规范了执法程序，截至2013年9月底，共有16部行政法规、指南、部门规章为配套规则的反垄断法法律体系。同时在执法中，查处了一大批典型垄断案件，使我国反垄断法的实施框架基本建立。

《中共中央　国务院关于深化体制制度改革　加快实施创新驱动发展战略的若干意见》（中发〔2015〕8号文）要求，“打破地方保护，清理和废除妨碍全国统一市场的规定和做法，纠正地方政府不当补贴或利用行政权力限制、排除竞争的行为，探索实施公平竞争审查制度”；“强化竞争政策和产业政策对创

---

[1] 参见徐士英. 竞争政策与反垄断法实施［J］. 华东政法大学学报，2011（2）.

新的引导”。国务院批转发改委《关于2015年深化经济体制改革重点工作的意见》（国发〔2015〕26号文）要求，“建立和规范产业政策的公平性、竞争性审查制度”；“促进产业政策和竞争政策有效协调”。《国务院关于大力推进大众创业万众创新若干政策措施的意见》（国发〔2015〕32号）提出，“加快出台公平竞争审查制度”。2015年10月，《中共中央 国务院关于推进价格机制改革的若干意见》（中发〔2015〕28号文）强调，“实施公平竞争审查制度、有序规范市场环境”；“加快建立竞争政策与产业、投资等政策的协调机制”。

上述文件对“竞争政策”的表述，从“强化竞争政策……对创新的引导”，到“加快落实竞争政策……的协调”，再到“逐步确立竞争政策的基础地位”，充分说明中央对竞争政策认识的深入。❶

表1-1 中国竞争政策有关文件

序号	实施时间	名称	所涉及条文
1	1982.12.25	国务院批转国家标准局关于加强标准化工作的报告的通知（1982年12月25日）	四、今后的主要工作 （一）积极采用国际标准和国外先进标准。 4.引进技术、设备的同时要引进标准，引进的部门、企业不得垄断和封锁，并要将标准目录报主管部门
2	1987.4.11	第六届全国人民代表大会第五次会议关于《政府工作报告》的决议（1987年4月11日第六届全国人民代表大会第五次会议通过）	二是在同一行业，可以形成若干个规模不等、各有特点的竞争性企业集团，不能搞成独家经营的垄断局面
3	1987.8.19	国务院关于整顿市场秩序加强物价管理的通知（1987年8月19日 国发〔1987〕76号）	四、集市贸易的农副产品，由买卖双方协商议价。工商行政管理机关应当加强对集市的管理，教育参加集市的单位和个人遵守法令，讲求信誉，货真价实，公平交易。 五、加强对价格的监督检查。所有企业，都不准串通商定垄断价格。违反物价政策的，由物价部门没收其全部非法收入，并处以罚款
4	1988.5.4	国务院印发关于深化物资体制改革方案的通知（国发〔1988〕27号）	十四、要逐步建立“国家调节市场，市场引导企业”的物资流通机制，运用经济的、法律的和必要的行政手段，调节物资供求，引导企业根据市场需求生产适销对路的产品，对重要的短缺物资流通，国家调节的力度要大一些，组织程度要高一些，要促进竞争和开放，防止垄断和分割

❶ 中国世界贸易组织研究会竞争政策与法律专业委员会. 中国竞争法律与政策研究报告（2015年）[M]. 北京：法律出版社，2016：24.

续表

序号	实施时间	名　称	所涉及条文
5	1992.7.13	国务院办公厅关于全面放开机械基础件价格的通知（1992年7月13日）	二、机械基础件价格放开后，为保证生产和经营企业开展公平竞争，各部门、各地方不得采取保护主义政策。有关部门要尽快建立基础件交易市场，为所有基础件生产和经营企业创造平等竞争的环境。 三、生产和经营企业应自觉运用价值规律，正确行使定价权，不得搞行业垄断价格或串通定价
6	1992.9.22	国务院批转国家体改委关于改革棉花流通体制意见的通知（1992年9月22日国务院发布）	七、试办棉花交易市场，逐步建立和完善棉花市场体系。市场建设要规范化，要遵循公开、公平、公正和管理者与经营者分开的原则，打破地区封锁和部门分割。实行平等竞争，防止垄断
7	1992.11.10	国务院关于进一步改革国际海洋运输管理工作的通知（1992年11月10日国务院发布）	六、交通部、经贸部以及其他有关部门，要尽快研究制定国有船代、货代企业和船公司与外资、合资船代、货代企业和船公司在税收和经营上平等竞争的具体政策，以及完善监督、约束机制，打破条块分割、封锁、垄断，取缔非法经营等远洋运输市场的管理办法，报国务院批准后执行
8	1993.3.12	国务院批转国家计委关于全国第三产业发展规划基本思路的通知（1993年3月12日国务院发布）	（一）发展目标。合理发展适应各类市场活动的多种交易方式；打破地区封锁、部门分割、行业垄断，形成地方性市场、区域性市场和全国性市场分层发展、相互贯通、货畅其流的统一大市场；建立法律健全、规则统一、公平竞争的市场秩序；形成与国际市场接轨的开放的市场格局。 三、加快第三产业发展的主要政策措施 （一）放手兴办第三产业。对铁路、公路干线，重要港口、机场以及邮电通信、教育科研、城市公用事业等基础和先行行业，在继续以国家经营为主的同时，也要打破行业垄断，引进市场竞争机制，在统一规划、统一管理下积极引导社会力量兴办。 （九）积极有序地发展各类商品交易市场。——各级政府应加强对市场建设和经营活动的管理、监督。加快市场法规的制订，建立必要的市场监督机构。坚持公开、公平、公正竞争的原则，防止垄断和变相垄断
9	1993.10.9	国务院关于加强政府法制工作的决定（1993年10月9日发布）	六、要切实加强行政执法工作。尤其值得注意的是，在发展社会主义市场经济的新形势下，有些地方和部门，特别是有些行政执法部门、经济管理部门和垄断性行业，在利益驱使下，利用职权或者行业垄断地位，搞权力进入市场、权力商品化、权钱交易

续表

序号	实施时间	名　称	所涉及条文
10	1993. 11. 29	国务院办公厅转发国家经贸委、国家计委、关于加强发电设备管理意见的通知（1993 年 11 月 29 日　国办发〔1993〕84 号）	四、企业根据国家指令性计划生产的发电设备，按计划销售。发电设备价格要接受国家的指导和监督，发电设备生产企业不得搞垄断和乱涨价
11	1993. 12. 6	国务院关于进一步加强外商投资管理工作若干问题的通知（国发〔1993〕第 83 号）	一、根据我国的产业政策和经济发展需要，正确引导外资投向。基础设施和支柱产业的骨干企业和大项目利用外资既要积极，又要慎重。为确保国家调控措施的落实，对某些关系国计民生且易于形成垄断的基础设施产业和国民经济支柱产业，一般不允许外商独资经营，对其中的合资、合作经营项目要保证国家控股或拥有调控权
12	1994. 1. 25	国务院关于继续加强固定资产投资宏观调控的通知（1994 年 1 月 25 日　国发明电〔1994〕1 号）	九、加强对外商直接投资项目的引导和规范化管理 对关系国计民生且易于形成垄断的基础设施和支柱产业，一般不允许外商独资经营，对其中的合资、合作经营项目要保证国家控股或拥有调控权
13	1994. 3. 25	90 年代国家产业政策纲要（1994 年 3 月 25 日国务院第 16 次常务会议审议通过）	二、切实加强基础设施和基础工业。进一步理顺价格体系，发挥价格机制的重要调节作用，对垄断性行业的产品和服务价格，政府要继续加强管理；对基础设施和基础工业继续实行低价征用土地的办法； 五、产业组织、产业技术和产业布局。对具有区域自然垄断性质的产业，逐步引入市场机制，鼓励合理竞争
14	1996. 3. 17	中华人民共和国国民经济和社会发展“九五”计划和 2010 年远景目标纲要（1996 年 3 月 17 日　全国人民代表大会）	六、宏观调控目标和政策 （二）价格总水平加强商品价格和服务收费的监督管理，规范市场价格秩序，制止价格欺诈、垄断和暴利行为； 七、深化经济体制改革 （二）积极发展和完善市场体系 3. 制定和完善市场规则，加强市场管理和监督，规范流通秩序。打破地区封锁和部门分割，反对垄断，制止不正当竞争
15	1996. 6. 19	国务院办公厅转发国家计委关于加强价格监督检查工作若干意见的通知（国办发〔1996〕24 号）	六、突出对人民基本生活必需品价格的监督检查，努力保持“米袋子”“菜篮子”价格的基本稳定。有计划、有步骤地开展对垄断性行业价格的监督检查，规范其价格行为。坚决查处越权定价行为。 八、经常开展市场价格检查。对牟取暴利、价格垄断和价格欺诈等价格违法行为，要认真检查，从严处罚，以维护市场价格秩序

续表

序号	实施时间	名　　称	所涉及条文
16	1998. 12. 24	国务院办公厅转发国家经贸委关于深化电力工业体制改革有关问题意见的通知（国办发〔1998〕146号）	一、推进厂网分开，引入竞争机制，建立规范有序的电力市场。为促进电力企业提高效率和服务质量，降低电价，形成统一、开放、竞争、有序的电力市场，应积极推进电厂、电网分开（简称厂网分开）的改革，打破垄断，实现电网调度的公平、公正、公开和电厂之间的平等竞争
17	2000. 2. 21	国务院办公厅转发国务院体改办等部门关于城镇医药卫生体制改革的指导意见的通知（国办发〔2000〕16号）	十一、推进药品流通体制改革，整顿药品流通秩序。集中招标采购必须坚持公开、公平竞争的原则。 十三、调整药品价格。基本医疗保险用药目录中的药品、预防用药、必要的儿科用药、垄断经营的特殊药品实行政府指导价或政府定价，有条件的可以制定全国统一零售价，其他药品价格由生产企业按照国家规定的作价办法自主定价
18	2000. 9. 10	国务院关于进一步做好退耕还林还草试点工作的若干意见（2000年9月10日　国发〔2000〕24号）	三、健全种苗生产供应机制，确保种苗的数量和质量 19. 要加强种苗市场行政执法力度。坚决制止垄断种苗市场、哄抬种苗价格的行为，严厉打击种苗销售中的不法行为，维护农民合法权益
19	2000. 12. 25	国务院关于印发完善城镇社会保障体系试点方案的通知（国发〔2000〕42号）	四、积极推进城镇职工医疗保险制度改革 （五）要打破地区和行业垄断，促进医院之间、药厂、药店和药房之间、医务人员之间的竞争；对营利和非营利医疗机构要实行不同的财政、税收和价格政策，促进医疗机构之间公平竞争
20	2001. 1. 1	国务院关于实施西部大开发若干政策措施的通知（2000年12月26日　国发〔2000〕33号）	三、改善投资环境的政策。 （一）大力改善投资的软环境。要进一步转变政府职能，实行政企分开，减少审批事项，简化办事程序，强化服务意识，消除行政垄断、地区封锁和保护，加强依法行政，保护投资者合法权益
21	2001. 2. 9	国务院办公厅转发国家计委关于农村中小学教育收费专项检查情况报告的通知（2001年2月9日　国办发〔2001〕10号）	三、要切实做好农村中小学课本的出版、发行工作。要结合机构改革，彻底解决政企、政事不分的问题，打破教科书出版、发行的垄断经营，建立公正有序的竞争机制
22	2001. 3. 10	国务院办公厅转发国务院体改办等部门关于整顿和规范药品市场意见的通知（国办发〔2001〕17号）	四、促进优势医药企业的发展与联合 坚决打破阻碍公平竞争的部门或地方垄断、所有制限制和行政保护，调整不利于发挥市场机制积极作用的政策规定，建立由国家有关部门组织的药品质量管理监控系统，取消各地对药品企业的重复检测、重复审批、重复发放“准销证”，取消以备案登记等名义对其他地区医药企业进入本地区药品市场的限制。要发挥市场机制的作用，优化医药产业结构。

续表

序号	实施时间	名　　称	所涉及条文
22	2001. 3. 10	国务院办公厅转发国务院体改办等部门关于整顿和规范药品市场意见的通知（国办发〔2001〕17号）	要创造公平竞争的环境，支持优势医药企业通过收购、兼并等方式扩大经营规模，促进药品代理配送、连锁经营等营销方式的发展，形成一批跨地区、上规模、集约化、高水平的医药企业集团，在药品生产流通中发挥骨干作用
23	2001. 4. 6	国务院办公厅转发国务院纠正行业不正之风办公室关于2001年纠风工作实施意见的通知（国办发〔2001〕23号）	一、纠风工作的主要任务 （一）进一步抓好纠正医药购销中不正之风工作。要建立统一、科学、通用性强的评标体系和工作程序，加强对招标行为的监督，保证招标采购的公开、公平、公正。 （四）继续开展减轻企业负担和治理公路“三乱”工作。加强对公安、交通、工商、建设、水利、质量技术监督、环保等执法执罚部门在收费项目审批、费用的收缴及使用管理等方面的监督检查，规范电力、电信等垄断行业经营服务的收费行为，严禁利用市场准入、准销、准用等手段封锁市场并向企业乱收费，严禁职能部门将应该向企业提供的服务转移到中介机构并提高收费标准。 二、抓落实的主要措施 （四）继续搞好民主评议行风工作。民主评议行风工作要以执法监督部门、垄断性行业和公用事业单位为重点，并逐步向街道、社区和乡镇基层站、所延伸
24	2001. 4. 27	国务院关于整顿和规范市场经济秩序的决定（2001年4月27日　国发〔2001〕11号）	二、整顿和规范市场经济秩序的主要内容和当前工作重点 7. 打破地区封锁和部门、行业垄断。查处行政机关、事业单位、垄断性行业和公用企业妨碍公平竞争，阻挠外地产品或工程建设类服务进入本地市场的行为，以及其他各种限制企业竞争的做法。 （五）当前的工作重点。以查处地区封锁和部门、行业垄断为重点，打击地方保护主义； 四、深化改革，转变政府职能 （九）进一步理顺政府部门职能，明确分工。规范市场经济秩序，首先要规范政府行为。各级政府都要与各类生产经营活动和中介机构彻底脱钩，把培育市场体系、监督市场运行、维护公平竞争、调整经济结构、推进营销方式改革、创造良好的经济运行环境，作为自己的重要责任。 （十一）打破地方封锁和行业垄断。彻底清理并废除各地区、各部门制定的带有地方封锁和行业垄断内容的规章。禁止任何单位或个人违反法律、行政法规，以任何形式阻挠、干预外地产品或工程建设类等服务进入本地市场，或者对阻

续表

序号	实施时间	名　称	所涉及条文
24	2001.4.27	国务院关于整顿和规范市场经济秩序的决定（2001年4月27日　国发〔2001〕11号）	挠、干预外地产品或工程建设类等服务进入本地市场的行为纵容、包庇，限制公平竞争。进一步加快垄断行业的改革和重组，推进政企分开，强化竞争机制，推行现代化服务方式，实现规模经营
25	2001.6.4	国务院办公厅转发体改办等部门关于降低中小学教材价格深化教材管理体制改革意见的通知（国办发〔2001〕34号）	四、深化教材管理体制改革 （二）深化教材出版发行体制改革，打破垄断，引入竞争机制。按照出版发行管理体制改革精神，改革中小学教材指定出版方式和单一渠道发行的体制。教材的出版发行由符合教材出版发行资质的出版发行机构（或出版发行联营机构），在价格主管部门制定的价格范围内，在保证“课前到书，人手一册”的前提下，通过竞标进行。教材出版发行机构的资质由新闻出版总署确认。本着保证质量、公平竞争、降低成本的原则，引入新华书店以外的发行机构参与教材的发行。中小学教材的出版发行以省、自治区、直辖市为单位，由省、自治区、直辖市人民政府负责，省级新闻出版行政部门牵头、教育行政部门和价格主管部门参加，面向全国招标
26	2001.7.6	国务院关于同意辽宁省完善城镇社会保障体系试点实施方案的批复（国函〔2001〕79号）	四、积极推进城镇职工医疗保险制度改革 （七）按照国务院的要求，各有关部门要转变职能，加强配合。要打破地区和行业垄断，促进医院之间，药厂、药店和药房之间，医务人员之间的竞争；对营利和非营利医疗机构要实行不同的财政、税收和价格政策，促进医疗机构之间公平竞争
27	2001.7.31	国务院关于进一步深化棉花流通体制改革的意见（2001年7月31日　国发〔2001〕27号）	一、放开棉花收购，鼓励公平有序竞争 要打破棉花经营中的行业垄断和地区封锁，实现多渠道经营和有序竞争，充分发挥市场机制在调节棉花生产、流通中的基础性作用
28	2001.10.20	国务院办公厅转发农业部关于加快畜牧业发展意见的通知（2001年10月20日　国办发〔2001〕76号）	七、加强畜产品市场体系建设 （十七）建立开放统一、竞争有序的畜产品市场体系。健全和完善市场规划，规范企业行为，打破地区封锁、部门垄断，营造公平竞争的环境
29	2001.12.20	国务院办公厅转发国家计委关于“十五”期间加快发展服务业若干政策措施意见的通知（国办发〔2001〕98号）	四、放宽服务业市场准入 （十一）改变服务业部分行业垄断经营严重、市场准入限制过严和透明度低的状况，按市场主体资质和服务标准，逐步形成公开透明、管理规范和全行业统一的市场准入制度。积极鼓励非国有经济在更广泛的领域参与服务业发展，在市场准入、土地使用、信贷、税收、上市融资等方面，对非国有经济实行与国有经济同等的待遇

续表

序号	实施时间	名　称	所涉及条文
30	2002. 4. 11	国务院关于进一步完善退耕还林政策措施的若干意见（国发〔2002〕10 号）	五、必须做到种苗先行，保障种苗供给 （二十）有关部门要加强种苗市场、价格的规范管理和监督检查。坚决制止垄断经营种苗和哄抬种苗价格的行为，严厉打击种苗销售中的不法行为，维护农民合法权益
31	2006. 12. 29	国务院办公厅关于印发人口发展“十一五”和2020 年规划的通知（国办发〔2006〕107 号）	五、保障措施 （三）改革和加强人口发展的社会管理和公共服务体系。在发挥政府主导作用的同时，利用市场机制，打破行政性垄断，充分发挥社区、企业和非政府组织的作用，逐步建立政府监管、社会主办的管理体制
32	2007. 4. 6	国务院办公厅转发电力体制改革工作小组关于“十一五”深化电力体制改革实施意见的通知（国办发〔2007〕19 号）	一、“十一五”深化电力体制改革的总体思路和基本原则 （一）总体思路。巩固厂网分开，逐步推进主辅分离，改进发电调度方式，加快电力市场建设，创造条件稳步实行输配分开试点和深化农村电力体制改革试点，积极培育市场主体，全面推进电价改革，加快政府职能转变，初步形成政府宏观调控和有效监管下的公平竞争、开放有序、健康发展的电力市场体系。 （二）基本原则。 2. 坚持市场化改革方向。从我国国情出发，坚定不移地推进电力市场化改革，进一步打破垄断，建立和完善与社会主义市场经济相适应的电力管理体制、电价形成机制和法律法规体系，在政府宏观调控和有效监管下，更大程度地发挥市场配置资源的基础性作用。 二、“十一五”深化电力体制改革的主要任务 （一）抓紧处理厂网分开遗留问题，逐步推进电网企业主辅分离改革。巩固厂网分开成果，抓紧完成厂网资产划转移交，解决相关遗留问题，防止产生新的厂网不分。规范发电送出工程建设，理顺发电企业与电网企业经营关系，营造公平竞争的市场环境。 （二）加快电力市场建设，优化调度方式，着力构建符合国情、开放有序的电力市场体系。完善市场运营规则和监管办法，处理好电源、调度、售电之间的关系，逐步实现发电企业竞价上网，推进大用户与发电企业直接交易，逐步建立公平竞争的市场机制。加强区域网架建设和跨区联网，进一步推动跨省、跨区电能交易，规范交易秩序。抓紧研究调度与交易机构关系问题，按照有利于公平竞争的要求完善交易与调度机构组织体制

续表

序号	实施时间	名　　称	所涉及条文
33	2007.5.13	国务院办公厅关于加快推进行业协会商会改革和发展的若干意见（国办发〔2007〕36号）	二、积极拓展行业协会的职能 （四）加强行业自律。行业协会担负着实施行业自律的重要职责，要围绕规范市场秩序，健全各项自律性管理制度，制订并组织实施行业职业道德准则，大力推动行业诚信建设，建立完善行业自律性管理约束机制，规范会员行为，协调会员关系，维护公平竞争的市场环境。 （八）改革和完善监管方式。登记管理机关、业务主管单位和相关职能部门要加强沟通、密切配合，简化和规范管理内容和方式，逐步建立健全科学、规范、有效的监管体制，为行业协会创造公平、公正的发展环境。 （十二）规范收费行为。对依法或经授权强制实施具有垄断性质的仲裁、认证、检验、鉴定以及资格考试等活动的收费，应执行行政事业性收费的有关规定
34	2009.3.10	国务院关于印发物流业调整和振兴规划的通知（国发〔2009〕8号）	五、政策措施 （二）改革物流管理体制。打破行业垄断，消除地区封锁，依法制止和查处滥用行政权力阻碍或限制跨地区、跨行业物流服务的行为，逐步建立统一开放、竞争有序的全国物流服务市场，促进物流资源的规范、公平、有序和高效流动
35	2009.9.19	国务院关于进一步促进中小企业发展的若干意见（国发〔2009〕36号）	一、进一步营造有利于中小企业发展的良好环境 （一）完善中小企业政策法律体系。深化垄断行业改革，扩大市场准入范围，降低准入门槛，进一步营造公开、公平的市场环境。 三、加大对中小企业的财税扶持力度 （十二）进一步减轻中小企业社会负担。全面清理整顿涉及中小企业的收费，重点是行政许可和强制准入的中介服务收费、具有垄断性的经营服务收费，能免则免，能减则减，能缓则缓
36	2009.12.7	国务院关于进一步促进广西经济社会发展的若干意见（国发〔2009〕42号）	十、深化改革开放合作，增强发展活力动力 （三十六）创新体制机制。推动电力等垄断行业改革，促进地方经济发展。大力发展非公有制经济，落实放宽市场准入的各项政策，支持非公有制企业进入基础设施、公用事业、金融服务和社会事业等领域
37	2010.3.19	国务院办公厅关于加快发展体育产业的指导意见（国办发〔2010〕22号）	三、加强领导，深化改革 （十一）加强对体育产业发展的领导。坚持政企分开、政事分开、政社分开、营利性与非营利性分开原则，充分发挥市场在体育资源配置中的基础性作用，消除和防止对体育市场资源的限制和垄断

续表

序号	实施时间	名　称	所涉及条文
38	2010.4.6	国务院关于进一步做好利用外资工作的若干意见（国发〔2010〕9号）	三、促进利用外资方式多样化 （十二）鼓励外资以参股、并购等方式参与国内企业改组改造和兼并重组。支持A股上市公司引入境内外战略投资者。规范外资参与境内证券投资和企业并购。依法实施反垄断审查，并加快建立外资并购安全审查制度
39	2010.5.7	国务院关于鼓励和引导民间投资健康发展的若干意见（国发〔2010〕13号）	一、进一步拓宽民间投资的领域和范围 （一）深入贯彻落实《国务院关于鼓励支持和引导个体私营等非公有制经济发展的若干意见》（国发〔2005〕3号）等一系列政策措施，鼓励和引导民间资本进入法律法规未明确禁止准入的行业和领域。规范设置投资准入门槛，创造公平竞争、平等准入的市场环境。市场准入标准和优惠扶持政策要公开透明，对各类投资主体同等对待，不得单对民间资本设置附加条件。 二、鼓励和引导民间资本进入基础产业和基础设施领域 （九）鼓励民间资本参与电信建设。鼓励民间资本以参股方式进入基础电信运营市场。支持民间资本开展增值电信业务。加强对电信领域垄断和不正当竞争行为的监管，促进公平竞争，推动资源共享。 六、鼓励和引导民间资本进入商贸流通领域 （十九）鼓励民间资本进入商品批发零售、现代物流领域。加快物流业管理体制改革，鼓励物流基础设施的资源整合和充分利用，促进物流企业网络化经营，搭建便捷高效的融资平台，创造公平、规范的市场竞争环境，推进物流服务的社会化和资源利用的市场化
40	2010.7.22	国务院办公厅关于鼓励和引导民间投资健康发展重点工作分工的通知（国办函〔2010〕120号）	一、工作分工 （一）鼓励和引导民间资本进入基础产业和基础设施领域。 9. 鼓励民间资本参与电信建设。鼓励民间资本以参股方式进入基础电信运营市场。支持民间资本开展增值电信业务。加强对电信领域垄断和不正当竞争行为的监管。（工业和信息化部、发改委、国资委、商务部负责）
41	2010.8.18	国务院办公厅印发贯彻落实国务院关于进一步做好利用外资工作若干意见部门分工方案的通知（国办函〔2010〕128号）	三、促进利用外资方式多样化 （十二）鼓励外资以参股、并购等方式参与国内企业改组改造和兼并重组。依法实施反垄断审查。（商务部、发改委、工商总局按职责分工负责） 加快建立外资并购安全审查制度。（发改委、商务部）

续表

序号	实施时间	名　　称	所涉及条文
42	2010. 8. 28	国务院关于促进企业兼并重组的意见（国发〔2010〕27号）	二、主要目标和基本原则 （二）基本原则。 3. 促进市场有效竞争。统筹协调，分类指导，促进提高产业集中度，促进大中小企业协调发展，促进各种所有制企业公平竞争和优胜劣汰，形成结构合理、竞争有效、规范有序的市场格局。 三、消除企业兼并重组的制度障碍 （一）清理限制跨地区兼并重组的规定。为优化产业布局、进一步破除市场分割和地区封锁，要认真清理废止各种不利于企业兼并重组和妨碍公平竞争的规定，尤其要坚决取消各地区自行出台的限制外地企业对本地企业实施兼并重组的规定。 （三）放宽民营资本的市场准入。切实向民营资本开放法律法规未禁入的行业和领域，并放宽在股权比例等方面的限制。加快垄断行业改革，鼓励民营资本通过兼并重组等方式进入垄断行业的竞争性业务领域，支持民营资本进入基础设施、公共事业、金融服务和社会事业相关领域
43	2010. 9. 14	国务院办公厅转发发改委监察部等部门关于解决当前政府投资工程建设中带有普遍性问题意见的通知（国办发〔2010〕41号）	二、规范工程建设招标投标活动，重点解决规避招标、围标串标等问题 （八）强化对招标投标活动的行政监督。进一步清理涉及行业垄断和地区封锁的招标授标许可、审批事项
44	2010. 11. 19	国务院关于稳定消费价格总水平保障群众基本生活的通知（国发〔2010〕40号）	十三、加强价格监督检查和反价格垄断执法 强化价格监管力量，重点打击恶意囤积、哄抬价格、变相涨价以及合谋涨价、串通涨价等违法行为，严厉查处恶性炒作事件，维护市场和价格秩序
45	2011. 1. 8	国务院关于禁止在市场经济活动中实行地区封锁的规定（中华人民共和国国务院令第303号）	第28条全文
46	2011. 1. 28	国务院关于印发进一步鼓励软件产业和集成电路产业发展若干政策的通知（国发〔2011〕4号）	七、市场政策 （三十）进一步规范软件和集成电路市场秩序，加强反垄断工作，依法打击各种滥用知识产权排除、限制竞争以及滥用市场支配地位进行不正当竞争的行为，充分发挥行业协会的作用，创造良好的产业发展环境。加快制订相关技术和服务标准，促进软件市场公平竞争，维护消费者合法权益

续表

序号	实施时间	名称	所涉及条文
47	2012.2.6	国务院关于印发质量发展纲要（2011-2020年）的通知（国发〔2012〕9号）	二、指导思想、工作方针和发展目标 （二）工作方针。增强质量诚信意识，完善质量诚信体系，严厉打击质量违法行为，充分发挥市场机制作用，营造公平竞争、优胜劣汰的市场环境，发展先进的质量文化。 六、优化质量发展环境 （二）营造良好市场环境。建立各类企业依法使用生产要素、公平参与市场竞争、平等受到法律保护的环境。打击垄断经营和不正当竞争，坚决破除地方保护，维护市场秩序，形成公平有序、优胜劣汰的市场环境
48	2012.5.24	国务院办公厅转发发改委等部门关于加快培育国际合作和竞争新优势指导意见的通知（国办发〔2012〕32号）	指导思想和基本原则 （三）优化对外贸易结构。掌握对外贸易主动权。建立规范贸易秩序的有效机制，引导企业有序参与国际竞争，提高出口议价能力。扩大金融、物流等服务业对外开放，稳步开放教育、医疗、体育等领域，引进国际优质资源，促进国内市场充分竞争，提高服务业国际化水平。 加强对利用外资的引导，改善利用外资环境。适时调整《外商投资产业指导目录》和《中西部地区外商投资优势产业目录》，优化外商投资结构。完善外资并购的法律法规和相关政策，依法实施经营者集中反垄断审查，做好外资并购安全审查，维护公平竞争和国家安全。 （十七）改革涉外经济体制，提高宏观管理水平。 完善开放条件下的宏观调控体系。建立更加科学合理的内外部均衡指标体系，提高财政、货币、产业、竞争政策和对外贸易、利用外资、对外投资政策的协调性
49	2012.4.30	国务院关于加强进口促进对外贸易平衡发展的指导意见（国发〔2012〕15号）	一、指导思想、基本原则和主要任务 （二）基本原则。坚持市场机制与政策引导相结合，充分发挥市场主体作用，完善促进公平竞争的制度和政策。 四、完善管理措施 （九）完善海关特殊监管区域和保税监管场所进口管理。进一步规范海关特殊监管区域流通秩序，营造公平的竞争环境。 （十）推动进口与国内流通衔接。鼓励支持国内流通企业参与国际贸易，支持具备条件的企业整合进口和国内流通业务，减少中间环节。鼓励国内商业企业经营代理国外品牌消费品，发展自营销售平台，打破垄断，实现充分竞争

续表

序号	实施时间	名　称	所涉及条文
50	2012.6.16	国务院关于印发“十二五”节能环保产业发展规划的通知（国发〔2012〕19号）	二、指导思想、基本原则和总体目标 （二）基本原则。 4. 市场秩序规范。打破地方保护，加强行业自律，强化执法监督，建立统一开放、公平竞争、规范有序的市场环境，促进节能环保产业健康发展。 五、政策措施 （七）强化监督管理。整顿和规范节能环保市场秩序，打破地方保护和行业垄断，打击低价竞争、恶性竞争等不正当竞争行为，促进公平竞争、有序竞争，为节能环保产业发展创造良好的市场环境
51	2012.7.9	国务院关于印发“十二五”国家战略性新兴产业发展规划的通知（国发〔2012〕28号）	（六）新材料产业。2020年，构筑产业链、提高高端功能材料及产品的市场竞争力，打破国外垄断，进一步提高国产高端新材料的自给率。 六、组织实施 （一）加强统筹协调。营造公平竞争环境，激发和调动各类市场主体的积极性，引导加大对战略性新兴产业的投入，加快推进战略性新兴产业发展
52	2012.8.3	国务院关于深化流通体制改革加快流通产业发展的意见（国发〔2012〕39号）	二、主要任务 （十）深化流通领域改革开放。消除地区封锁和行业垄断，严禁阻碍、限制外地商品、服务和经营者进入本地市场，严厉查处经营者通过垄断协议等方式排除、限制竞争的行为
53	2012.8.27	国务院关于大力实施促进中部地区崛起战略的若干意见（国发〔2012〕43号）	六、大力推进改革创新，增强发展的活力和动力 （二十三）推进重点领域改革。整顿和规范市场秩序，打破行政垄断和地区封锁，加快建设统一开放的市场体系，培育发展土地、资本、产权、技术和劳动力等市场
54	2012.9.1	国务院办公厅关于印发国内贸易发展“十二五”规划的通知（国办发〔2012〕47号）	三、主要任务 （七）营造规范有序的市场环境。 1. 大力整顿规范市场秩序。全面清理各种地区封锁的规定，促进商品和各种生产要素在全国范围内自由流动和充分竞争，消除企业跨行业、跨区域、跨所有制兼并重组的阻力。清理规范涉及行政许可和强制准入的垄断性经营服务收费。加强基层执法队伍建设，提高执法监管效能。严厉打击缺斤短两、商业欺诈、商业贿赂、不正当竞争等违法行为，加大处罚力度。 （八）深化国内贸易的改革开放。 1. 推进管理体制改革。放宽垄断专营领域市场准入，深化原油、成品油、食盐、药品等商品流通体制改革，完善重要商品流通体系和管理机制，鼓励民间资本进入流通领域

续表

序号	实施时间	名　称	所涉及条文
55	2012. 12. 29	国务院关于印发生物产业发展规划的通知（国发〔2012〕65 号）	四、保障措施 （二）加强需求激励，强化市场拉动。 建立生物技术新产品需求侧激励机制。打破区域垄断，扶持生物产业创新企业开拓市场
56	2013. 1. 1	国务院关于印发能源发展“十二五”规划的通知（国发〔2013〕2 号）	第二节　面临形势 六是体制约束日益显现，深化改革势在必行。能源产业行政垄断、市场垄断和无序竞争现象并存，价格机制不完善。煤电矛盾日益突出。 第七节　深化能源体制机制改革 一、加快现代能源市场体系建设 科学界定竞争性和非竞争性业务，对可以实现有效竞争的业务引入市场竞争机制，积极培育市场竞争主体；对自然垄断业务，加强监管，保障公平接入和普遍服务
57	2013. 1. 11	国务院办公厅关于印发降低流通费用提高流通效率综合工作方案的通知（国办发〔2013〕5 号）	六、加大价格监督检查和反垄断监管力度 加强价格监管力量，组织开展专项检查，监督各项价格收费政策执行情况，重点检查不执行政府定价、政府指导价，违反明码标价规定，在标价之外加收其他费用的行为，以及滥用市场支配地位、滥用行政权力、达成垄断协议等价格垄断行为
58	2013. 2. 3	国务院批转发改委等部门关于深化收入分配制度改革若干意见的通知（国发〔2013〕6 号）	三、继续完善初次分配机制 11. 完善公共资源占用及其收益分配机制。建立健全资源有偿使用制度和生态环境补偿机制。完善公开公平公正的国有土地、海域、森林、矿产、水等公共资源出让机制，加强对自然垄断行业的监管，防止通过不正当手段无偿或低价占有和使用公共资源
59	2013. 2. 8	国务院办公厅关于深化收入分配制度改革重点工作分工的通知（国办函〔2013〕36 号）	一、工作分工 （一）继续完善初次分配机制。 9. 完善公共资源占用及其收益分配机制。建立健全资源有偿使用制度和生态环境补偿机制。完善公开公平公正的国有土地、海域、森林、矿产、水等公共资源出让机制，加强对自然垄断行业的监管，防止通过不正当手段无偿或低价占有和使用公共资源
60	2013. 3. 14	第十二届全国人民代表大会第一次会议关于国务院机构改革和职能转变方案的决定（2013 年 3 月 14 日第十二届全国人民代表大会第一次会议通过）	（八）改善和加强宏观管理。消除地区封锁，打破行业垄断，维护全国市场的统一开放、公平诚信、竞争有序

续表

序号	实施时间	名称	所涉及条文
61	2013. 3. 26	国务院办公厅关于实施《国务院机构改革和职能转变方案》任务分工的通知（国办发〔2013〕22号）	一、2013年完成的任务（共29项） （二十五）消除地区封锁，打破行业垄断，维护全国市场的统一开放、公平诚信、竞争有序。（商务部、税务总局会同发改委、工商总局、银监会、证监会、保监会等有关部门负责。有关部门在职责范围内严格执行有关规定，完善政策措施。2013年12月底前商务部牵头解决一批突出问题） （二十七）公平对待社会力量提供医疗卫生、教育、文化、群众健身、社区服务等公共服务，加大政府购买服务力度。（财政部、发改委会同卫生和计划生育委员会、教育部、文化部、民政部、农业部、人力资源社会保障部等有关部门负责。2013年12月底前提出具体政策） 二、2014年完成的任务（共28项） （二十五）建立起维护全国市场统一开放、公平诚信、竞争有序的长效机制。（商务部、税务总局会同发改委、工商总局负责。2014年12月底前完成）
62	2013. 5. 30	国务院办公厅关于印发深化流通体制改革加快流通产业发展重点工作部门分工方案的通知（国办函〔2013〕69号）	七、深化流通领域改革开放 （二十九）消除地区封锁和行业垄断，严禁阻碍、限制外地商品、服务和经营者进入本地市场。（商务部、税务总局会同发改委、工商总局等部门负责） （三十）严厉查处经营者通过垄断协议等方式排除、限制竞争的行为。（发改委、工商总局等部门按职责分工负责）
63	2013. 9. 18	国务院关于印发中国（上海）自由贸易试验区总体方案的通知（国发〔2013〕38号）	三、营造相应的监管和税收制度环境 3. 进一步强化监管协作。以切实维护国家安全和市场公平竞争为原则，加强各有关部门与上海市政府的协同，提高维护经济社会安全的服务保障能力。试验区配合国务院有关部门严格实施经营者集中反垄断审查
64	2014. 2. 7	国务院关于印发注册资本登记制度改革方案的通知（国发〔2014〕7号）	三、严格市场主体监督管理，依法维护市场秩序 （六）加强市场主体经营行为监管。要加强对市场主体准入和退出行为的监管，大力推进反不正当竞争与反垄断执法，加强对各类商品交易市场的规范管理，维护公平竞争的市场秩序
65	2014. 2. 21	国务院办公厅转发中央编办质检总局关于整合检验检测认证机构实施意见的通知（国办发〔2014〕8号）	三、重点任务 （五）清理相关政策法规，有序开放市场。清理现有法律法规和政策文件中不利于检验检测认证市场健康发展的规定，减少检验检测认证项目的行政许可，有序开放检验检测

续表

序号	实施时间	名　　称	所涉及条文
65	2014. 2. 21	国务院办公厅转发中央编办质检总局关于整合检验检测认证机构实施意见的通知（国办发〔2014〕8号）	认证市场，打破部门垄断和行业壁垒，鼓励和支持社会力量开展检验检测认证业务，积极发展混合所有制检验检测认证机构，加大政府购买服务力度，营造各类主体公平竞争的市场环境
66	2014. 3. 7	国务院关于进一步优化企业兼并重组市场环境的意见（国发〔2014〕14号）	二、加快推进审批制度改革 （四）简化审批程序。提高经营者集中反垄断审查效率。 八、健全企业兼并重组的体制机制 （二十）完善市场体系建设。加强反垄断和反不正当竞争执法，规范市场竞争秩序，加强市场监管，促进公平竞争和优胜劣汰。行政机关和法律法规授权的具有管理公共事务职责的组织，应严格遵守反垄断法，不得滥用行政权力排除和限制竞争。 （二十一）消除跨地区兼并重组障碍。清理市场分割、地区封锁等限制，加强专项监督检查，落实责任追究制度。 （二十二）放宽民营资本市场准入。向民营资本开放非明确禁止进入的行业和领域。加快垄断行业改革，向民营资本开放垄断行业的竞争性业务领域。优势企业不得利用垄断力量限制民营企业参与市场竞争
67	2014. 5. 8	国务院关于进一步促进资本市场健康发展的若干意见（国发〔2014〕17号）	七、扩大资本市场开放。在符合外商投资产业政策的范围内，逐步放宽外资持有上市公司股份的限制，完善对收购兼并行为的国家安全审查和反垄断审查制度
68	2014. 6. 4	国务院关于促进市场公平竞争维护市场正常秩序的若干意见（国发〔2014〕20号）	一、总体要求 （三）总体目标。 立足于促进企业自主经营、公平竞争，消费者自由选择、自主消费，商品和要素自由流动、平等交换，建设统一开放、竞争有序、诚信守法、监管有力的现代市场体系，加快形成权责明确、公平公正、透明高效、法治保障的市场监管格局，到2020年建成体制比较成熟、制度更加定型的市场监管体系。 二、放宽市场准入 凡是市场主体基于自愿的投资经营和民商事行为，只要不属于法律法规禁止进入的领域，不损害第三方利益、社会公共利益和国家安全，政府不得限制进入。 三、强化市场行为监管 （十一）严厉惩处垄断行为和不正当竞争行为。依照反垄断法、反不正当竞争法、价格法的有关规定，严肃查处损害竞争、损害消费者权益以及妨碍创新和技术进步的垄断协议、滥用市场支配地位行为；加大经营者集中反垄断审查力

续表

序号	实施时间	名　　称	所涉及条文
68	2014. 6. 4	国务院关于促进市场公平竞争维护市场正常秩序的若干意见（国发〔2014〕20号）	度，有效防范通过并购获取垄断地位并损害市场竞争的行为；改革自然垄断行业监管办法，强化垄断环节监管。严厉查处仿冒名牌、虚假宣传、价格欺诈、商业贿赂、违法有奖销售、商业诋毁、销售无合法进口证明商品等不正当竞争行为；依法保护各类知识产权，鼓励技术创新，打击侵犯知识产权和制售假冒伪劣商品的行为。（商务部、发改委、工商总局、知识产权局等部门按职责分工分别负责） 六、改革监管执法体制 （二十二）消除多层重复执法。对反垄断、商品进出口、外资国家安全审查等关系全国统一市场规则和管理的事项，实行中央政府统一监管
69	2014. 6. 6	国务院办公厅关于转发工业和信息化部等部门推动婴幼儿配方乳粉企业兼并重组工作方案的通知（国办发〔2014〕28号）	三、工作重点和任务 （四）规范企业兼并重组行为。加强反垄断和反不正当竞争执法，依法制止垄断行为，保障市场公平竞争
70	2014. 6. 7	国务院办公厅关于印发能源发展战略行动计划（2014－2020年）的通知（国办发〔2014〕31号）	三、保障措施 （一）深化能源体制改革。建立统一开放、竞争有序的现代能源市场体系。深入推进政企分开，分离自然垄断业务和竞争性业务，放开竞争性领域和环节。实行统一的市场准入制度，在制定负面清单基础上，鼓励和引导各类市场主体依法平等进入负面清单以外的领域，推动能源投资主体多元化
71	2014. 6. 14	国务院关于印发社会信用体系建设规划纲要（2014－2020年）的通知（国发〔2014〕21号）	（二）深入推进商务诚信建设。强化反垄断与反不正当竞争执法，加大对市场混淆行为、虚假宣传、商业欺诈、商业诋毁、商业贿赂等违法行为的查处力度，对典型案件、重大案件予以曝光，增加企业失信成本，促进诚信经营和公平竞争。强化价格执法检查与反垄断执法，依法查处捏造和散布涨价信息、价格欺诈、价格垄断等价格失信行为，对典型案例予以公开曝光，规范市场价格秩序
72	2014. 8. 5	国务院办公厅关于多措并举着力缓解企业融资成本高问题的指导意见（国办发〔2014〕39号）	十、有序推进利率市场化改革。围绕使市场在资源配置中起决定性作用和更好发挥政府作用，继续深化政府职能转变，推进国有企业改革和财税改革，简政放权，打破垄断，硬化融资主体财务约束，提高资金使用效率
73	2014. 9. 12	国务院关于印发物流业发展中长期规划（2014－2020年）的通知（国发〔2014〕42号）	二、总体要求 （二）主要原则。深化改革，整合资源。深化物流业管理体制改革，进一步简政放权，打破行业、部门和地区分割，反对垄断和不正当竞争，统筹城市和乡村、国际和国内物流体系建设，建立有利于资源整合和优化配置的体制机制。

续表

序号	实施时间	名　称	所涉及条文
73	2014.9.12	国务院关于印发物流业发展中长期规划（2014-2020年）的通知（国发〔2014〕42号）	六、保障措施 （三）规范市场秩序。加强对物流业市场竞争行为的监督检查，依法查处不正当竞争和垄断行为
74	2014.10.24	国务院办公厅关于促进内贸流通健康发展的若干意见（国办发〔2014〕51号）	三、深化流通领域改革创新 （七）支持流通企业做大做强。推动优势流通企业利用参股、控股、联合、兼并、合资、合作等方式，做大做强，形成若干具有国际竞争力的大型零售商、批发商、物流服务商。加快推进流通企业兼并重组审批制度改革，依法做好流通企业经营者集中反垄断审查工作
75	2014.11.16	国务院关于创新重点领域投融资机制鼓励社会投资的指导意见（国发〔2014〕60号）	一、总体要求 （一）指导思想。全面贯彻落实党的十八大和十八届三中、四中全会精神，按照党中央、国务院决策部署，使市场在资源配置中起决定性作用和更好发挥政府作用，打破行业垄断和市场壁垒，切实降低准入门槛，建立公平开放透明的市场规则，营造权利平等、机会平等、规则平等的投资环境，进一步鼓励社会投资特别是民间投资，盘活存量、用好增量，调结构、补短板，服务国家生产力布局，促进重点领域建设，增加公共产品有效供给
76	2014.11.27	国务院关于清理规范税收等优惠政策的通知（国发〔2014〕62号）	充分认识清理规范税收等优惠政策的重大意义 全面规范税收等优惠政策，有利于维护公平的市场竞争环境，促进形成全国统一的市场体系，发挥市场在资源配置中的决定性作用；有利于落实国家宏观经济政策，打破地方保护和行业垄断，推动经济转型升级
77	2015.1.28	国务院关于加快发展服务贸易的若干意见（国发〔2015〕8号）	（二）基本原则。 深化改革，扩大开放。深化服务业改革，放宽服务领域投资准入，减少行政审批事项，打破地区封锁和行业垄断，破除制约服务业发展的体制机制障碍；坚持有序推进服务业开放，以开放促改革、促发展、促创新
78	2015.2.9	国务院办公厅关于完善公立医院药品集中采购工作的指导意见（国办发〔2015〕7号）	六、强化综合监督管理 （四）依法严肃查处价格违法和垄断行为，以及伪造或虚开发票、挂靠经营、“走票”等违法行为。强化重点药品质量追踪和全程质量监管，严厉打击制售假冒伪劣药品行为
79	2015.2.12	国务院关于加快培育外贸竞争新优势的若干意见	七、营造法治化国际化营商环境 （一）优化公平竞争的市场环境。学习借鉴成熟市场经济国家的贸易规制，完善符合我国国情和国际惯例的外贸法律法规体系。加强外贸企业诚信体系建设，建立商务、海关、质检、工商等部门协调机制，探索建立进出口企业信用评价

续表

序号	实施时间	名　称	所涉及条文
79	2015.2.12	国务院关于加快培育外贸竞争新优势的若干意见	体系，以适当方式对外公布或推荐我信用状况良好的企业。加强知识产权保护，依法查处制售侵权假冒商品违法企业，建立诚信守法便利和违法失信惩戒机制。探索建立规范外贸经营秩序新模式，完善重点行业进出口管理和竞争自律公约机制。加强外贸及产业政策的合规性审查。加强双边对话与合作，促美欧等发达国家放宽对华出口管制
80	2015.3.13	中共中央、国务院关于深化体制机制改革加快实施创新驱动发展战略的若干意见	二、营造激励创新的公平竞争环境 发挥市场竞争激励创新的根本性作用，营造公平、开放、透明的市场环境，强化竞争政策和产业政策对创新的引导，促进优胜劣汰，增强市场主体创新动力。 （二）打破制约创新的行业垄断和市场分割 加快推进垄断性行业改革，放开自然垄断行业竞争性业务，建立鼓励创新的统一透明、有序规范的市场环境。 切实加强反垄断执法，及时发现和制止垄断协议和滥用市场支配地位等垄断行为，为中小企业创新发展拓宽空间。 打破地方保护，清理和废除妨碍全国统一市场的规定和做法，纠正地方政府不当补贴或利用行政权力限制、排除竞争的行为，探索实施公平竞争审查制度
81	2015.4.8	国务院关于印发中国（福建）自由贸易试验区总体方案的通知（国发〔2015〕20号）	（二）推进投资管理体制改革。配合国家有关部门实施外商投资国家安全审查和经营者集中反垄断审查
82	2015.4.8	国务院关于印发进一步深化中国（上海）自由贸易试验区改革开放方案的通知（国发〔2015〕21号）	7. 健全国家安全审查和反垄断审查协助工作机制。建立地方参与国家安全审查和反垄断审查的长效机制，配合国家有关部门做好相关工作。在地方事权范围内，加强相关部门协作，实现信息互通、协同研判、执法协助，进一步发挥自贸试验区在国家安全审查和反垄断审查工作中的建议申报、调查配合、信息共享等方面的协助作用
83	2015.4.8	国务院关于印发中国（广东）自由贸易试验区总体方案的通知（国发〔2015〕18号）	三、主要任务和措施 （一）建设国际化、市场化、法治化营商环境。 3. 建立宽进严管的市场准入和监管制度。配合国家有关部门实施外商投资国家安全审查和经营者集中反垄断审查，实施外商投资全周期监管
84	2015.4.8	国务院关于印发中国（天津）自由贸易试验区总体方案的通知（国发〔2015〕19号）	三、主要任务和措施 （一）加快政府职能转变。 1. 深化行政体制改革。构建反垄断审查机制

续表

序号	实施时间	名　　称	所涉及条文
85	2015. 4. 27	国务院关于进一步做好新形势下就业创业工作的意见（国发〔2015〕23号	（九）加大减税降费力度。全面清理涉企行政事业性收费、政府性基金、具有强制垄断性的经营服务性收费、行业协会商会涉企收费，落实涉企收费清单管理制度和创业负担举报反馈机制
86	2015. 4. 27	国务院办公厅关于清理规范国务院部门行政审批中介服务的通知（国办发〔2015〕31号）	二、清理规范的措施 （二）破除中介服务垄断。各部门设定的区域性、行业性或部门间中介服务机构执业限制一律取消。进一步放开中介服务市场，严禁通过限额管理控制中介服务机构数量，各部门现有的限额管理规定一律取消。 （四）规范中介服务收费。对于市场发育成熟、价格形成机制健全、竞争充分规范的中介服务事项，一律通过市场调节价格；对于垄断性较强，短期内无法形成充分竞争的，实行政府定价管理，同时深入推进中介服务收费改革，最大限度地缩小政府定价范围。事业单位提供中介服务的，纳入行政事业性收费管理。审批部门在审批过程中委托开展的技术性服务活动，必须通过竞争方式选择服务机构，服务费用一律由审批部门支付并纳入部门预算。严禁通过分解收费项目、重复收取费用、扩大收费范围、减少服务内容等变相提高收费标准，严禁相互串通、操纵中介服务市场价格
87	2015. 5. 4	国务院关于大力发展电子商务加快培育经济新动力的意见（国发〔2015〕24号	（七）维护公平竞争。规范电子商务市场竞争行为，促进建立开放、公平、健康的电子商务市场竞争秩序。重点查处达成垄断协议和滥用市场支配地位的问题，通过经营者集中反垄断审查，防止排除、限制市场竞争的行为。各级政府部门不得通过行政命令指定为电子商务提供公共服务的供应商，不得滥用行政权力排除、限制电子商务的竞争
88	2015. 5. 6	国务院办公厅关于城市公立医院综合改革试点的指导意见（国办发〔2015〕38号）	（十二）理顺医疗服务价格。加强医药价格监管，建立价格监测和预警机制，及时防范价格异动。加大对价格垄断和欺诈等违法行为的查处力度
89	2015. 5. 8	国务院关于印发《中国制造2025》的通知（国发〔2015〕28号）	四、战略支撑与保障 （一）深化体制机制改革。深化国有企业改革，完善公司治理结构，有序发展混合所有制经济，进一步破除各种形式的行业垄断，取消对非公有制经济的不合理限制。 （二）营造公平竞争市场环境。切实加强监管，打击制售假冒伪劣行为，严厉惩处市场垄断和不正当竞争行为，为企业创造良好生产经营环境

续表

序号	实施时间	名　称	所涉及条文
90	2015.5.12	国务院关于印发2015年推进简政放权放管结合转变政府职能工作方案的通知（国发〔2015〕29号）	二、主要任务 （一）深入推进行政审批改革。清理规范国务院部门行政审批中介服务，公布保留的国务院部门行政审批中介服务事项清单，破除垄断，规范收费，加强监管。 （四）深入推进收费清理改革。清理规范具有强制垄断性的经营服务性收费，凡没有法定依据的行政审批中介服务项目及收费一律取消
91	2015.5.18	国务院批转发改委关于2015年深化经济体制改革重点工作意见的通知（国发〔2015〕26号）	二、持续简政放权，加快推进政府自身改革 （三）稳步分批放开竞争性商品和服务价格，取消绝大部分药品政府定价，建立健全药品市场价格监管规则，放开烟叶收购价格和部分铁路运价，下放一批基本公共服务收费定价权。实现存量气与增量气价格并轨，理顺非居民用天然气价格，试点放开部分直供大用户供气价格。扩大输配电价改革试点，完善煤电价格联动机制。 （五）制定清理、废除妨碍全国统一市场和公平竞争的各种规定、做法的意见。促进产业政策和竞争政策有效协调，建立和规范产业政策的公平性、竞争性审查机制。修改反不正当竞争法。改革市场监管执法体制，推进重点领域综合执法
92	2015.6.11	国务院关于大力推进大众创业万众创新若干政策措施的意见（国发〔2015〕32号）	三、创新体制机制，实现创业便利化 （一）完善公平竞争市场环境。逐步清理并废除妨碍创业发展的制度和规定，打破地方保护主义。加快出台公平竞争审查制度，建立统一透明、有序规范的市场环境。依法反垄断和反不正当竞争，消除不利于创业创新发展的垄断协议和滥用市场支配地位以及其他不正当竞争行为
93	2015.7.1	国务院关于积极推进“互联网+”行动的指导意见（国发〔2015〕40号）	（二）基本原则。坚持安全有序。完善互联网融合标准规范和法律法规，增强安全意识，强化安全管理和防护，保障网络安全。建立科学有效的市场监管方式，促进市场有序发展，保护公平竞争，防止形成行业垄断和市场壁垒。 （三）营造宽松环境。 4. 加强法律法规建设。完善反垄断法配套规则，进一步加大反垄断法执行力度，严格查处信息领域企业垄断行为，营造互联网公平竞争环境。（法制办、网信办、发改委、工业和信息化部、公安部、安全部、商务部、工商总局等负责）

续表

序号	实施时间	名　称	所涉及条文
94	2015. 7. 29	国务院办公厅关于同意在上海等9个城市开展国内贸易流通体制改革发展综合试点的复函（国办函〔2015〕88号）	二、试点工作要坚持市场化改革方向，以建设法治化营商环境为主线，以新的流通创新为引领，通过深化改革，推动政府转变职能、简政放权，打破地区封锁和行业垄断，充分发挥市场配置资源的决定性作用，优化内贸流通发展的体制机制，完善流通法规、规则和诚信体系，逐步形成政府依法行政、企业守法经营、中介组织规范自律、社会公众有效监督的法治化营商环境和分工明确、协调高效的内贸流通管理体制，增强内贸流通服务经济社会发展全局的能力
95	2015. 7. 29	国内贸易流通体制改革发展综合试点方案	（四）探索健全统一高效的流通管理体制。完善规范性文件合法性审查程序，加强行政垄断案件查处，建立打破地区封锁和行业垄断的长效机制，促进商品、要素自由流动和企业公平竞争
96	2015. 8. 26	国务院关于推进国内贸易流通现代化建设法治化营商环境的意见（国发〔2015〕49号）	（二）基本原则。坚持以市场化改革为方向。充分发挥市场配置资源的决定性作用，打破地区封锁和行业垄断，促进流通主体公平竞争，促进商流、物流、资金流、信息流自由高效流动，提高流通效率，降低流通成本。 （四）加强全国统一市场建设，降低社会流通总成本。打破行业垄断。完善反垄断执法机制，依法查处垄断协议、滥用市场支配地位行为，加强经营者集中反垄断审查。禁止利用市场优势地位收取不合理费用或强制设置不合理的交易条件，规范零售商供应商交易关系。 五、健全内贸流通规范有序的规制体系 （十四）加快推进流通立法。健全流通法规规章。完善反垄断、反不正当竞争法律的配套法规制度，强化对市场竞争行为和监管执法行为的规范。加快制订内贸流通各行业领域的行政法规和规章，规范相关参与方行为，推动建立公平、透明的行业规则。对内贸流通领域与经济社会发展需要不相适应的现行法规、规章及规范性文件，及时予以修订或废止
97	2015. 9. 18	中共中央、国务院关于构建开放型经济新体制的若干意见	一、构建开放型经济新体制的总体要求 （一）建立市场配置资源新机制。促进国际国内要素有序自由流动、资源全球高效配置、国际国内市场深度融合，加快推进与开放型经济相关的体制机制改革，建立公平开放、竞争有序的现代市场体系。 九、建设稳定、公平、透明、可预期的营商环境 （四十一）优化市场竞争环境。建立统一开放、竞争有序的市场体系和监管规则。加快转变政府职能，完善经济管理

续表

序号	实施时间	名　　称	所涉及条文
97	2015.9.18	中共中央、国务院关于构建开放型经济新体制的若干意见	体制和运行机制，逐步建立权力清单制度，加强知识产权保护和反垄断制度建设，健全全社会诚信体系，清理妨碍全国统一市场和公平竞争的各种规定和做法，保证各类所有制企业依法平等使用生产要素、公开公平公正参与市场竞争、同等受到法律保护
98	2015.9.18	国务院办公厅关于推进线上线下互动加快商贸流通创新发展转型升级的意见（国办发〔2015〕72号）	（十六）规范市场秩序。创建公平竞争的创业创新环境和规范诚信的市场环境，加强知识产权和消费者权益保护，防止不正当竞争和排除、限制竞争的垄断行为
99	2015.9.23	国务院关于国有企业发展混合所有制经济的意见（国发〔2015〕54号）	（四）有效探索主业处于重要行业和关键领域的商业类国有企业混合所有制改革。对自然垄断行业，实行以政企分开、政资分开、特许经营、政府监管为主要内容的改革，根据不同行业特点实行网运分开、放开竞争性业务，促进公共资源配置市场化，同时加强分类依法监管，规范营利模式。 ——江河主干渠道、石油天然气主干管网、电网等，根据不同行业领域特点实行网运分开、主辅分离，除对自然垄断环节的管网实行国有独资或绝对控股外，放开竞争性业务，允许非国有资本平等进入
100	2015.10.12	中共中央、国务院关于推进价格机制改革的若干意见	一、总体要求 （一）指导思想。全面贯彻党的十八大和十八届二中、三中、四中全会精神，按照党中央、国务院决策部署，主动适应和引领经济发展新常态，紧紧围绕使市场在资源配置中起决定性作用和更好发挥政府作用，全面深化价格改革，完善重点领域价格形成机制，健全政府定价制度，加强市场价格监管和反垄断执法，为经济社会发展营造良好价格环境。 （二）基本原则 ——坚持市场决定。正确处理政府和市场关系，凡是能由市场形成价格的都交给市场，政府不进行不当干预。推进水、石油、天然气、电力、交通运输等领域价格改革，放开竞争性环节价格，充分发挥市场决定价格作用。 ——坚持放管结合。进一步增强法治、公平、责任意识，强化事中事后监管，优化价格服务。政府定价领域，必须严格规范政府定价行为，坚决管细管好管到位；经营者自主定价领域，要通过健全规则、加强执法，维护市场秩序，保障和促进公平竞争，推进现代市场体系建设。 （三）主要目标。到2017年，竞争性领域和环节价格基本放开，政府定价范围主要限定在重要公用事业、公益性服务、网络型自然垄断环节。到2020年，市场决定价格机制

续表

序号	实施时间	名　　称	所涉及条文
100	2015. 10. 12	中共中央、国务院关于推进价格机制改革的若干意见	基本完善，科学、规范、透明的价格监管制度和反垄断执法体系基本建立，价格调控机制基本健全。 二、深化重点领域价格改革，充分发挥市场决定价格作用 紧紧围绕使市场在资源配置中起决定性作用，加快价格改革步伐，深入推进简政放权、放管结合、优化服务，尊重企业自主定价权、消费者自由选择权，促进商品和要素自由流动、公平交易。 四、加强市场价格监管和反垄断执法，逐步确立竞争政策的基础性地位 清理和废除妨碍全国统一市场和公平竞争的各种规定和做法，严禁和惩处各类违法实行优惠政策行为，建立公平、开放、透明的市场价格监管规则，大力推进市场价格监管和反垄断执法，反对垄断和不正当竞争。加快建立竞争政策与产业、投资等政策的协调机制，实施公平竞争审查制度，促进统一开放、竞争有序的市场体系建设。 （十六）强化反垄断执法。密切关注竞争动态，对涉嫌垄断行为及时启动反垄断调查，着力查处达成实施垄断协议、滥用市场支配地位和滥用行政权力排除限制竞争等垄断行为，依法公布处理决定，维护公平竞争的市场环境。建立健全垄断案件线索收集机制，拓宽案件来源。研究制定反垄断相关指南，完善市场竞争规则。促进经营者加强反垄断合规建设。 六、保障措施 （二十四）强化能力建设。在减少政府定价事项的同时，注重做好价格监测预警、成本调查监审、价格调控、市场价格监管和反垄断执法、价格公共服务等工作，并同步加强队伍建设，充实和加强工作力量，夯实工作基础。大力推进价格信息化建设，为增强价格调控监管服务能力提供有力支撑。鼓励高等学校和科研机构建立价格与反垄断研究机构，加强国际交流合作，培养专门人才。整合反垄断执法主体和力量，相对集中执法权
101	2015. 12. 1	国务院关于实行市场准入负面清单制度的意见（国发〔2015〕55号）	（二十六）营造与市场准入负面清单制度相适应的公平交易平等竞争的市场环境。 有关部门要按要求清理和废除制约市场在资源配置中发挥决定性作用、妨碍全国统一市场和公平竞争的各种规定和做法，严禁和惩处各类违法实行优惠政策行为，反对地方保护，反对垄断和不正当竞争，防止相关政策妨碍全国统一市场和公平竞争

续表

序号	实施时间	名　　称	所涉及条文
102	2015. 10. 25	国务院关于改革和完善国有资产管理体制的若干意见（国发〔2015〕63号）	（十二）推进国有资本优化重组。推进国有资本控股经营的自然垄断行业改革，根据不同行业特点放开竞争性业务，实现国有资本和社会资本更好融合。 （十五）推进政府职能转变。推进自然垄断行业改革，实行网运分开、特许经营。加快推进价格机制改革，严格规范政府定价行为，完善市场发现、形成价格的机制。推进行政性垄断行业成本公开、经营透明，发挥社会监督作用
103	2015. 11. 19	国务院办公厅关于加快发展生活性服务业促进消费结构升级的指导意见（国办发〔2015〕85号）	政策措施 （一）深化改革开放。 优化发展环境。建立全国统一、开放、竞争、有序的服务业市场，采取有效措施，切实破除行政垄断、行业垄断和地方保护，清理并废除生活性服务业中妨碍形成全国统一市场和公平竞争的各种规定和做法。 （二）改善消费环境。严厉打击居民消费领域乱涨价、乱收费、价格欺诈、制售假冒伪劣商品、计量作弊等违法犯罪行为，依法查处垄断和不正当竞争行为，规范服务市场秩序
104	2015. 11. 19	国务院关于积极发挥新消费引领作用加快培育形成新供给新动力的指导意见（国发〔2015〕66号）	四、加快推进重点领域制度创新 （一）加快建设全国统一大市场。健全公平开放透明的市场规则，建立公平竞争审查制度，实现商品和要素自由流动、各类市场主体公平有序竞争。系统清理地方保护和部门分割政策，消除跨部门、跨行业、跨地区销售商品、提供服务、发展产业的制度障碍，严禁对外地企业、产品和服务设定歧视性准入条件。消除各种显性和隐性行政性垄断，加强反垄断执法，制定保障各类市场主体依法平等进入自然垄断、特许经营领域的具体办法，规范网络型自然垄断领域的产品和服务
105	2015. 12. 6	国务院关于加快实施自由贸易区战略的若干意见（国发〔2015〕69号）	一、总体要求 （二）基本原则。提高开放环境下的政府监管能力，建立健全并严格实施安全审查、反垄断和事中事后监管等方面的法律法规，确保国家安全
106	2015. 12. 18	国务院关于新形势下加快知识产权强国建设的若干意见（国发〔2015〕71号）	三、实行严格的知识产权保护 （十二）规制知识产权滥用行为。完善规制知识产权滥用行为的法律制度，制定相关反垄断执法指南。完善知识产权反垄断监管机制，依法查处滥用知识产权排除和限制竞争等垄断行为。完善标准必要专利的公平、合理、无歧视许可政策和停止侵权适用规则

续表

序号	实施时间	名　称	所涉及条文
107	2016. 2. 1	国务院关于煤炭行业化解过剩产能实现脱困发展的意见（国发〔2016〕7号）	三、政策措施 （十八）其他支持政策。严格执行反不正当竞争法、反法，严肃查处违法违规竞争行为，维护公平竞争市场秩序
108	2016. 2. 4	国务院办公厅关于加强旅游市场综合监管的通知（国办发〔2016〕5号）	工商部门：依法查处旅游市场中的虚假广告、虚假或者引人误解的宣传、销售假冒伪劣商品、利用合同格式条款侵害消费者合法权益、垄断行为（价格垄断行为除外）、商业贿赂等不正当竞争行为及其他违法违规行为等。 价格主管部门：负责旅游市场价格行为监管，严肃查处旅游行业经营者不执行政府定价和政府指导价、不按规定明码标价、欺诈宰客、低价倾销，以及达成垄断协议、滥用市场支配地位等问题。充分发挥“12358”价格举报系统的作用，依法受理游客对价格违法行为的投诉举报，切实保护消费者合法权益，整顿规范旅游市场价格秩序等
109	2016. 2. 1	国务院关于煤炭行业化解过剩产能实现脱困发展的意见（国发〔2016〕7号）	二、主要任务 （十八）其他支持政策。严格执行反不正当竞争法、反垄断法，严肃查处违法违规竞争行为，维护公平竞争市场秩序
110	2016. 3. 16	中华人民共和国国民经济和社会发展第十三个五年规划纲要（2016年3月16日第十二届全国人民代表大会第四次会议批准）	第十三章　健全现代市场体系 加快形成统一开放、竞争有序的市场体系，建立公平竞争保障机制，打破地域分割和行业垄断，着力清除市场壁垒，促进商品和要素自由有序流动、平等交换。 第五十章　健全对外开放新体制 第一节　营造优良营商环境 营造公平竞争的市场环境、高效廉洁的政务环境、公正透明的法律政策环境和开放包容的人文环境。统一内外资法律法规，制定外资基础性法律，保护外资企业合法权益。……加强知识产权保护和反垄断执法，深化执法国际合作
111	2016. 3. 25	国务院批转国家发改委关于2016年深化经济体制改革重点工作意见的通知（国发〔2016〕21号）	四、持续推进政府职能转变，改革完善“三去一降一补”的体制机制 （十七）健全市场公平竞争保障机制。在上海、广东、天津、福建开展市场准入负面清单制度试点。研究制定公平竞争审查制度，完善产业政策与竞争政策的协调机制，打破地域分割和行业垄断。建立健全中央储备与地方储备、政府储备与商业储备互为补充的储备制度
112	2016. 4. 21	国务院办公厅关于印发深化医药卫生体制改革2016年重点工作任务的通知（国办发〔2016〕26号）	四、健全药品供应保障机制 （三）健全药品价格形成机制。进一步完善药品价格形成机制。强化药品价格行为监管，健全药品价格监测体系，依法查处价格欺诈和垄断行为，切实维护药品市场价格秩序。

续表

序号	实施时间	名　　称	所涉及条文
112	2016. 4. 21	国务院办公厅关于印发深化医药卫生体制改革2016年重点工作任务的通知（国办发〔2016〕26号）	根据国家有关政策要求，开展基本医保药品支付标准制定工作。采取多种形式推进医药分开，禁止医院限制处方外流，患者可自主选择在医院门诊药房或凭处方到零售药店购药。（发改委、卫生计生委、人力资源社会保障部分别负责）

1.3.2 反垄断法律

竞争法是竞争政策的主要表现形式，是规范和限制私人反竞争行为的法律规范的总称。反垄断法是竞争政策的法律形式，是实施竞争政策的直接载体。一定意义上说，反垄断法的实施也是与产业政策等经济政策相互碰撞和相互协调的过程。

反垄断法是狭义的竞争政策实施载体，同时还有其他法律的竞争政策性实施条款，如《合同法》第329~343条、《价格法》第18条，等等。

表1-2 反垄断相关法律

序号	实施时间	名　　称	主要条文
1	1993. 12. 1	反不正当竞争法	第6条　公用企业或者其他依法具有独占地位的经营者，不得限定他人购买其指定的经营者的商品，以排挤其他经营者的公平竞争。 第7条　政府及其所属部门不得滥用行政权力，限定他人购买其指定的经营者的商品，限制其他经营者正当的经营活动。 政府及其所属部门不得滥用行政权力，限制外地商品进入本地市场，或者本地商品流向外地市场。 第12条　经营者销售商品，不得违背购买者的意愿搭售商品或者附加其他不合理的条件
2	1998. 5. 1	价格法	第18条　下列商品和服务价格，政府在必要时可以实行政府指导价或者政府定价： （一）与国民经济发展和人民生活关系重大的极少数商品价格； （二）资源稀缺的少数商品价格； （三）自然垄断经营的商品价格； （四）重要的公用事业价格； （五）重要的公益性服务价格
3	1999. 10. 1	合同法	第329~343条

续表

序号	实施时间	名　　称	主要条文
4	2000. 1. 1	招标投标法	第6条　依法必须进行招标的项目，其招标投标活动不受地区或者部门的限制。任何单位和个人不得违法限制或者排斥本地区、本系统以外的法人或者其他组织参加投标，不得以任何方式非法干涉招标投标活动。 第18条　招标人不得以不合理的条件限制或者排斥潜在投标人，不得对潜在投标人实行歧视待遇。 第31条　招标人不得强制投标人组成联合体共同投标，不得限制投标人之间的竞争
5	2004. 1. 1	港口法（2015年修订）	第29条　国家鼓励和保护港口经营活动的公平竞争。 港口经营人不得实施垄断行为和不正当竞争行为，不得以任何手段强迫他人接受其提供的港口服务。 第50条　港口经营人违反有关法律、行政法规的规定，在经营活动中实施垄断行为或者不正当竞争行为的，依照有关法律、行政法规的规定承担法律责任
6	2004. 7. 1	对外贸易法（2004年修订）	第32条　在对外贸易经营活动中，不得违反有关反垄断的法律、行政法规的规定实施垄断行为。 在对外贸易经营活动中实施垄断行为，危害市场公平竞争的，依照有关反垄断的法律、行政法规的规定处理。有前款违法行为，并危害对外贸易秩序的，国务院对外贸易主管部门可以采取必要的措施消除危害
7	2008. 8. 1	反垄断法	全文
8	2008. 12. 27	专利法（2008年修订）	第48条　有下列情形之一的，国务院专利行政部门根据具备实施条件的单位或者个人的申请，可以给予实施发明专利或者实用新型专利的强制许可： （一）专利权人自专利权被授予之日起满3年，且自提出专利申请之日起满4年，无正当理由未实施或者未充分实施其专利的； （二）专利权人行使专利权的行为被依法认定为垄断行为，为消除或者减少该行为对竞争产生的不利影响的

1.3.3　国务院反垄断法规

《反垄断法》只有57条，原则性强，然而在实际行政执法中却无法给执法人员提供较为明确的指引，不便于操作。为提高行政效率，需要配套的行政法规、规章及规范性文件来细化《反垄断法》中的规定。目前主要涉及反垄断的行政法规有10件，值得重视的是，反垄断法出台近7年，国务院尚未颁布直接针对反垄断的行政法规，导致在执法过程中，各执法机构对有关法条的理解和执行标准不统一。

表 1-3　反垄断相关法规

序号	实施时间	名　称	主要条文
1	1987.9.11	价格管理条例	第 29 条　下列行为属于价格违法行为：（九）企业之间或者行业组织商定垄断价格的
2	1987.12.1	广告管理条例	第 4 条　在广告经营活动中，禁止垄断和不正当竞争行为
3	1997.7.3	烟草专卖法实施条例	第 2 条　烟草专卖是指国家对烟草专卖品的生产、销售和进出口业务实行垄断经营、统一管理的制度。 第 46 条　烟草专卖行政主管部门依法对执行《烟草专卖法》及本条例的情况进行监督、检查，查处违反《烟草专卖法》及本条例的案件，并会同国家有关部门查处烟草专卖品的走私贩私、假冒伪劣行为
4	2000.9.25	电信条例	第 4 条　电信监督管理遵循政企分开、破除垄断、鼓励竞争、促进发展和公开、公平、公正的原则。 电信业务经营者应当依法经营，遵守商业道德，接受依法实施的监督检查。 第 40 条　电信业务经营者在电信服务中，不得有下列行为： （一）以任何方式限定电信用户使用其指定的业务； （二）限定电信用户购买其指定的电信终端设备或者拒绝电信用户使用自备的已经取得入网许可的电信终端设备； （三）无正当理由拒绝、拖延或者中止对电信用户的电信服务； （四）对电信用户不履行公开作出的承诺或者作容易引起误解的虚假宣传； （五）以不正当手段刁难电信用户或者对投诉的电信用户打击报复。 第 41 条　电信业务经营者在电信业务经营活动中，不得有下列行为： （一）以任何方式限制电信用户选择其他电信业务经营者依法开办的电信服务； （二）对其经营的不同业务进行不合理的交叉补贴； （三）以排挤竞争对手为目的，低于成本提供电信业务或者服务，进行不正当竞争
5	2002.9.15	药品管理法实施条例	第 48 条　国家对药品价格实行政府定价、政府指导价或者市场调节价。 列入国家基本医疗保险药品目录的药品以及国家基本医疗保险药品目录以外具有垄断性生产、经营的药品，实行政府定价或者政府指导价；对其他药品，实行市场调节价

续表

序号	实施时间	名　　称	主要条文
6	2003. 1. 20	退耕还林条例	第 25 条　禁止垄断经营种苗和哄抬种苗价格。 第 59 条　采用不正当手段垄断种苗市场，或者哄抬种苗价格的，依照刑法关于非法经营罪、强迫交易罪或者其他罪的规定，依法追究刑事责任；尚不够刑事处罚的，由工商行政管理机关依照反不正当竞争法的规定处理；反不正当竞争法未作规定的，由工商行政管理机关处以非法经营额 2 倍以上 5 倍以下的罚款
7	2011. 1. 8	技术进出口管理条例	第 29 条　技术进口合同中，不得含有下列限制性条款： （一）要求受让人接受并非技术进口必不可少的附带条件，包括购买非必需的技术、原材料、产品、设备或者服务； （二）要求受让人为专利权有效期限届满或者专利权被宣布无效的技术支付使用费或者承担相关义务； （三）限制受让人改进让与人提供的技术或者限制受让人使用所改进的技术； （四）限制受让人从其他来源获得与让与人提供的技术类似的技术或者与其竞争的技术； （五）不合理地限制受让人购买原材料、零部件、产品或者设备的渠道或者来源； （六）不合理地限制受让人产品的生产数量、品种或者销售价格； （七）不合理地限制受让人利用进口的技术生产产品的出口渠道
8	2013. 1. 1	国内水路运输管理条例	第 3 条　国家鼓励和保护水路运输市场的公平竞争，禁止垄断和不正当竞争行为。 第 4 条　国务院交通运输主管部门主管全国水路运输管理工作
9	2014. 3. 1	中外合资经营企业法实施条例	第 43 条　合营企业订立的技术转让协议，应当报审批机构批准。 技术转让协议必须符合下列规定： （一）技术使用费应当公平合理； （二）除双方另有协议外，技术输出方不得限制技术输入方出口其产品的地区、数量和价格； （三）技术转让协议的期限一般不超过 10 年；

续表

序号	实施时间	名　称	主要条文
9	2014. 3. 1	中外合资经营企业法实施条例	（四）技术转让协议期满后，技术输入方有权继续使用该项技术； （五）订立技术转让协议双方，相互交换改进技术的条件应当对等； （六）技术输入方有权按自己认为合适的来源购买需要的机器设备、零部件和原材料； （七）不得含有为中国的法律、法规所禁止的不合理的限制性条款
10	2004. 5. 26	粮食流通管理条例（2013年修订）	第18条　销售粮食应当严格执行国家有关粮食质量、卫生标准，不得短斤少两、掺杂使假、以次充好，不得囤积居奇、垄断或者操纵粮食价格、欺行霸市。 第35条　粮食行政管理部门依照本条例对粮食经营者从事粮食收购、储存、运输活动和政策性用粮的购销活动，以及执行国家粮食流通统计制度的情况进行监督检查。 第43条　粮食收购者有未按照规定告知、公示粮食收购价格或者收购粮食压级压价，垄断或者操纵价格等价格违法行为的，由价格主管部门依照《中华人民共和国价格法》的有关规定给予行政处罚
11	2004. 7. 1	道路运输条例（2012年修订）	第3条　从事道路运输经营以及道路运输相关业务，应当依法经营，诚实信用，公平竞争。 第6条　国家鼓励道路运输企业实行规模化、集约化经营。任何单位和个人不得封锁或者垄断道路运输市场。 第54条　县级以上人民政府交通主管部门应当加强对道路运输管理机构实施道路运输管理工作的指导监督
12	2014. 3. 1	中外合资经营企业法实施条例	第43条　合营企业订立的技术转让协议，应当报审批机构批准。 技术转让协议必须符合下列规定： （一）技术使用费应当公平合理； （二）除双方另有协议外，技术输出方不得限制技术输入方出口其产品的地区、数量和价格； （三）技术转让协议的期限一般不超过10年； （四）技术转让协议期满后，技术输入方有权继续使用该项技术； （五）订立技术转让协议双方，相互交换改进技术的条件应当对等； （六）技术输入方有权按自己认为合适的来源购买需要的机器设备、零部件和原材料；

续表

序号	实施时间	名　称	主要条文
12	2014. 3. 1	中外合资经营企业法实施条例	（七）不得含有为中国的法律、法规所禁止的不合理的限制性条款
13	2011. 1. 8	技术进出口管理条例	第3条　国家对技术进出口实行统一的管理制度，依法维护公平、自由的技术进出口秩序。 第5条　国家准许技术的自由进出口；但是，法律、行政法规另有规定的除外。 第7条　国家鼓励先进、适用的技术进口。 第8条　有对外贸易法第十六条规定情形之一的技术，禁止或者限制进口。 国务院外经贸主管部门会同国务院有关部门，制定、调整并公布禁止或者限制进口的技术目录。 第9条　属于禁止进口的技术，不得进口。 第10条　属于限制进口的技术，实行许可证管理；未经许可，不得进口。 第29条　技术进口合同中，不得含有下列限制性条款： （一）要求受让人接受并非技术进口必不可少的附带条件，包括购买非必需的技术、原材料、产品、设备或者服务； （二）要求受让人为专利权有效期限届满或者专利权被宣布无效的技术支付使用费或者承担相关义务； （三）限制受让人改进让与人提供的技术或者限制受让人使用所改进的技术； （四）限制受让人从其他来源获得与让与人提供的技术类似的技术或者与其竞争的技术； （五）不合理地限制受让人购买原材料、零部件、产品或者设备的渠道或者来源； （六）不合理地限制受让人产品的生产数量、品种或者销售价格； （七）不合理地限制受让人利用进口的技术生产产品的出口渠道。 第30条　国家鼓励成熟的产业化技术出口。 第31条　有对外贸易法第十六条规定情形之一的技术，禁止或者限制出口。 国务院外经贸主管部门会同国务院有关部门，制定、调整并公布禁止或者限制出口的技术目录。 第32条　属于禁止出口的技术，不得出口。 第33条　属于限制出口的技术，实行许可证管理；未经许可，不得出口

1.3.4　国务院有关反垄断文件

国务院已颁布五部反垄断相关文件，其内容主要是反垄断部门职责和人员分工、配合等。其中，《国务院关于经营者集中申报标准的规定》全文共5条，其主要条款是第2~4条，明确了经营者集中的定义及经营者集中的申报标准和调查。

表1-4　国务院发布与反垄断相关规范性文件

序号	实施时间	名　　称	主要内容
1	2008.7.11	国务院办公厅关于印发国家工商行政管理总局主要职责内设机构和人员编制规定的通知	有关反垄断执法机构的职责、人员编制等规定
2	2008.7.11	商务部主要职责内设机构和人员编制规定	
3	2008.7.15	国家发展和改革委员会主要职责内设机构和人员编制规定	
4	2008.7.28	国务院办公厅关于国务院反垄断委员会主要职责和组成人员的通知	
5	2008.8.3	国务院关于经营者集中申报标准的规定	经营者集中申报标准

1.3.5　反垄断委员会颁布的文件

根据《反垄断法》的有关规定，我国成立国务院反垄断委员会。反垄断委员会的职责是研究拟订有关竞争政策；组织调查、评估市场总体竞争状况，发布评估报告；制定、发布反垄断指南；协调反垄断行政执法工作；国务院规定的其他职责。因此，有关执法指南均由其制定、颁布，其他机关无权制定。如表1-5所示，2009年5月4日颁布的《国务院反垄断委员会关于相关市场界定的指南》是国务院反垄断委员会制定的第一件指南，2015年年底又发布了《关于滥用知识产权的反垄断指南（征求意见稿）》，2016年2月至2016年8月，国务院反垄断委员会陆续公布了5件反垄断指南征求意见稿。

表1-5　反垄断委员会颁布的反垄断规范性文件

序号	实施时间	名　　称	说明
1	2009.5.24	国务院反垄断委员会关于相关市场界定的指南	由商务部反垄断局官网发布并已实施
2	2015.12.31	关于滥用知识产权的反垄断指南（征求意见稿）	由发改委价监局子站公布，尚未实施

1.3.5.1 工商总局颁布的文件

工商总局颁布的有关反垄断部门规章5件，主要是查处非价格垄断的实体和程序。鉴于知识产权滥用排除和限制竞争行为受到关注，2015年8月工商总局颁布了关于禁止滥用知识产权排除、限制竞争行为的规定。

表1-6 工商总局颁布的反垄断部门规章

序号	实施时间	名　　称
1	2009.7.1	工商行政管理机关制止滥用行政权力排除、限制竞争行为程序规定
2	2009.7.1	工商行政管理机关查处垄断协议、滥用市场支配地位案件程序规定
3	2011.2.1	工商行政管理机关禁止滥用市场支配地位行为的规定
4	2011.2.1	工商行政管理机关禁止垄断协议行为的规定
5	2015.8.1	关于禁止滥用知识产权排除、限制竞争行为的规定

1.3.5.2 发改委颁布的文件

表1-7 发改委颁布反垄断相关部门规章、规范性文件

序号	实施时间	名　　称
1	2008.3.18	关于加强价格行政执法制止价格垄断的通知（发改价检〔2008〕737号）
2	2011.2.1	反价格垄断行政执法程序规定
3	2011.2.1	反价格垄断规定
4	2013.7.1	关于印发价格行政处罚文书示范文本的通知
5	2013.7.1	价格行政处罚证据规定
6	2014.1.1	价格行政处罚案件审理审查规则
7	1999.8.1	价格违法行为行政处罚规定
8	2014.1.15	价格违法行为举报处理规定（2014年修订）

1.3.5.3 商务部颁布的文件

表1-8 商务部反垄断审查相关部门规章、规范性文件

序号	实施时间	名　　称
1	2009.6.22	关于外国投资者并购境内企业的规定
2	2009.8.15	金融业经营者集中申报营业额计算办法
3	2010.1.1	经营者集中申报办法
4	2010.1.1	经营者集中审查办法
5	2011.9.5	关于评估经营者集中竞争影响的暂行规定
6	2012.2.1	未依法申报经营者集中调查处理暂行办法

续表

序号	实施时间	名　称
7	2014. 2. 12	关于经营者集中简易案件适用标准的暂行规定
8	2014. 4. 18	关于经营者集中简易案件申报的指导意见（试行）
9	2014. 6. 6	关于经营者集中申报的指导意见
10	2015. 1. 5	关于经营者集中附加限制性条件的规定（试行）

1.3.5.4　外资安全审查文件

表 1-9　涉及反垄断问题的外资安全审查文件

序号	实施时间	名　称
1	2011. 3. 3	国务院办公厅关于建立外国投资者并购境内企业安全审查制度的通知
2	2011. 3. 5	商务部实施外国投资者并购境内企业安全审查制度有关事项的暂行规定
3	2011. 9. 1	商务部实施外国投资者并购境内企业安全审查制度的规定

1.3.6　地方立法

1.3.6.1　地方性法规

以“垄断”为关键词进行检索，未检索到相关地方性法规。

1.3.6.2　地方政府规章

有关反垄断的地方政府规章见表 1-10。

表 1-10　现行有效的反垄断地方政府规章

序号	实施时间	规章名称	发文机关
1	1992. 2. 15	昆明市制止价格欺诈、价格垄断和牟取暴利的暂行规定	昆明市人民政府
2	1994. 7. 22	齐齐哈尔市反价格欺诈价格垄断和牟取暴利的暂行规定	齐齐哈尔市人民政府
3	1999. 11. 5	关于加强城市规划区土地统一管理垄断土地一级市场的通知	景德镇市人民政府
4	2001. 5. 21	关于禁止在市场经济活动中实行地区封锁和行业垄断的通知	天津市人民政府

1.3.6.3　地方规范性文件

有关反垄断的地方规范性文件见表 1-11。

表 1-11　现行有效的反垄断地方规范性文件

序号	生效时间	文件名称	发文机关
1	1996. 10. 8	关于制止和纠正工程建设中水设施安装行业垄断行为的通知	江西省城乡建设厅
2	2003. 5. 30	关于清理社会团体垄断性服务收费项目的通知	山东省民政厅
3	2005. 7. 11	关于继续深入开展对垄断性行业限制竞争行为专项整治工作的通知	宁夏回族自治区工商行政管理局
4	2006. 4. 4	关于继续深入开展反垄断专项执法工作的通知	宁夏回族自治区工商行政管理局
5	2008. 10. 15	关于贯彻《中华人民共和国反垄断法》进行文件清理工作的通知	河南省人民政府法制办公室
6	2008. 10. 28	关于印发四川省商务系统开展《反垄断法》普法教育实施方案的通知	四川省商务厅
7	2008. 11. 5	关于印发《辽宁省商业系统开展〈反垄断法〉普法教育实施方案》的通知	辽宁省商业厅
8	2008. 11. 21	关于印发《河南省交通厅学习宣传〈中华人民共和国反垄断法〉活动实施方案》的通知	河南省交通运输厅政策法规处
9	2012. 4. 25	河南省工商局关于印发《河南省工商局反垄断和反不正当竞争中原红盾“双反”行动实施方案》的通知	河南省工商行政管理局
10	2012. 9. 6	关于开展对强行垄断小区装修、敲墙业务违法犯罪行为专项整治工作的通知	上海市住房保障和房屋管理局
11	2012. 11. 1	关于进一步加强住宅小区日常管理和行政监管，深化整治垄断装修违法行为专项工作的通知	上海市住房保障和房屋管理局
12	2013. 2. 1	广东省物价局关于加强广东省价格监督检查与反垄断机构执法装备使用管理的通知	广东省物价局
13	2014. 3. 18	关于印发《无锡市消除地区封锁打破行业垄断工作方案》的通知	无锡市商务局，无锡市国家税务局，无锡市地方税务局，无锡市物价局，无锡市公安局，无锡市财政局，无锡市交通运输局，中国人民银行无锡市中心支行，无锡市工商行政管理局，无锡市人民政府法制办公室，中国银行业监督管理委员会无锡监管分局
14	2014. 5. 13	晋城市人民政府金融工作办公室关于印发《晋城市消除地区封锁打破行业垄断工作方案》的通知	晋城市人民政府金融工作办公室

续表

序号	生效时间	文件名称	发文机关
15	2014. 8. 29	《关于对巧立名目乱收费乱罚款乱摊派指定各类服务性机构垄断经营等问题进行专项整治工作方案》	北京市监察局
16	2014. 10. 15	上海市工商行政管理局关于印发《中国（上海）自由贸易试验区反垄断协议、滥用市场支配地位和行政垄断执法工作办法》的通知	上海市工商行政管理局
17	2014. 10. 15	上海市商务委关于印发《中国（上海）自由贸易试验区经营者集中反垄断审查工作办法》的通知	上海市商务委员会
18	2014. 9. 15	中国（上海）自由贸易试验区反垄断工作联席会议制度方案	上海市商务委员会、上海市发展和改革委员会、上海市工商行政管理局、中国（上海）自由贸易试验区管理委员会
19	2014. 10. 15	上海市发改委关于印发《中国（上海）自由贸易试验区反价格垄断工作办法》的通知	上海市发展和改革委员会
20	2014. 8. 22	重庆市人民政府办公厅关于进一步破除地区封锁和行业垄断促进市场统一和公平竞争的通知	重庆市人民政府办公厅
21	2014. 10. 31	湖南保监局关于进一步贯彻执行《中华人民共和国反垄断法》的通知	中国保险监督管理委员会湖南监管局
22	2015. 5. 1	福建省物价局关于印发《中国（福建）自由贸易试验区反价格垄断工作办法》的通知	福建省物价局
23	2015. 7. 9	四川省工商行政管理局关于加强反垄断执法工作的指导意见	四川省工商行政管理局
24	2015. 10. 15	关于印发《中国（天津）自由贸易试验区反垄断工作办法》的通知	天津市发展和改革委员会、天津市商务委员会、天津市市场和质量监督管理委员会
25	2015. 9. 23	上海市物价局关于印发《中国（上海）自由贸易试验区中小企业垄断协议豁免指导意见（试行）》的通知	上海市物价局

1.3.7 自由贸易区反垄断立法

1973 年签订的《京都公约》将自由贸易区定义为：“指一国的部分领土，在这部分领土内运入的任何货物就进口关税及其他各税而言，被认为在关境以外，并免于实施惯常的海关监管制度。”2013 年 8 月，中国国务院正式批准设立中国（上海）自由贸易试验区。2015 年 3 月 24 日，中共中央政治局审议通过广东（三大片区：广州南沙自贸区、深圳蛇口自贸区、珠海横琴自贸区）、天津、福建自由贸易试验区总体方案、进一步深化上海自由贸易试验区改革开放方案。

1.3.7.1 自由贸易区反垄断法规

目前除广东自由贸易试验区没有出台有关地方性反垄断法规外，上海、天津、福建均出台了有关地方性法规。反垄断法的政策性和专业性都很强，合理设置执法机构，对反垄断法的有效实施关系重大。根据有关规定，反垄断行政执法工作由国务院规定的承担反垄断执法职责的机构负责。同时，为了协调反垄断执法，保证反垄断执法的统一性、公正性和权威性，根据《反垄断法》第9条，我国设立国务院反垄断委员会，负责组织、协调、指导反垄断执法工作，该条并对国务院反垄断委员会的职责做了明确规定。

依据《立法法》第72条第1款，省、自治区、直辖市的人民代表大会及其常务委员会根据本行政区域的具体情况和实际需要，在不同宪法、法律、行政法规相抵触的前提下，可以制定地方性法规。第73条第1款规定："地方性法规可以就下列事项作出规定：（一）为执行法律、行政法规的规定，需要根据本行政区域的实际情况作具体规定的事项；（二）属于地方性事务需要制定地方性法规的事项。"根据《中国（上海）自由贸易试验区条例》第1条公布的有关立法依据，《全国人民代表大会常务委员会关于授权国务院在中国（上海）自由贸易试验区暂时调整有关法律规定的行政审批的决定》、国务院批准的《中国（上海）自由贸易试验区总体方案》《国务院关于在中国（上海）自由贸易试验区内暂时调整有关行政法规和国务院文件规定的行政审批或者准入特别管理措施的决定》三个文件中，均没有涉及反垄断职责授权，因此，自由贸易试验区将有关反垄断职责纳入地方立法的合法性值得商榷。

表1-12 自由贸易区反垄断法规

序号	实施时间	名称	说明
1	2014.8.1	中国（上海）自由贸易试验区条例	第8条 中国（上海）自由贸易试验区管理委员会（以下简称"管委会"）为市人民政府派出机构，具体落实自贸试验区改革试点任务，统筹管理和协调自贸试验区有关行政事务，依照本条例履行下列职责： （四）组织实施自贸试验区信用管理和监管信息共享工作，依法履行国家安全审查、反垄断审查有关职责。

续表

序号	实施时间	名　　称	说　　明
1	2014.8.1	中国（上海）自由贸易试验区条例	第35条　税务部门应当在自贸试验区开展税收征管现代化试点，提高税收效率，营造有利于企业发展、公平竞争的税收环境。 第38条　自贸试验区建立反垄断工作机制。涉及区内企业的经营者集中，达到国务院规定的申报标准的，经营者应当事先申报，未申报的不得实施集中。对垄断协议、滥用市场支配地位以及滥用行政权力排除、限制竞争等行为，依法开展调查和执法
2	2015.12.24	中国（天津）自由贸易试验区条例	第45条　自贸试验区内各类市场主体的平等地位和发展权利，受法律保护。区内各类市场主体在监管、税收和政府采购等方面享有公平待遇。 第53条　自贸试验区实施反垄断工作机制。自贸试验区经营者集中达到国家规定的反垄断申报标准的，经营者应当事先向国家有关部门申请经营者集中反垄断审查。对垄断协议、滥用市场支配地位以及滥用行政权力排除、限制竞争等行为，相关执法机构应当依法开展调查
3	2016.4.1	中国（福建）自由贸易试验区条例	第8条　自贸试验区工作领导小组负责领导组织、统筹协调自贸试验区建设发展工作。领导小组的办事机构设在省人民政府商务主管部门，承担领导小组日常工作，履行下列职责： （四）依法组织国家安全审查、反垄断审查等有关工作。 第51条　自贸试验区建立反垄断工作机制。对涉及区内企业的垄断行为，依法开展调查和执法。 第60条　自贸试验区内各类市场主体的平等地位和发展权利受法律保护，在监管、税收和政府采购等方面享有公平待遇

1.3.7.2　自由贸易区反垄断规范性文件

《反垄断法》第10条第2款规定，国务院反垄断执法机构根据工作需要，可以授权省、自治区、直辖市人民政府相应的机构，依照该法规定负责有关反垄断执法工作。根据《国务院办公厅关于印发国家发展和改革委员会主要职责内设机构和人员编制规定的通知》（国办发〔2008〕102号），国家发展和改革委员会内设机构为价格监督检查司，主要负责依法查处价格垄断行为。《反价格垄断行政执法程序规定》第3条第1款明确了国务院价格主管部门负责全国反价格垄断执法工作。根据国务院价格主管部门授权的省、自治区、直辖市人民政府价格主管部门，负责本行政区域内的反价格垄断执法工作。根据《国务院办公厅关于印发国家工商行政管理总局主要职责内设机构和人员编制规定的通知》（国办发〔2008〕88号）第2条第（6）款，工商总局负责垄断协议、滥用市场支配地位、滥用行政权力排除限制竞争方面的反垄断执法工作（价格垄断行为除外）。根据《工商行政管理机关查处垄断协议、滥用市场支配地位案件程序规定》和《工商行政管理机关制止滥用行政权力排除、限制竞争行为程序规定》，由工商总局统一负责反垄断执法，全国范围内有重大影响的垄断行为案件由工商总局直接负责查办。其余案件可根据需要采取“个案授权”的方式，授权给省级工商局查处，但省级不得再次向下级工商行政管理机关授权。同时，只有工商总局和省级工商局能受理涉嫌垄断行为的举报材料，省级以下工商部门不属于举报受理机关，收到举报后应在5个工作日内报送省级。

综上，自由贸易区颁布的关于有关反垄断工作办法或意见，没有实际意义。

表1-13　自由贸易区反垄断规范性文件

序号	实施时间	名　称
1	2014. 10. 15	上海市发改委关于印发《中国（上海）自由贸易试验区反价格垄断工作办法》的通知（沪发改价检〔2014〕3号）
2	2014. 10. 15	上海市工商行政管理局关于印发《中国（上海）自由贸易试验区反垄断协议、滥用市场支配地位和行政垄断执法工作办法》的通知　（沪工商公〔2014〕308号）
3	2015. 9. 23	上海市物价局关于印发《中国（上海）自由贸易试验区中小企业垄断协议豁免指导意见（试行）》的通知（沪价检〔2015〕13号）
4	2015. 10. 15	天津市发展和改革委员会、天津市商务委员会、天津市市场和质量监督管理委员会关于印发中国（天津）自由贸易试验区反垄断工作办法的通知（津发改价检〔2015〕846号）
5	2015. 5. 1	福建省物价局关于印发《中国（福建）自由贸易试验区反价格垄断工作办法》的通知（闽价检〔2015〕130号）
6	2015. 7. 9	四川省工商行政管理局关于加强反垄断执法工作的指导意见（川工商发〔2015〕97号）

1.4 中国反垄断执法模式

1.4.1 反垄断执法机构

中国反垄断执法机构并未建立中央执法系统，而是通过“授权”方式赋予地方执法权。根据《反垄断法》第10条的规定，反垄断执法权限由“国务院反垄断执法机构”享有，但是可以授权省、自治区、直辖市人民政府相应的机构负责有关的反垄断执法工作。根据授权规定，我国三大反垄断执法机关各自系统内反垄断执法权的纵向配置模式亦不相同。首先，经营者集中案件由商务部统一管辖，不对下级商务部门进行统一的或个别的授权，即采取“不授权”模式。其次，根据发改委《反价格垄断行政执法程序规定》，发改委可以授权省级价格主管部门负责本行政区域内的执法工作，即采用“统一授权”模式，将执法权限“一揽子”授给省级执法部门。而且，发改委和省级价格主管部门还可以在其法定权限内委托下一级政府价格主管部门实施反垄断调查。最后，根据工商总局《工商行政管理机关查处垄断协议、滥用市场支配地位案件程序规定》，工商总局的授权仅以个案形式进行，且被授权的省级工商行政管理局不得向下级进行二次授权。这是一种“个案授权”模式，是否需要授权的决定权掌握在工商总局手中。概而言之，三大执法机关在反垄断执法权限的纵向配置上采取了“不授权——统一授权——个案授权”三种不同模式。[1]

2014年7月8日发布的《国务院关于促进市场公平竞争维护市场正常秩序的若干意见》（以下简称《意见》）明确指出：整合优化执法资源，减少执法层级，健全协作机制，提高监管效能。这一顶层设计再次引发了专家学者对市场监管体制改革的热议。

例如，由中国行政体制改革研究会及社会科学文献出版社共同发布的《行政改革蓝皮书：中国行政体制改革报告No.5（2016）》建议，整合商务部反垄断局、发改委价格监督检查和反垄断局、国家工商总局的反垄断执法权，成立统一的国家反垄断局，可以考虑将其作为国务院的直属执行机构，也可以考虑将其放在商务部。对不同所有制企业实行统一的市场监管标准和监管规则，实质性增强反垄断的有效性；与行政审批部门改革统筹考虑，将前置性审批的机构人员尽可能转移到反垄断执法机构中去；与国际惯例接轨，逐步建立既适

[1] 应品广. 反垄断法的纵向实施机制：国际比较与中国选择［J］. 竞争政策研究，2009（11）.

用于内资又适用于外资、法治化、规范化的反垄断体制。[1] 有人戏称中国反垄断执法是“三龙治水”，有时会使一些案件的执法陷入尴尬。例如，涉及价格案件和非价格案件的执法权由发改委和工商总局分别执法，而有时候一个案件既涉及价格，又涉及非价格。湖南新牢保险案，这两方面都有涉及，发改委和工商局都参与了处理。这种情况靠三家机构协商解决是行不通的，因为，哪个执法机关都不会愿意放弃自己的权力，最终只能由国务院决定。三龙治水也会带来“竞争”压力。另外，目前中国的三家反垄断行政机构，工作人员加起来不足百人。而美国联邦贸易委员会反垄断局和司法部反托拉斯局加起来大约有两千多人，财政预算大约上亿美元。以如此少的人手，处理如此多而且复杂的反垄断事务，也令外界颇为担心。而且，三家反垄断行政机构均为司局级单位，而现实中的真正垄断者往往是强势央企，后者往往是部级单位，势大力雄，执法存在先天性残疾。[2]

表 1-14　反垄断法执法机构

机　　构	具体部门	职　　能	地方部门	授权性质
反垄断委员会		协调、制定执法细则，无执法权		
发改委	价格监督检查与反垄断局	涉及价格的垄断协议、滥用、行政垄断	省级物价部门或者发改委	一般授权
工商总局	反垄断与反不正当竞争执法局	非价格相关的垄断协议、滥用、行政垄断	省级工商部门	特殊授权
商务部	反垄断局	经营者集中		不授权
人民法院	中级以上人民法院知识产权庭	反垄断民事诉讼		

1.4.1.1　国务院反垄断委员会

国务院反垄断委员会是根据 2007 年 8 月 30 日第十届全国人民代表大会常务委员会第二十九次会议所通过的《反垄断法》第 9 条而成立，该法于 2008 年 8 月 1 日起实施。依据《国务院办公厅关于国务院反垄断委员会主要职责和组成人员的通知》（国办发〔2008〕104 号），国务院反垄断委员会的主要职责有：研究拟订有关竞争政策；组织调查、评估市场总体竞争状况，发布评估报告；制定、发布反垄断指南；协调反垄断行政执法工作；国务院规定的其他职

[1] 王开广. 专家呼吁建立国家反垄断局统一反垄断体制［EB/OL］.［2016-05-22］. 法制网.
[2] 参见刘蔽，谢鹏. 中国式反垄断 5 年［N］. 南方周末，2013-09-27.

责。国务院反垄断委员会组成人员主任由王岐山国务院副总理担任，副主任由商务部部长、发改委主任、工商总局局长、国务院副秘书长担任。国务院反垄断委员会的具体工作由商务部承担。

2011年12月20日，国务院反垄断委员会首届专家咨询组成立大会在北京召开，会议聘请对外经济贸易大学法学院教授黄勇为国务院反垄断委员会专家咨询组成员，并任命黄勇为副组长，国务院反垄断委员会秘书长、商务部国际贸易谈判代表（正部长级）兼副部长高虎城出席成立大会并为专家咨询组成员颁发了聘书。

首届国务院反垄断委员会专家咨询组由21名专家组成，包括来自对外经济贸易大学、北京大学、中国人民大学、中国政法大学、上海交通大学、天津财经大学、中国社会科学院等科研院校以及相关机构的法学、经济学和行业专家。专家咨询组设组长和副组长各一名。根据有关专家介绍，目前第二届专家咨询组成员改为12人，不再设组长、副组长，只设一个召集人。

1.4.1.2 国家工商行政管理总局

依据《国务院办公厅关于印发国家工商行政管理总局主要职责内设机构和人员编制规定的通知》（国办发〔2008〕88号），工商总局负责垄断协议、滥用市场支配地位、滥用行政权力排除限制竞争方面的反垄断执法工作（价格垄断行为除外）。依法查处不正当竞争、商业贿赂、走私贩私等经济违法行为。工商总局成立“反垄断与反不正当竞争执法局”，内设综合处、反垄断法律指导处、反垄断执法一处、反垄断执法二处、反不正当竞争处、经济检查处、直销监管处、禁止传销处。主要工作职责为：拟订有关反垄断、反不正当竞争的具体措施、办法；承担有关反垄断执法工作；查处市场中的不正当竞争、商业贿赂、走私贩私及其他经济违法案件，督查督办大案要案和典型案件。《工商行政管理机关查处垄断协议、滥用市场支配地位案件程序规定》和《工商行政管理机关制止滥用行政权力排除、限制竞争行为程序规定》规定，由工商总局统一负责反垄断执法，非重大影响的垄断行为案可根据需要采取“个案授权”的方式，授权省级工商局查处。

在《反不正当竞争法》修订之前，《反不正当竞争法》中若干禁止垄断行为的规定，如串通投标、公用企业滥用市场支配地位、搭售等行为之禁止，仍然属于现行有效规定，凡与《反垄断法》规定不冲突的，仍可作为工商行政管理机关反不正当竞争执法的依据。

1.4.1.3 商务部

依据《国务院办公厅关于印发商务部主要职责内设机构和人员编制规定的通知》（国办发〔2008〕77号），商务部在反垄断方面的主要职责包括：依法对经营者集中行为进行反垄断审查，指导企业在国外的反垄断应诉工作，开展多双边竞争政策交流与合作。商务部内设机构为“反垄断局”，其职责是依法对经营者集中行为进行反垄断审查；指导我国企业在国外的反垄断应诉工作；开展多双边竞争政策国际交流与合作。同时商务部承担《反垄断法》规定的国务院反垄断委员会具体工作，主要包括：（1）起草经营者集中相关法规，拟订配套规章及规范性文件；（2）依法对经营者集中行为进行反垄断审查；负责受理经营者集中反垄断磋商和申报，并开展相应的反垄断听证、调查和审查工作；（3）负责受理并调查向反垄断执法机构举报的经营者集中事项，查处违法行为；（4）负责依法调查对外贸易中的垄断行为，并采取必要措施消除危害；（5）负责指导我国企业在国外的反垄断应诉工作；（6）牵头组织多双边协定中的竞争条款磋商和谈判；（7）负责开展多双边竞争政策国际交流与合作；（8）承担国务院反垄断委员会的具体工作；（9）承担部领导交办的其他事项。

商务部反垄断局下设七个处，分别是办公室、竞争政策处、审查一处、审查二处、审查三处、监察执法处、委员会协调处。

1.4.1.4 国家发展和改革委员会

依据《国务院办公厅关于印发国家发展和改革委员会主要职责内设机构和人员编制规定的通知》（国办发〔2008〕102号），发改委在反垄断方面的主要职责为：负责汇总分析财政、金融等方面的情况，参与制定财政政策、货币政策和土地政策，拟订并组织实施价格政策。综合分析财政、金融、土地政策的执行效果，监督检查价格政策的执行。负责组织制定和调整少数由国家管理的重要商品价格和重要收费标准，依法查处价格违法行为和价格垄断行为等。负责全口径外债的总量控制、结构优化和监测工作，促进国际收支平衡。发改委内设机构“价格监督检查司”，主要负责起草有关价格监督检查法规草案和规章；指导价格监督检查工作，组织实施价格检查，依法查处商品价格、服务价格、国家机关收费中的价格违法行为，依法查处价格垄断行为；按规定受理价格处罚的复议案件和申诉案件。

2011年7月，经国务院批准，中编办正式批复，发改委价格监督检查司更名为价格监督检查与反垄断局，并增加20名行政编制。价格监督检查与反垄断局下设三个负责反价格垄断工作的处室，包括反价格垄断调查一处、反价格垄断调查二处、竞争政策与国际合作处。反价格垄断调查一处负责服务领域价格垄断案件的查处工作；反价格垄断调查二处负责商品领域价格垄断案件的查处工作；竞争政策与国际合作处负责有关竞争政策研究、起草反价格垄断指南、国际交流合作和滥用行政权力案件的查处工作。2011年，经中编办批准，北京市、辽宁省、上海市、江苏省、湖北省、广东省、重庆市、陕西省八个省市价格主管部门共增加了 150 名编制，专项用于加强价格监督检查与反价格垄断工作。2011 年年底，广东省价格检查局更名为价格监督检查与反垄断局。

2012 年，湖北省、湖南省、河南省、宁夏回族自治区、上海市等省、自治区价格监督检查机构先后更名为价格监督检查与反垄断局；江苏、辽宁省物价局单设反价格垄断分局。❶

价格监督检查与反垄断局具体职责：（1）指导全国价格监督检查与反垄断工作，拟订价格监督检查与反垄断政策、任务、工作计划及实施意见。（2）监督检查价格改革方案和价格调控管理政策措施的贯彻落实情况，提出加强和改进价格调控管理的建议。（3）组织实施全国性商品价格、服务价格、国家机关收费、事业性收费监督检查，明确实施检查的法律法规依据和政策界限，协调解决检查中出现的政策问题。（4）查处中央国家机关各部门、省级人民政府及部门、中央有关企事业单位、社会组织的价格、收费违法案件；协调处理省际的价格、收费违法案件；查处重大价格、收费违法案件。（5）负责反价格垄断执法工作，调查、认定和处理重大的价格垄断行为和案件。（6）组织开展市场价格行为监管工作，调查、认定和处理重大的不正当价格行为和案件；负责市场价格异常波动监督检查应急工作。（7）起草有关价格监督检查与反垄断法律法规草案和规章，依法界定各类价格违法行为、价格垄断行为。（8）受理不服省级政府价格主管部门行政处罚的复议案件和申诉案件。（9）指导全国价格社会监督、公共服务、信用建设和价格举报工作。（10）指导全国价格监督检查与反垄断干部队伍的业务建设。（11）承办委领导交办的其他事项。

目前在执法中需要进一步明确价格垄断行为的内涵和外延。例如，价格卡特尔，即价格垄断协议，是毫无争议的价格垄断行为。可是，不正当贱卖，即无正当理由以低于成本价格销售产品，是否属于价格垄断行为？在《反垄断法》实施之前，它是被列入不正当竞争行为的。再如，串通投标涉及抬高标价和压低标价及投标者和招标者相互勾结，是否属于价格垄断行为呢？根据《反不正当竞争法》的规定，应属于工商行政管理部门规制的范围。

除了工商总局、商务部、发改委分别内设的反垄断执法机构外，《反垄断法》还作了授权规定。即《反垄断法》第 10 条第 2 款规定：国务院反垄断执法机构根据工作需要，可以授权省、自治区、直辖市人民政府相应的机构，依照该法规定负责反垄断执法工作。故我国反垄断执法机构设置共三个层次。

地方反垄断执法机构具有以下特点：（1）经国务院反垄断执法机构授权。

❶ 许昆林. 反价格垄断工作取得新进展［M］//中国世界贸易组织研究会竞争政策与法律专业委员会. 中国竞争法律与政策研究报告（2012 年），北京：法律出版社，2012：8.

授权可由国务院反垄断执法机构直接行使，无须再得到授权，只要工作需要即可；（2）授权限于省一级的机构。今后产生的地方反垄断执法机构只能产生于省、自治区、直辖市这一层次；（3）授权只能在相应机构内进行。即：国家工商行政管理总局授权省级工商行政管理局，国家发展和改革委员会授权省级发展和改革委员会，商务部授权省级商务局（厅）。

1.4.1.5 其他部门

其他政府相关职能部门，依据相关法律法规，对涉嫌反垄断经营的情形都有反垄断执法管辖权，例如，中国证监会依据《证券法》第 7 条、第 77 条规定，银监会依据《银行业监管管理法》第 3 条、第 27 条和《外资银行管理条例》第 4 条、第 5 条规定，信息产业部依据《电信条例》第 4 条规定，国家邮政局依据《邮政法》第 2 条、第 8 条规定，民航总局依据《民用航空法》第 3 条规定，交通部依据《港口法》第 6 条、第 29 条规定，等等。反垄断执法权归于各相关部门，很容易出现“人人都应管”却“人人都不管”的状态。[1]

1.4.2 中国反垄断执法现状及困境

1.4.2.1 “三龙治水”不利于执法

目前三足鼎立的反垄断法执法机构中具体执法的反垄断司、局，缺乏独立性，而且这些机构之间还不可避免地存在各种矛盾或者管辖权的冲突，执法成本必然过高。为提高反垄断法实施的效率，国家应当尽快整合商务部、发改委、工商总局三家的反垄断执法权，可以考虑建立直属国务院反垄断局，也可以考虑将国务院反垄断委员会，充实、改造为反垄断执法机关，强化其专业性，增强其反行政垄断的功能。[2] 对反垄断执法机构进行大的调整，面临反垄断法的修改和反垄断法执法机构的重组，从目前看实现的可能性较小。

1.4.2.2 价格和非价格管辖不清

根据国务院的三定方案，工商总局负责垄断协议、滥用市场支配地位、滥用行政权力排除限制竞争方面的反垄断执法工作（价格垄断行为除外），而发改委负责价格垄断行为的执法工作。事实上，很少有单纯的价格垄断及单纯的非价格的垄断行为。大多数案件价格和非价格因素同时并存。价格垄断行为与非价格垄断行为之间并没有明确的界限。例如，划分市场、限制产量并不是直

---

❶ 刘云亮. 反垄断执法机构责任清单研究［J］. 财经法学，2016（1）.

❷ 曹博. 竞争政策与产业政策关系协调研究［J］. 经济师，2016（2）.

接的价格垄断行为，但其行为的实质和后果却会间接地影响价格竞争；经营者在从事垄断行为时，可能会同时涉及价格垄断行为和非价格垄断行为。企业在经营中，涉及直接的价格、间接的价格或者非价格的限制都有可能同时出现，那么这时就存在发改委和工商总局谁该管、谁先管、谁后管的问题，存在相互之间调查的协调及处罚的协调问题。因此工商总局与发改委如何具体划定受案范围以及两者之间如何衔接配合是一个非常关键的问题，通常采取的做法是，对同一主体同时涉及价格与非价格垄断行为的处理，如对统一折扣、分割市场、滥用市场支配地位多种违法行为的查处，工商部门和发改委本着谁先立案谁查处的原则，不再对当事人重复处罚。但发改委仅处理价格垄断行为，对于涉及非价格的分割市场、滥用市场支配地位等违法行为无权处理，导致相关违法行为难以及时制止。同样，工商部门对于非职责范围内的涉及价格垄断行为无处理权，也不好越权要求企业整改价格。不仅造成了执法部门人、财、物的浪费，而且多部门重复执法，涉案当事人也难以承受。例如，在处理案件性质、操作模式基本一致的新车保险垄断案时，因娄底被央视曝光由发改委处理，发改委偏重于对保险公司统一执行95%折扣优惠价格垄断行为的查处，工商部门对于其划分销售商品数量垄断协议的行为不再另行查处。而工商部门处理永州、郴州同类型保险垄断案时，因对统一折扣价格问题无权处理，只偏重于查处制止当事人划分销售商品数量垄断协议的行为。如此，仅以价格和非价格划分工商与发改委执法权限，易造成职能交叉和监管盲区，导致一些违法行为难以得到及时制止。❶

目前的管辖制度还容易导致有利的案件双方争着管，没有利或难度较大的案件双方想办法不管。举报人因为对价格和非价格判断不准，导致举报和投诉受到阻碍。

1.4.2.3 未实施违法行为的行政处罚

反垄断执法中，当事人因主客观条件限制，没有实施所签订的垄断协议，并自行废除了垄断协议。按照行政处罚法的规定，“达成垄断协议尚未实施”属“违法未遂”，当事人自行废除垄断协议，属主动改正违法行为，可不予处罚。但《反垄断法》对于“尚未实施所达成的垄断协议”这类“可能排除、限制竞争的行为”作了明确的处罚规定：处50万元以下罚款。如湖南省永州市7家混凝土企业达成垄断协议案，湖南省工商局予以从轻处罚：对第一个主动报告垄断协议有关情况、提供重要证据的永州市双园建材有限责任公司，根据《反垄断法》第46条第2款、《工商行政管理机关禁止垄断协议行为的规

❶ [EB/OL]. [2016-05-20]. http://www.cneu.org.cn/lunwen/show6246.html.

定》第12条的规定免除处罚；对其他6家公司依据《反垄断法》第46条第1款的规定分别处以3万元罚款。

依据立法法的规定，《反垄断法》和《行政处罚法》均属于同一层级立法，按照新法优于旧法原则，适用反垄断法；但按照特别法优于一般法，适用行政处罚法。在执法实践中，反垄断法和行政处罚法的适用冲突需要通过立法解决。

1.4.2.4 行政垄断查处难度大

行政垄断处理难度大，案件少。反垄断法实施以来，针对各类企业的限制竞争性行为，执法机构处理了不少典型案件。与对企业的垄断行为执法形成鲜明对照的是，尽管我国反垄断法禁止政府滥用行政权力限制竞争，由于政府介入经济较深，实际中行政垄断行为很多，但这方面处理的案件却极少。[1] 行政垄断法律责任是：第一，上级机关是责任追究的主体；第二，对于实施行政垄断的单位，责任形式是责令改正；第三，对于实施行政垄断的个人，责任形式表现为行政处分；第四，反垄断执法机关仅仅享有向上级行政机关提出依法处理的建议权。当然从目前立法实践看，“向上级行政机关提出依法处理的建议权”具有一定的影响力和执行力，普遍受到重视和改进，但目前仍然没有一例行政垄断的行政单位领导个人受到处分，如果每起行政垄断都需要执法机关执法建议权才改正垄断行为，其执法成本显然太高和不现实。

1.4.2.5 因行政垄断是否处罚企业

依据《反垄断法》，经营者参与行政单位主导的行政垄断可能会构成垄断行为受到处罚。但从国家赔偿角度考虑，行政单位作出了错误的行政行为致使经营者为服从指示受到损失，则经营者是否可以据此向有关国家机关申请赔偿。也有观点认为，在行政垄断案件中行政机关为实施行政垄断采取的行政行为并不具有强制力，经营者可以自行判断是否采纳行政机关的意见，故经营者对其自身垄断行为不能免除责任。例如，在发改委查处的云南通信管理局行政垄断案中，2009年8~10月，云南省通信管理局牵头组织中国移动通信集团云南分公司、中国电信股份有限公司云南分公司、中国联合网络通信有限公司云南分公司和中国铁通集团有限公司云南分公司多次会议协商，于2009年年底达成《云南基础电信运营企业规范各类赠送活动的协议》，对四家电信运营商开展相关赠送活动的内容、额度、频次等进行了约定，同时规定了有关执行措施。对电信运营商违反该协议开展赠送的行为，其他电信运营商可以向云南省通信管理局申告。云南省通信管理局在确认后下发整改通知书，责令相关企业进行整改。云南省通信管理局实质上是要求电信运营商就相关问题达成垄断协

[1] 曹博. 竞争政策与产业政策关系协调研究［J］. 经济师，2016（2）.

议，排除和限制了相关市场竞争。该案中电信运营商为保障经营，避免因不遵守该协议受到云南省通信管理局的处罚，只能实施垄断行为。最终发改委对参与垄断协议的四家运营商进行了处罚，罚款金额共计约1 318万元。

政府及相关部门的倡导是否可成为免责的理由？在湖南省永州市7家混凝土企业达成垄断协议案中，当事人认为，《湖南省散装水泥条例》《商务部、公安部、建设部、交通部关于限期禁止在城市城区现场搅拌混凝土的通知》明确要求在城区禁止现场搅拌混凝土。为禁止现场搅拌混凝土，永州市相关政府部门召开会议，鼓励混凝土企业集中优势资源，提供优质服务，联合应对现场搅拌混凝土。当事人认为其在政府部门的倡议指导下，联合经营，没有违法。就算违法，也是政府引导失误，不应由当事人承担责任。永州相关政府部门也主动为其说情，建议免予处罚。湖南省工商局认为：政府及相关部门只是倡导当事人共同应对现场搅拌混凝土的冲击，并未要求当事人达成垄断协议。当事人达成《合伙协议》联合经营，意图调控生产数量的行为，违反了《反垄断法》相关规定，理应承担法律责任，接受相应处罚。[1] 如果涉案企业因被处罚后要求相关行政机构承担法律责任，是否有依据？

1.4.2.6 豁免制度

《反垄断法》关于反垄断豁免的规定有六处：特定行业保护（第7条）、垄断协议豁免（第15条）、经营者集中申报豁免（第22条）、经营者集中豁免（第28条）、知识产权豁免（第55条）和农业豁免（第56条），这6条构成了反垄断豁免制度的基本框架。我国《反垄断法》采用行为豁免与行业豁免相结合的豁免模式，并单独规制了具体的垄断行业与行为，如，依法行使知识产权的行为及农业被豁免。我国反垄断立法规定了豁免的三种形式：(1) 根据《反垄断法》第7条，对国有经济占控制地位的关系国民经济命脉和国家安全的两类行业适用反垄断法除外制度。第一类为自然垄断行业、重要基础设施、重要自然资源等产业，主要指军工、电网、电力、石油石化、电信、煤炭、民航、航运等特定行业；第二类为依法实行国家专营的行业，这类行业主要有烟草、食盐、邮政等行业，目前它们分别受《烟草专卖法》《食盐专营办法》《邮政法》等法律法规规制。这两类行业基本是国有企业，国家对其合法经营给以立法保护。不过需要把握的是，不能因此以为这两类国有企业整体上都获得了豁免，都不适用《反垄断法》。实际上，《反垄断法》禁止的是垄断行为，并不反对其垄断地位；保护的是合法经营，同时禁止国有企业滥用市场支配地位。

[1] 谢荣华. 对湖南省永州市7家混凝土企业达成垄断协议案的分析和思考［EB/OL］.［2016-02-05］. 中国永州网.

（2）对依法行使知识产权的行为及农业，《反垄断法》规定“不适用”其禁止性规定。我国关于知识产权的保护主要体现在《专利法》《商标法》《著作权法》中，经营者依照知识产权相关法律、法规行使知识产权的行为，依法不适用《反垄断法》。《反垄断法》第56条对农业的保护规定得较为明显，该条规定：“农业生产者及农村经济组织在农产品生产、加工、销售、运输、储存等经营活动中实施的联合或协同行为，不适用本法。”（3）《反垄断法》第15条规定的具有合理性的垄断协议以及第28条规定的经营者合理集中不予禁止。另外，对于符合该法第22条规定的母子公司和姊妹公司的合并，从程序上免于申报，即经营者集中即使达到申报标准，也不必向反垄断执法机构申报，更不限制其集中，给予申报豁免。❶

各国反垄断法都规定了不同范围的豁免制度。豁免是指对于违反竞争政策的行为，由于其符合反垄断法规定的免责条件，反垄断法对其不予禁止。我国《反垄断法》第15条规定了垄断协议的豁免、第27条和第28条规定了经营者集中审查的豁免，为政府实施产业政策预留了空间。当然，法律对经营者赋予的证明责任（行为对市场竞争的影响，消费者能够分享利益等），使产业政策考虑的空间有所限制，产业政策的实施应该止步于“未严重影响市场竞争”的门槛之外。而中国《反垄断法》第7条明确提出对国有经济占控制地位的关系国民经济命脉和国家安全的行业以及依法实行专营专卖的行业予以豁免，即对自然垄断行业的中央企业“网开一面”。中央企业经过不断重组，从2003年的196家减少为目前的113家，这种“装筐式”重组不仅无助于规模经济、范围经济、经验曲线、技术创新等微观效应，还不断增大了企业的市场势力，从结构上看具有反竞争效果。即便通过重组，在一定程度上有助于宏观经济增长，但本质上仍是一种不公平、不公正的增长，对民营、外资等非国有经济的发展具有较为严重的挤出效应。鉴于国有企业重组可能产生反竞争的效果。戚聿东教授建议今后无论是中央企业重组还是地方国有企业重组，都应该接受《反垄断法》约束，由反垄断执法部门进行并购审查。戚聿东教授提出，在中国特定的制度背景和发展阶段下，反垄断执法要实施广义的反垄断，经济垄断、自然垄断以及行政性垄断都应成为《反垄断法》的指向，既要禁止形形色色的垄断行为，也要限制垄断结构的生成。❷

经营者集中申报是对企业并购进行反垄断规制的事前控制程序，也是开启

❶ 王道春. 论《反垄断法》对经营者集中豁免之法律规制［J］. 湖南警察学院学报，2015（1）.

❷ 张伟，付强. 转型经济条件下的垄断结构、垄断行为与竞争政策设计——反垄断与规制经济学学术研讨会观点综述［J］. 中国工业经济，2013（9）.

经营者集中审查程序的基础。我国《反垄断法》第 21 条规定："经营者集中达到国务院规定的申报标准的，经营者应当事先向国务院反垄断执法机构申报，未申报的不得实施集中。" 由此可见，我国《反垄断法》采取的是事前强制申报制度。该项制度适用的主体是所有的参与集中的经营者，然而遗憾的是，在我国《反垄断法》正式实施后，国企并购并未严格适用该项重要制度，最典型的案例就是中国联通与中国网通合并案。2008 年 10 月 15 日，中国联通与中国网通两大国内通讯运营商正式合并，根据 2008 年 9 月 24 日发布的《关于中国联通股份有限公司与中国网通集团（香港）有限公司合并之重大资产重组报告书（修订稿）》显示，2007 年，联通的营业收入约为 1004.7 亿元，网通的营业收入约为 869.2 亿元。《国务院关于经营者集中申报标准的规定》对申报标准作出了规定：参与集中的所有经营者上一会计年度在全球范围内的营业额合计超过 100 亿元人民币，或者在中国境内的营业额合计超过 20 亿元人民币，并且其中至少两个经营者上一会计年度在中国境内的营业额均超过 4 亿元人民币。中国联通与中国网通合并的主要事项是在《反垄断法》实施后进行的，其营业额也达到了法律规定的法定申报标准，而且也不符合《反垄断法》第 22 条关于豁免申报义务的规定，因此应主动向商务部申报，但其却未进行申报。对此，北京律师董正伟向发改委、商务部、工商总局等有关部门提出建议，要求对网通、联通的合并进行经营者集中审查，被负责执法的商务部以"电信重组是依据国务院作出的决定进行的"和"反垄断执法机构自己拥有裁量权"为由驳回。此后，董正伟律师又试图以"行政不作为"起诉商务部反垄断局，但法院没有受理，商务部反垄断局也没有作出有力的回应。除中国联通与中国网通的合并未进行申报外，涉及其他国有企业的多起并购重组，例如，中国五矿、中海油、中粮集团等一批国有企业并购案均未履行经营者集中申报与审查程序。在这波持续至今的并购浪潮中，反垄断执法机关大多数时候保持了沉默。❶

---

❶ 孙晋. 论经营者集中审查制度在国有企业并购中的适用［J］. 华东政法大学学报，2015（4）.

第2章　工商部门反垄断行政执法分析

2.1　反垄断行政处罚统计

2.1.1　行政处罚总数据

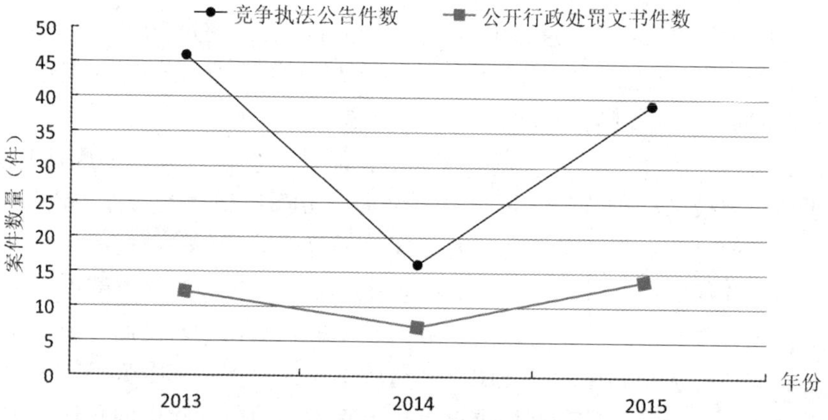

图2-1　2013~2015年每年竞争执法公告件数及行政处罚文书件数

如图2-1所示，截至2015年12月31日，工商行政管理机关反垄断竞争执法公告共34件，34件执法公告中包含反垄断行政处罚案件101件。[1] 其中2013年公布12件（包含行政处罚文书48份）；2014年公布8件（包含行政处罚文书15份）；2015年公布14件（包含行政处罚文书40份）。

根据任爱荣局长《充分发挥中央和地方两个积极性竞争执法工作取得新进展》一文披露，截至2015年年底，工商行政管理机关共立案查处垄断案件58

[1] 本章是在收集工商总局反垄断案件公布平台上所有公开的案件的基础上进行分析的，在分析过程中，与反垄断案件公布平台计算案件数量的方式不同的是，在本次反垄断大数据分析中，一份行政处罚决定书视为一件案件，故上述公开的24件竞争执法公告中包含行政处罚决定书共计103份，因其中“浙江省慈溪市建设工程检测协会组织本行业经营者从事垄断协议案”和“北京盛开体育发展有限公司垄断行为案”各含中止调查决定书与终止调查决定书一份，免去重复计数，最终本次反垄断大数据分析共统计工商反垄断行政处罚101件。

件，结案 34 件，中止调查 5 件。❶

需要说明的是，2016 年 2 月 3 日，工商总局发布的竞争执法公告“2016 年第 1 号中国人寿、泰康人寿等保险公司江西分公司达成实施垄断协议案”，实为 2015 年 12 月 28 日处罚，但本次仅统计分析了 2015 年年底之前公布的工商反垄断行政处罚案件，故该案未计入。❷

2013 年 7 月 29 日，工商总局建立了“反垄断案件公布平台”，自 2008 年《反垄断法》实施以来工商总局及授权查办的所有已结案件均通过此平台向社会公布。

2.1.2　行政处罚年度趋势

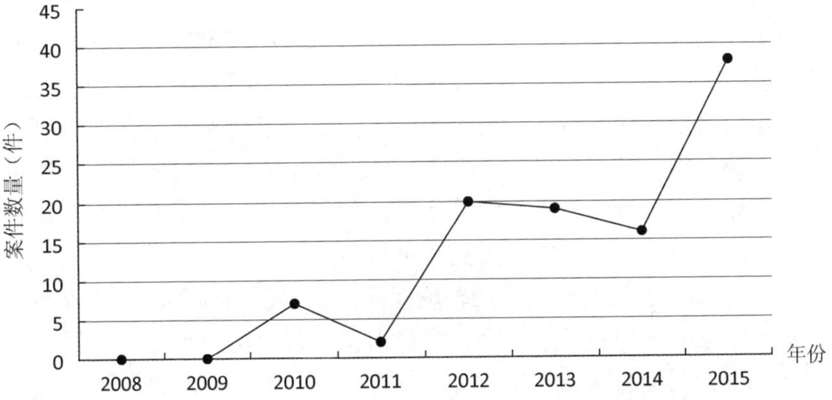

图 2-2　2008~2015 年每年工商反垄断行政处罚案件数

如图 2-2 所示，本次统计的 101 件工商部门查处的垄断案件中，2010 年查处 7 件，占 6.9%；2011 年处罚 1 件，❸ 占 1.0%；2012~2014 年连续三年每年查件 20 件左右；2015 年查处 34 件，占 33.3%，其中，垄断案件 12 件，涉嫌

---

❶ 前述数据相差是因为双方的统计口径不同所导致，工商总局竞争执法公告是将同一时间、同一区域、同一性质和同一行业查处的系列案件计为一件案件。

❷ 该案共计处罚决定书 17 份。分别为：（1）中国人寿保险股份有限公司江西省分公司；（2）泰康人寿保险股份有限公司江西分公司；（3）中国人民财产保险股份有限公司江西省分公司；（4）中国平安财产保险股份有限公司江西分公司；（5）太平养老保险股份有限公司江西分公司；（6）平安养老保险股份有限公司江西分公司；（7）中国太平洋财产保险股份有限公司江西分公司；（8）中国人民人寿保险股份有限公司江西省分公司；（9）中国大地财产保险股份有限公司江西分公司；（10）新华人寿保险股份有限公司江西分公司；（11）阳光财产保险股份有限公司江西省分公司；（12）民生人寿保险股份有限公司江西分公司；（13）天安财产保险股份有限公司江西省分公司；（14）信泰人寿保险股份有限公司江西分公司；（15）富德生命人寿保险股份有限公司江西分公司；（16）中银保险有限公司江西分公司；（17）中国人民健康保险股份有限公司江西分公司。

❸ 浙江省慈溪市建设工程检测协会组织本行业经营者从事垄断协议案。

垄断协议 4 件，涉嫌滥用市场支配地位案件 8 件。[1]

工商反垄断立案同样呈现逐年增长态势，2009 年立案 1 件；2010 年立案 2 件；2011 年立案 7 件；2012 年立案 14 件；2013 年立案 12 件；2014 年立案 13 件；2015 年立案 9 件。

《反垄断法》自实施以来，工商行政管理机关查处了大批典型垄断案件。2009 年江苏省工商局查处的连云港混凝土行业垄断协议案，是我国工商行政管理机关适用反垄断法对垄断行为作出行政处罚的第一案。

2010 年广东省工商局适用《反垄断法》，制止了地方政府滥用行政权力排除、限制竞争行为，这是我国第一起适用《反垄断法》依法制止滥用行政权力排除限制竞争行为的案例。[2] 该案的基本情况是：2010 年，广东省河源市政府几次政府工作会议，明确指定新时空公司自行筹建的卫星定位汽车行驶监控平台为市级监控平台，要求该市其余几家 GPS 运营商必须将所属车辆的监控数据信息上传至新时空公司平台，并要求未将监控数据上传至该平台的车辆，一律不予通过车辆年审。2011 年 1 月 26 日，3 家 GPS 运营商联名向广东省工商局投诉。广东省工商局调查发现，河源市政府的行为违反了反垄断法的规定，构成行政机关滥用行政权力排除、限制竞争行为。[3]

2012 年，湖南省工商局查处的车辆保险垄断协议系列案（包括永州市保险行业、协会张家界市保险行业协会、常德市保险行业协会和郴州市保险行业协会）是全国保险行业首个垄断案件。

2015 年 9 月 18 日，安徽省工商局对信雅达公司下达 20 万元的罚款行政处罚决定书，这是工商机关首起依据《反垄断法》对当事人或利害关系人不配合调查作出的行政处罚案件。

中国反垄断执法机构的执法力度明显加强。这既是中国反垄断执法机构经验积累到一定程度的必然反映，也是对各方面要求和期待的回应，更表明目前中国市场上垄断行为的严重性和普遍性。[4]

---

[1] 任爱荣. 充分发挥中央和地方两个积极性竞争执法工作取得新进展［M］//中国世界贸易组织研究会竞争政策与法律专业委员会. 中国竞争法律与政策研究报告（2015 年），北京：法律出版社，2016：15.

[2] 吴振国，吴鸣鸣. 中国《反垄断法》实施五周年回顾与展望［J］. 中国法律，2013（4）.

[3] 参见许浩. 反垄断该如何常态化？［N］. 中国经营报，2014-08-18（A10）.

[4] 王先林. 我国反垄断执法中的平等适用问题［N］. 中国经济导报，2014-11-13（A03）.

2.2 反垄断法实施前的垄断案件

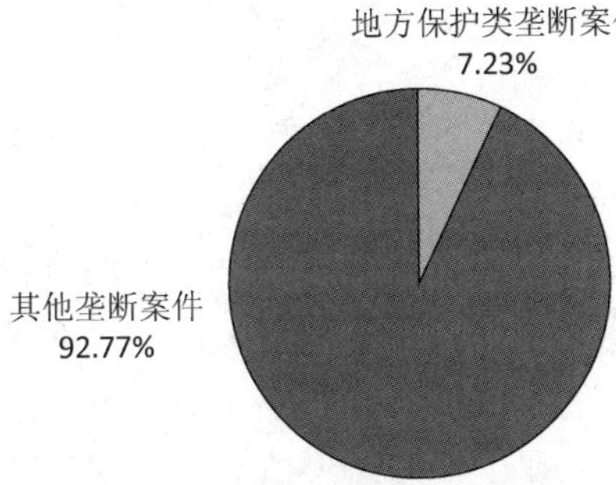

图 2-3 2008 年之前垄断案件工商处罚情况

如图 2-3 所示，截至 2007 年年底，全国各级工商机关共查处行业垄断案件6 788件，涉及供水、供电、保险、银行等垄断性行业企业；其中制止和查处地方保护、地区封锁等排除、限制竞争行为 494 起，占 7. 23%。[1]

1999~2001 年，工商总局连续 3 年组织全系统对公用企业限制竞争行为开展有重点、有步骤的专项整治，明确把开展重点垄断性行业限制竞争行为的专项整治以及破除地区封锁和地方保护作为整顿内容和工作重点。

2001 年 2 月，工商总局与国家经贸委成立联合调查组，对辽宁省大洼县啤酒市场的地区封锁行为进行了调查和处理，同年对发生在安徽省某县化肥市场的地区封锁行为以及湖北省某市实行啤酒市场地区封锁的做法提出整治意见。

2002 年在全国范围内部署打破地区封锁和行业垄断专项整治行动，要求各地加大对供水、供电、供气等垄断性行业限制竞争行为的查处力度，重点查处酒类、化肥、烟草等行业的地区封锁、地方保护行为。

2003 年对在华跨国公司市场竞争状况及市场竞争行为进行调研，并发布调研报告，引起社会强烈反响。

根据国务院领导的批示及相关企业的投诉，2005 年工商总局对某跨国公司涉嫌低于成本价销售产品的行为进行了调查，并提出了处理意见；

2006 年对某跨国公司滥用市场支配地位捆绑销售产品的行为进行了调查，并对该公司提出了行政告诫；2004~2006 年，工商总局积极参与了对国际班轮

[1] 贾君. 6 000多件行业垄断案件被查处［N］. 中国消费者报，2008-03-15（A03）. 在《反垄断法》实施之前工商部门查处垄断案件依据《反不正当竞争法》，故“行业垄断案件6 788件”的表述应该包含其他不正当竞争案件。

公会和运价协议组织涉嫌价格垄断、损害国际海运市场秩序行为的调查。一些省市的工商部门也依据本地的反不正当竞争条例，对经营者之间通过卡特尔协议划分市场、固定价格等限制竞争行为进行了查处。

2006 年 11 月，发改委、工商总局等六部委联合发布实施了《零售商供应商公平交易管理办法》，对大型超市等零售商滥用市场交易中的优势地位对中小供应商滥收费用等不公平交易行为进行了整顿，规范了零售业竞争行为。

2007 年上半年，工商总局积极与有关部门沟通协调，分别在北京、浙江召开了工商部门和有关企业参加的座谈会，研究制定了贯彻执行《零售商供应商公平交易管理办法》的具体意见，明确了工商机关的职责和执法中要注意把握的问题。同年 9 月，工商总局组织全国 14 个省、区、市工商局召开座谈会，交流各地贯彻《零售商供应商公平交易管理办法》的情况、查处案件以及执法工作，提出进一步加强对大型超市经营行为监管的意见。随后，各地工商机关查处了几十起大型超市等零售商滥用市场交易中的优势地位对中小供应商滥收费用等不公平交易行为案件，对规范零售业竞争行为起到了积极的作用。2008 年 4 月，工商总局通过中国连锁经营协会组织召开了在京大型零售商代表座谈会，就《零售商供应商公平交易管理办法》的贯彻执行及企业经营行为的规范等问题进行研讨。❶

2.3 行政处罚地域分布

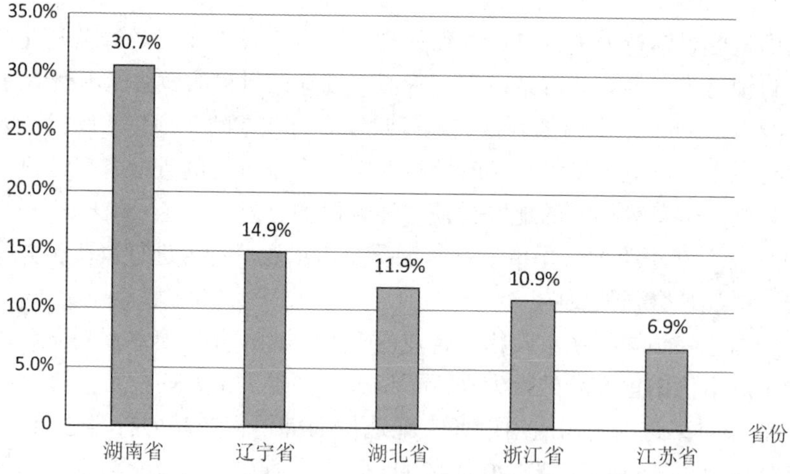

图 2-4 全国工商反垄断行政处罚案件数量排名前五位的省份

❶ 破除市场垄断 倡导公平竞争——全国工商机关反垄断执法综述［N］. 中国工商报，2008-09-17.

如图 2-4 所示，101 件案件中，按照被处罚的行政相对人地域区分，湖南省区域的行政处罚案件为 31 件，遥遥领先，位居第一，占总数的 30.7%；辽宁省行政处罚案件为 15 件，位居第二，占总数的 14.9%；第三名湖北省与第四名浙江省案件数量相差不大，分别为 12 件和 11 件，分别占总数的 11.9% 和 10.9%；前三名占全部行政处罚案件总数量的 68.3%。余下的 28 个省（自治区和直辖市）仅占 31.7%。

图 2-4 说明湖南省、辽宁省、浙江省和湖北省是我国工商行政管理机关反垄断行政处罚的主要地域，结合授权省级工商行政管理局执法，可知这些地域的工商行政管理机关的反垄断执法能力和执法水平较高，维护区域市场公平竞争的法治环境的决心较大。同时，反垄断行政执法的实务经验明显高于其他区域。

反垄断行政处罚在我国起步晚、执法时间短、经验少，加上反垄断行政调查取证难度较大，反垄断行政执法配套法律体系不完善，对执法机关依法行政是一种巨大考验。

2.4 行政处罚行业分布

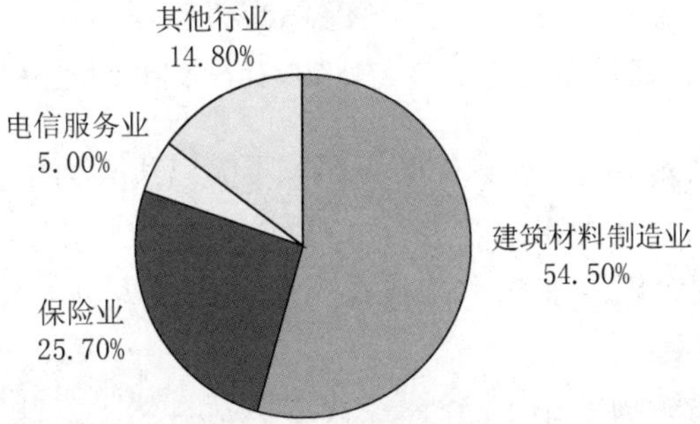

图 2-5 工商部门反垄断处罚案件行业分布情况

如图 2-5 所示，101 件案件中，排名前三的行业分别为建筑材料制造业、保险业和电信服务业。其中，排名第一的建筑材料制造业 55 件，占 54.5%；保险业 26 件排名第二位，占 25.7%；第三位的电信服务业 5 件，占 5.0%。

2015 年全年查处垄断案件 12 件，涉及烟草、电信、供水、医药、燃气、供电、保险、广播电视、盐业等行业。[1] 整体上看，授权执法案件涉及建筑材

---

[1] 任爱荣. 充分发挥中央和地方两个积极性竞争执法工作取得新进展［M］//中国世界贸易组织研究会竞争政策与法律专业委员会. 中国竞争法律与政策研究报告（2015 年），北京：法律出版社，2016：15.

料、建设工程检测、二手车交易、保险、电信、旅游、燃气、家具等领域，其中近1/3集中在建材行业。这些案件既涉及竞争性行业，也涉及垄断性行业。从涉及的违法主体看，既涉及一般性行业经营者，也涉及特殊行业经营者以及行业协会。这说明建筑材料制造业在市场经营过程中容易形成垄断，且受反垄断行政机关关注的程度也较高；保险业和电信服务业尽管未排名第一，但随着反垄断执法政策的加强实施，两行业如果不立即改变管理方式和反垄断合规审查，也同样面临较大的反垄断调查的法律风险。

2.5 行政处罚主体分类

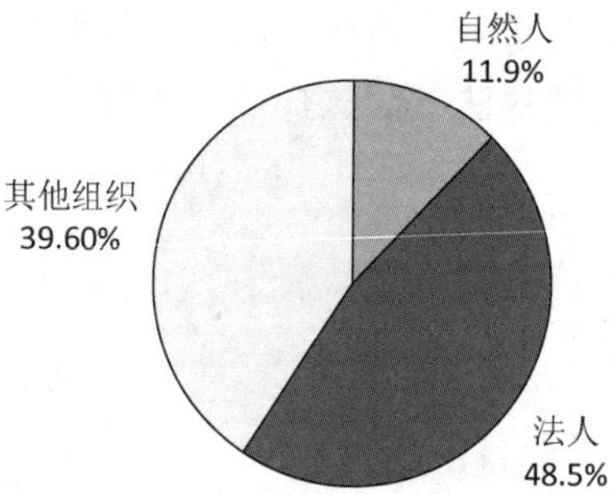

图 2-6 工商反垄断处罚案件行政相对人主体情况

如图2-6所示，101件案件中受罚当事人以法人为主，共计49件，占总数的48.5%；其次为其他组织，共计40件，占总数的31.4%，其他组织主要包括行业协会、商会以及非法人主体等；受罚当事人为自然人的案件12件，占11.9%，排名第三。

依据《反垄断法》第12条，经营者包括自然人、法人和其他组织三类主体。从图2-6可知，法人主体仍然为工商反垄断行政处罚的主要对象，故有关法人主体应当尽快加强法律事务的管理，对有关涉嫌垄断协议、滥用市场支配地位等行为进行合规审查，加强员工对反垄断基本知识的学习，以提高法人的法律风险防范能力；自然人也需要引起重视，已经有多起反垄断案件中的自然人被处罚。

2.6　行政处罚主体性质

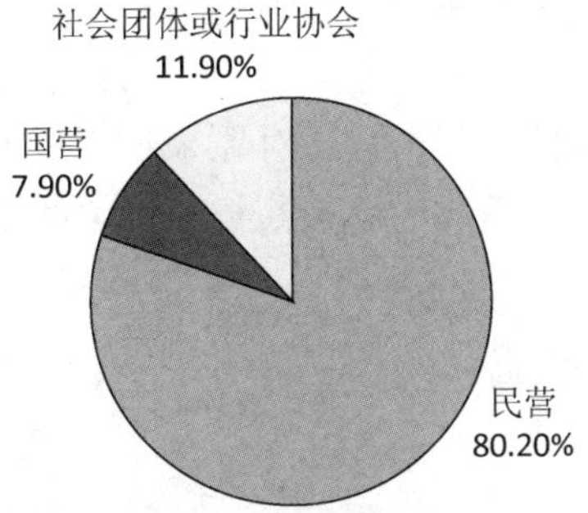

图 2-7　被处罚者主体性质分类

如图 2-7 所示，101 件案件中，被处罚的民营企业为 81 件，占 80.2%；社会团体或行业协会为 12 件，占 11.9%；国有企业为 8 件，占 7.9%。

有关外国组织多次指责中国反垄断行政处罚存在选择性执法的问题，多针对外资企业，但从目前已结案的工商反垄断行政处罚案件来看，尚未出现外资企业受罚的案例。2014 年立案调查的微软、利乐涉嫌垄断案仍然没有调查终结。

据统计，自反垄断法实施以来，截至 2014 年 9 月 11 日，工商行政管理系统共立案 39 件，其中外资案件只有 2 件，即由工商总局立案调查的微软、利乐涉嫌垄断案，外资企业仅占案件总数的 5%。[1] 王先林教授指出，我国反垄断执法普遍依据举报启动，不存在选择性执法或者贸易保护主义的问题，与企业的性质无任何关系。

截至 2014 年 11 月，发改委查处企业及行业协会组织共计 335 家，其中外资企业 33 家，仅占其查处企业总数的 10%；工商总局立案和授权省级工商局立案调查的垄断案件总数 39 件，其中外资企业案件 2 件，仅占案件总数 5%，其他 37 件案件当事人为国有企业、私营企业、行业协会等。[2] 综合发改委和工商部门已经查处的垄断案件情况来看，查处的外资企业仅占很小部分，大部分仍为中国企业。

民营企业仍然是反垄断处罚的最大风险者，这与民营企业不重视反垄断法

---

[1] 参见赵超. 2014 反垄断：最大罚单给力，突击检查不停——反垄断法实施 6 年来，我国正建立和完善能够切实维护市场竞争秩序的反垄断制度体系［N］. 新华每日电讯，2014-12-24（6）.

[2] 王先林. 我国反垄断执法中的平等适用问题［N］. 中国经济导报，2014-11-13（3）.

律学习具有重大关系。国有企业的风险也不可小视，只是在反垄断行政执法过程中，难免存在种种阻力导致其不被处罚或中止调查。随着对公用企业整治力度加大，国有企业应尽快完善内部治理。

按照国务院的要求，行业协会应当与行政机构脱钩，而原来的多数行业协会领导由行政机关领导兼职，故行业协会一直扮演着行政性质，若新任领导对市场竞争法则不了解，法律意识不强，对原来形成的有关涉嫌垄断协议、制度或作法不进行合规审查，容易成为反垄断行政机关的调查对象。

2.7 行政调查案件来源

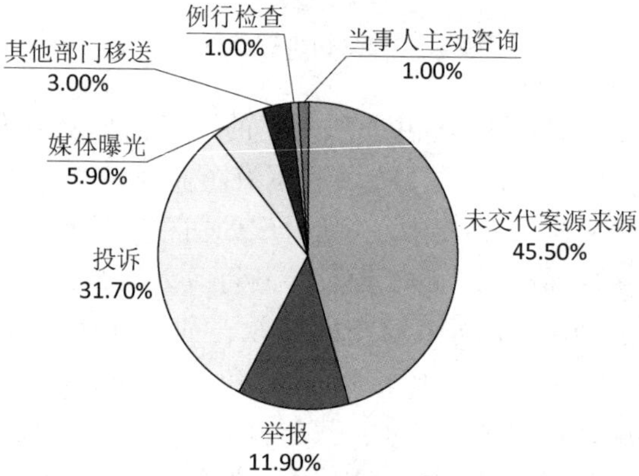

图 2-8　工商反垄断行政处罚案件案源分析

如图 2-8 所示，101 件案件中未交代案件来源的 46 件，占 46.1%；55 件交代了来源，占 53.9%. 交代来源中投诉的案件共计 32 件，占比 31.4%；举报的案件共计 12 件，占比 11.8%；媒体曝光案件 6 件；其他部门移送审查的案件 3 件；在例行检查中发现垄断行为的案件 1 件❶；当事人向工商机关主动咨询，请求确认其经营管理活动是否违法的案件仅 1 件❷。

❶ 重庆燃气集团股份有限公司垄断行为案。

❷ 重庆青阳药业有限公司涉嫌滥用市场支配地位拒绝交易案。

这说明投诉和举报目前仍然是反垄断行政调查信息来源的主要途径,❶ 投诉和举报的前提是对被投诉或被举报者基本情况比较熟悉和了解，因此，一般均为同行业竞争者或内部人员，少量为消费者。对于经营者而言，为规避此类风险，应尽量避免与同行达成涉嫌违法的垄断协议等行为；对于消费者直接向经营者的投诉，经营者应当重视并反馈核查情况，如果发现自身存在涉嫌违法行为，应当立即整改。在执法机关介入调查之前，经营者应当建立自查机制，早发现早整改，以此最大限度地减少违法风险。

需要注意的是，投诉或举报涉及垄断事由的，不能同时向发改委和工商总局进行投诉或举报，以避免引起管辖权冲突。工商总局和发改委也应达成协议，即双方只要任何一方受理了投诉，另一方即应拒绝相同的投诉。❷ 对相同投诉如何界定目前仍不明确，而且投诉或举报者不事先告知，受理机关也不可能知道。

媒体曝光亦在启动反垄断调查中发挥了不小的作用，有 6 件案件来自于媒体报道，如北京盛开体育发展有限公司垄断案是由中央电视台《焦点访谈》栏目首先报道，广州市番禺动漫游艺行业协会垄断协议案则是由《广州日报》率先曝光。在一些大企业和竞争度高的行业中，来自竞争对手的举报不时见诸报端，引起社会关注，如 2015 年携程网和去哪儿网互相举报,❸ 2016 年爱康国宾实名举报美年大健康违反反垄断法。❹ 经营者对于媒体报道应当十分重视，在有关反垄断执法机关没有调查以前，应当在报道后第一时间进行内部审查，审查后再向执法机关报告并提供材料，执法机关进入调查时，应当配合其调查工作，而不是对于媒体曝光行为进行极力否认和狡辩。

其他部门移送审查的案件 3 件；在例行检查中发现垄断行为的案件 1 件(重庆燃气集团股份有限公司垄断行为案)；当事人向工商机关主动咨询，请求确认其经营管理活动是否违法的案件仅 1 件（重庆青阳药业有限公司涉嫌滥用

---

❶ 如工商总局副局长滕佳才在 2012 年 12 月 18 日发表的讲话中介绍，工商行政管理部门所有的 17 起卡特尔调查都是依据消费者和公司的报告。参见任勇，邓志松. 中国的反卡特尔执法和降低法律风险到最小的途经［M］//祁欢. 2013 反垄断年度论坛和政策评论，北京：中国政法大学出版社，2014：67. 另宁望鲁局长在 2011 年会议中介绍，工商总局先后收到 150 起涉嫌垄断行为的投诉举报材料。见宁望鲁. 工商行政管理机关竞争执法工作实践［M］//中国世界贸易组织研究会竞争政策与法律专业委员会. 中国竞争法律与政策研究报告（2011 年），北京：法律出版社，2012：19.

❷ 参见王晓晔. 中国反垄断执法三年和依法治国［M］//中国世界贸易组织研究会竞争政策与法律专业委员会. 中国竞争法律与政策研究报告（2011 年），北京：法律出版社，2012：33.

❸ 杨静. 携程去哪儿互相举报对方垄断［N］. 南京晨报，2015-08-12.

❹ 蔺丽爽. 称美年大健康及其实际控制人俞熔涉嫌违反《反垄断法》——爱康国宾昨实名举报美年［N］. 北京青年报，2016-03-11（A15）.

市场支配地位拒绝交易案）。

由于反垄断案件调查难度较大，笔者建议制定有关案件信息投诉、举报奖励和保密制度，以便实现全社会监督，提高反垄断案件执法效率，节约反垄断行政调查成本。

投诉举报的主要法律依据为《反垄断法》第 38 条，该条第 1 款、第 2 款规定："反垄断执行机构依法对涉嫌垄断行为进行调查。对涉嫌垄断行为，任何单位和个人有权向反垄断执法机构举报。"第 3 款还规定："举报采用书面形式并提供相关事实和证据的，反垄断执法机构应当进行必要的调查。"为免除举报人的后顾之忧，第 38 条还规定，反垄断执法机构应当为举报人保密。

2.8 行政处罚立案期限

2.8.1 立案期限统计

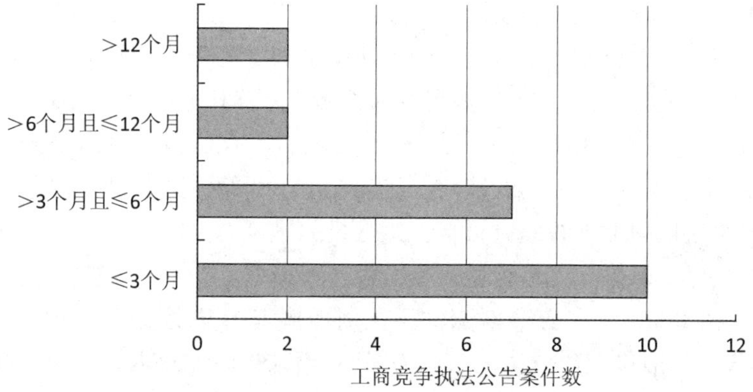

图 2-9 工商竞争执法公告案件立案期限分析

如图 2-9 所示，34 件工商竞争执法公告中，共有 21 件竞争执法公告公布了收到案源的日期[1]，其中 10 件竞争执法公告的立案期限在 3 个月以内；7 件竞争执法公告的立案期限在 3 个月至半年之间；立案期限在半年到一年之间的竞争执法公告有 2 件（分别为重庆巫溪县东翰采石场等四家采石场垄断协议案与永州奥都混凝土有限公司等 7 家公司垄断协议案）；而立案期限超过 1 年的竞争执法公告为 2 件，分别为重庆燃气集团股份有限公司垄断行为案和广州市

[1] 参见本章表 2-1。

番禺动漫游艺行业协会垄断协议案。

大多数反垄断行政处罚案件的立案期间在半年内，这是由工商总局授权所决定的。在接到案源以后，省级工商部门会对案件事实进行初步核查并给出立案意见，然后将核查报告与立案意见一并提交到工商总局，再由工商总局决定是否立案并进行授权。垄断案件案情复杂，认定难度大，故反垄断执法必须更为审慎，从行政效率上来说立案期限在三个月内是较为合理的。

需要注意的是，尽管工商反垄断执法在立案阶段行政效率尚可，但是不同案件之间的差距较大。立案期限最长的广州市番禺动漫游艺行业协会垄断协议案，2013 年 3 月 13 日《广州日报》就刊登了一篇名为《广州会展业惊现“排他协议”——产业过剩竞争激烈“搭车展”“撞车展”频上演》的报道，然而直到 16 个月之后即 2014 年 6 月 9 日，广东省工商局才将案件的核查报告与立案意见汇报至工商总局，2014 年 7 月 21 日，该案才正式立案。

与前述立案明显相反的是，立案期限最短的北京盛开体育发展有限公司垄断案，2014 年 3 月 18 日中央电视台《焦点访谈》栏目报道了当事人的垄断行为，2014 年 3 月 19 日工商总局就立即立案展开调查，从收到案源到立案仅 1 天时间。该案立案迅速主要源于中央电视台对舆论的强大影响力，而且，此案发生在北京，工商总局直接立案并亲自调查。16 个月与 1 天之间的差距引人注目，尽管不可能要求所有的工商反垄断行政处罚案件都达到该案的立案效率，但是如果一定要在中央电视台这种权威媒体的曝光下才能加快反垄断执法效率，显然不现实也不合理。

行政处罚立案是行政机关对违法行为的线索材料进行初步审查，认为存在依法需要予以行政处罚且属本机关管辖范围的违法事实，决定启动行政处罚一般程序开展调查处理的行政执法环节。行政机关接到投诉、申诉、举报、其他机关移送、上级机关交办的案件线索，或者依据监督检查职权主动发现案件线索的，应及时进行案源登记，及时决定是否立案。《行政处罚法》未要求行政机关实施行政处罚时履行立案手续。不过，很多部门都明确要求适用一般程序实施行政处罚时应当履行立案程序，从而启动行政处罚一般程序。《工商行政管理机关行政处罚程序规定》第 3 章则专设“立案”一节，其第 17 条要求工商行政管理机关自收到投诉、申诉、举报、其他机关移送、上级机关交办的材料之日起 7 个工作日内予以核查并决定是否立案，特殊情况下可延长至 15 个工作日内决定是否立案。

工商总局 2009 年发布的《工商行政管理机关查处垄断协议、滥用市场支配地位案件程序规定》第 6 条第 1 款规定，“国家工商行政管理总局和省级工商行政管理局负责举报材料的受理。省级以下工商行政管理机关收到举报材料的，应当在5个工作日内将有关举报材料报送省级工商行政管理局。”第7条第1款规定，省级工商行政管理局应当对主要发生在本行政区域内涉嫌垄断行为的举报进行核查，并将核查的情况以及是否立案的意见报国家工商行政管理总局。第26条规定，“本规定对垄断行为调查、听证和处罚程序未做规定的，依照《中华人民共和国行政处罚法》《工商行政管理机关行政处罚程序规定》《工商行政管理机关行政处罚案件听证规则》的有关规定执行，但有关时限的规定不适用《工商行政管理机关行政处罚程序规定》《工商行政管理机关行政处罚案件听证规则》。”综上，对于多长时间应当立案目前仍然没有明确的规定。立案时限短的主要限于工商总局亲自立案的案件，授权案件立案时限均较长。

立案期限过长，经营者可以提前纠正或停止违法行为，在行政处罚过程中这可以作为处罚轻重的考量因素。经营者停止违法行为超过2年的，将导致超过行政处罚的2年时效，反垄断执法机关不得再立案调查。同时，对于执法机关而言，因时间较长，重要证据存在灭失的风险，增加了取证难度。

2.8.2 立案期限具体分析

表2-1 工商反垄断行政处罚案件立案期限分析❶

竞争执法公告号	案　名	案源日	立案日	立案期限
2013年第3号	河南省安阳市旧机动车经营者从事垄断协议案	2011.1.17	2011.6.21	约5个月
2013年第4号	辽宁省建筑材料工业协会组织本行业经营者从事垄断协议案	2011.2.23	2011.7.6	约4个月
2013年第5号	湖南省永州市保险行业协会组织本行业经营者从事垄断协议案	2012.1	2012.5.31	月5个月
2013年第7号	湖南省常德市保险行业协会组织本行业经营者从事垄断协议案	2012.5	2012.6.19	约1个月
2013年第8号	湖南省郴州市保险行业协会组织本行业经营者从事垄断协议案	2012.5	2012.6.19	约1个月
2014年第13号	广东惠州大亚湾溢源净水有限公司滥用市场支配地位案	2012.12.24	2013.3.11	约2.5个月
2014年第14号	北京盛开体育发展有限公司垄断案	2014.3.18	2014.3.19	1天

❶ 此表仅整理了在行政处罚文书中公布了案源日期的竞争执法公告，如竞争执法公告2013年第1号、第2号等并未公布案源日期的故未录入。

续表

竞争执法公告号	案　　名	案源日	立案日	立案期限
2014 年第 15 号	内蒙古自治区赤峰中心城区烟花爆竹批发企业实施垄断行为案	2014. 1. 2	2014. 1	约 1 个月
2014 年第 16 号	内蒙古自治区烟草公司赤峰市公司滥用市场支配地位案	2014. 3. 15	2014. 4. 21	约 1 个月
2014 年第 17 号	重庆巫溪县东翰采石场等四家采石场垄断协议案	2012. 3. 24	2012. 12. 17	约 9 个月
2014 年第 18 号	江苏徐州市烟草公司邳州分公司滥用市场支配地位案	2013. 2	2013. 8. 19	约 6 个月
2014 年第 19 号	重庆燃气集团股份有限公司垄断行为案	2010. 5. 12	2011. 6	约 13 个月
2015 年第 2 号	海南省东方市自来水公司垄断案	2014. 4. 23	2014. 7. 25	约 3 个月
2015 年第 3 号	麻阳苗族自治县页岩砖经营者垄断案	2013. 7. 24	2013. 10. 16	约 3 个月
2015 年第 4 号	中国铁通集团有限公司宁夏分公司垄断案	2012. 12	2013. 6. 26	约 6 个月
2015 年第 5 号	中国联合网络通信有限公司宁夏回族自治区分公司垄断案	2012. 12	2013. 6. 26	约 6 个月
2015 年第 6 号	中国电信股份有限公司宁夏分公司垄断案	2012. 12	2013. 6. 26	约 6 个月
2015 年第 8 号	中国移动通信集团内蒙古有限公司垄断行案	2014. 3	2014. 4. 21	约 1 个月
2015 年第 10 号	中国联合网络通信有限公司内蒙古自治区分公司垄断案	2014. 3	2014. 4. 21	约 1 个月
2015 年第 11 号	广州市番禺动漫游艺行业协会垄断协议案	2013. 3. 13	2014. 7. 21	约 16 个月
2015 年第 14 号	永州奥都混凝土有限公司等 7 家公司垄断协议案	2012. 5	2013. 4. 15	约 11 个月

如表 2-1 所示，34 件竞争执法公告中只有 21 件公告明确立案时间。在 21 件公告了立案时间的竞争执法公告中，10 件竞争执法公告立案时限在 3 个月以内，约占 50%；立案时限 3 个月以上约占 50%，其中 5 个月的达到 3 件；6~11 个月的达到 6 件；12 个月以上的 2 件，分别为广州市番禺动漫游艺行业协会垄断协议案和重庆燃气集团股份有限公司垄断行为案。34 件竞争执法案件中有 10 件案件案源时间仅交代至月，而没有交代具体的日；立案时间有 2 件没有交代具体的日期。

垄断行为多发生在市县基层，如果基层“多一事不如少一事”未上报案件线索，国家级、省级工商局难以及时发现案源。并且，如果国家级、省级工商局下到市县基层调查取证，不仅执法成本大，而且效能低下。因此，必须改革完善这种事权不一的执法体制。建议借鉴发改委《反价格垄断行政执法程序规定》，修改工商总局《工商行政管理机关查处垄断协议、滥用市场支配地位案件程序规定》，将个案授权改为整体统一授权，即省级工商局可以查处辖区内所有的垄断协议和滥用市场支配地位的案件，并明确省级工商局可以授权市级

工商局调查取证。❶

2.9 行政调查期限

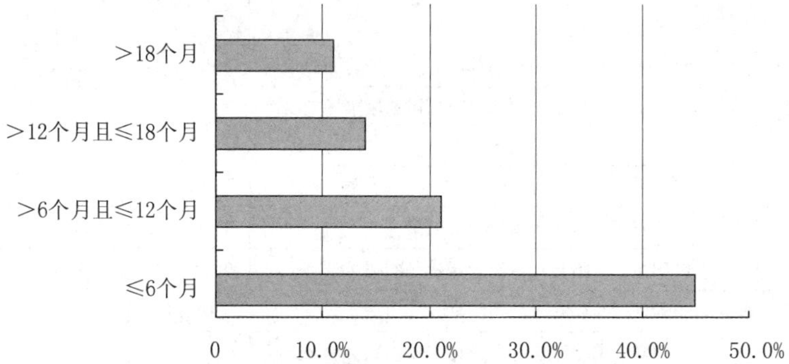

图 2-10 工商反垄断行政处罚案件调查期限分析

如图 2-10 所示，101 件案件中，6 个月内结案的案件有 9 件，占 8.9%；40 件案件调查期限在 6 个月到 1 年，占 40.6%；调查期限在 12~18 个月的案件 29 件，占 28.7%；超过 18 个月的案件 23 件，占 22.8%。

由于反垄断法和行政处罚法均没有规定调查时限，根据《工商行政管理机关行政处罚程序规定》第 57 条，适用一般程序处理的案件应当自立案之日起 90 日内作出处理决定；案情复杂，不能在规定期限内作出处理决定的，经工商行政管理机关负责人批准，可以延长 30 日；案情特别复杂，经延期仍不能作出处理决定的，应当由工商行政管理机关有关会议集体讨论决定是否继续延期。案件处理过程中听证、公告和鉴定等时间不计入前款所指的案件办理期限。但因为《工商行政管理机关查处垄断协议、滥用市场支配地位案件程序规定》明确，有关时限不适用《工商行政管理机关行政处罚程序规定》，而《工商行政管理机关查处垄断协议、滥用市场支配地位案件程序规定》又没有明确调查时限，故反垄断调查何时终结，案件应当何时结案等，对于相对人是无法预期的。

作为竞争政策的重要组成部分，反垄断法已成为各国规范市场行为、维护市场秩序的基本法，在美国等发达市场经济国家有“经济宪法”之称。在现阶段的中国，尽管市场经济体制已基本建成，但反映市场经济内在要求的市场规

❶ 永州市局协助省局查办垄断案件的探索实践［EB/OL］.［2016-05-20］. http://www.cneu.org.cn/lunwen/show6246.html.

则尚未完全建立，对公平合理竞争的法律意识比较淡薄，竞争政策还有待进一步完善，《反垄断法》仍处于起步阶段。反垄断案件涉案企业、人员多，无论是调取审核证据、询问当事人，还是最后的垄断行为认定，都是技术含量很高的工作，对办案人员的综合素质有较高要求，同时也非常需要当事人的配合。以奶粉企业调查为例，发改委调查人员在翻看一天各种合同后，都找不到蛛丝马迹，决定去经销商和超市实地调查。最终在翻阅了上千份合同后，在一个2011 年签订的合同上发现问题。于是调查人员顺藤摸瓜，提取到了关键证据和笔录。让调查人员没想到的是，连夜查封的计算机里，所有内部员工的邮件都已经被删除。调查人员组织计算机技术人员，将删除的信息恢复后才将找到相关证据。❶ 工商反垄断执法机构在调查建材行业、保险行业、电信行业时，这些高利润产业背后都牵涉到多方利益，因而调查难度也都相当之大。目前虽然有发改委、工商总局以及商务部三家反垄断行政执法部门，但仍然存在反垄断执法人员数量不足、执法经验欠缺等问题，而且，需要进行反垄断调查的行业相当之多，这导致立案、调查时限必然较长，如果对立案期限进行明确规定，可能会导致行政执法陷入困境。

但从反垄断透明度和信息公开的要求，应当在条件初步成熟时尽快明确。

2.10　案件垄断类型

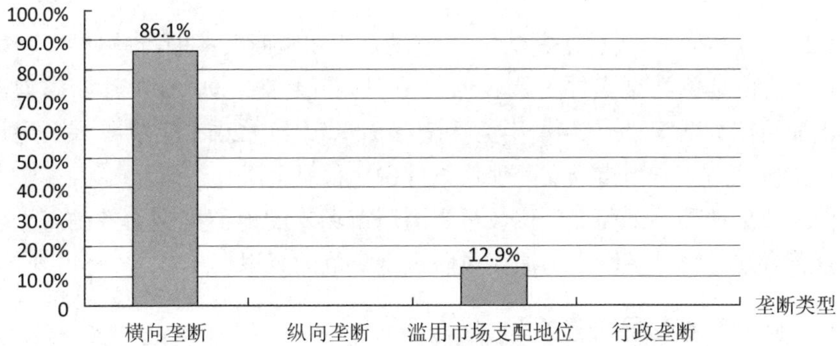

图 2-11　工商反垄断处罚案件垄断类型

如图 2-11 所示，101 件案件中横向垄断案件 87 件，占 86.1%；滥用市场支配地位案件 13 件，占 12.9%，尚未公布已经办结的纵向垄断及行政垄断案

❶　参见李伟. 中国式反垄断调查："打老虎、办大案" 仍难［EB/OL］.［2016-05-04］. http://finance.qq.com/zt2013/focus/zgfld.htm.

件（广东省河源市政府行政垄断因未公开处罚决定书未统计入内）。

横向垄断案件占反垄断案件中的大头，最为常见；而纵向垄断案件一般主要表现为经营者与其下游经销商之间签订固定转售价格或限定最低转售价格的价格垄断协议。价格垄断属于发改委的管辖范围，故在工商反垄断行政处罚案件中纵向垄断较为少见。根据前文中官方公布的立案审查的案件数量来看，尚未结案的案件中或许会有纵向垄断与行政垄断类型的案件。

2.10.1 滥用市场支配地位案件发展趋势

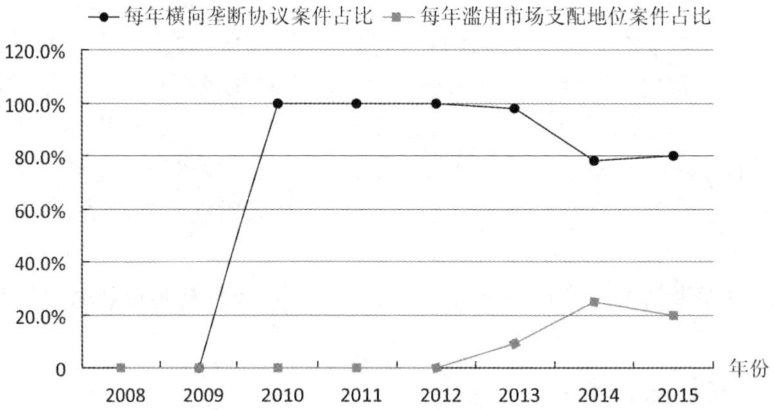

图 2-12 案件垄断类型年度分析

如图 2-12 所示，《反垄断法》实施以来，在工商反垄断行政处罚案件中，滥用市场支配地位类型案件占比较低但呈现上升趋势。如 2013 开始出现滥用市场支配地位类型案件，2014 年突然增幅 20% 以上，2015 年横向垄断协议类型案件占比较高，滥用市场支配地位案件占比稍呈下降趋势。

前述数据说明，工商部门比较重视滥用市场支配地位类型案件的查处。同时，经营者缺乏将反垄断作为法律风险进行防范的意识。

2.10.2 滥用市场支配地位类型

2. 10. 2. 1 公用企业占比大

表 2-2 工商反垄断处罚案件之滥用市场支配地位

序号	年份	案件名称	所属行业	垄断行为	结果
1	2013	广东惠州大亚湾溢源净水有限公司滥用市场支配地位案	自来水生产和供应	捆绑交易	2 363 597. 45 元

续表

序号	年份	案件名称	所属行业	垄断行为	结果
2	2014	北京盛开体育发展有限公司垄断案	文化、体育和娱乐业	捆绑交易	终止调查
3	2014	内蒙古自治区烟草公司赤峰市公司滥用市场支配地位案	烟草制品批发业	捆绑交易	595.70 万元
4	2014	江苏徐州市烟草公司邳州分公司滥用市场支配地位案	烟草制品批发业	差别待遇	1 723 745.04 元
5	2014	重庆燃气集团股份有限公司垄断行为案	燃气生产和供应业	捆绑交易	1 793 588.55 元
6	2015	海南省东方市自来水公司垄断案	自来水生产和供应	捆绑交易	593 208.06 元
7	2015	中国铁通集团有限公司宁夏分公司垄断案	电信服务业	捆绑交易	中止调查
8	2015	中国联合网络通信有限公司宁夏回族自治区分公司垄断案	电信服务业	捆绑交易	中止调查
9	2015	中国电信股份有限公司宁夏分公司垄断案	电信服务业	捆绑交易	中止调查
10	2015	重庆青阳药业有限公司涉嫌滥用市场支配地位拒绝交易案	医药制造业	拒绝交易	439 308.53元
11	2015	辽宁省烟草公司抚顺市公司滥用市场支配地位行为行政处罚案	烟草制品批发业	捆绑交易	433.449 万元
12	2015	中国移动通信集团内蒙古有限公司垄断案	电信服务业	捆绑交易	中止调查
13	2015	中国联合网络通信有限公司内蒙古自治区分公司垄断案	电信服务业	捆绑交易	中止调查

如表2-2所示，在滥用市场支配地位的13件案件中[1]，11件均为捆绑交易，即没有正当理由在交易时附加不合理的交易条件；1件差别待遇（见江苏徐州市烟草公司邳州分公司滥用市场支配地位案）；1件拒绝交易（见重庆青阳药业有限公司涉嫌滥用市场支配地位拒绝交易案）。13件滥用市场支配地位的垄断案件主要发生在公用企业领域，其中2家为供水企业；3家为烟草制品批发业；5家为电信服务业；文体娱乐业、燃气供应业和医药制造业各1家。

公用企业的行业有两大特点，一是大多有严格的经营资格许可机制；二是有较高要求的市场准入标准，因此在这些行业中极容易出现一家或几家独大的情况，形成市场支配地位是不可避免的。在相关地域及相关产品市场中处于行

[1] 《反垄断法》第17条列举了六种具体的滥用市场支配地位的行为，分别为：(1) 垄断定价；(2) 掠夺定价；(3) 拒绝交易；(4) 限定交易；(5) 捆绑交易；(6) 差别待遇。由于价格垄断类型的案件属于发改委的管辖范围，故工商部门主要负责查处 (3) ~ (6) 这四种滥用市场支配地位的垄断案件。

业领先地位的经营者有必要提高警惕，建立反垄断合规机制，及时审视自身的垄断违法风险，此类经营者最易成为反垄断调查的对象。

2.10.2.2 捆绑交易为主

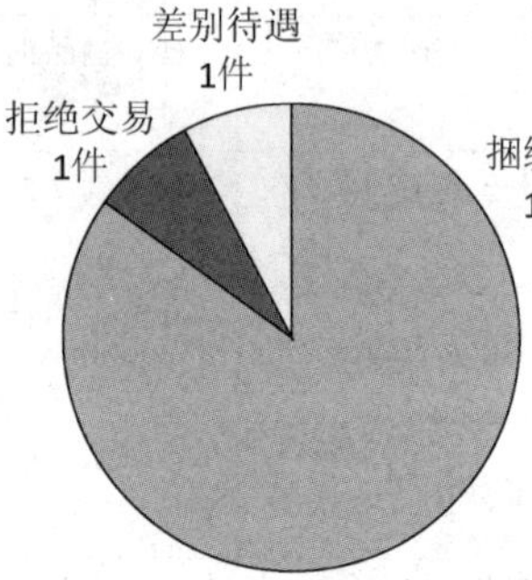

图 2-13 滥用市场支配地位类型分析

如图 5-13 所示，13 件滥用市场支配地位案件在具体垄断行为上，1 件为实行差别待遇（江苏徐州市烟草公司邳州分公司滥用市场支配地位案，当事人利用其在邳州市内烟草专卖批发市场领域内的支配地位无正当理由对烟草零售商）；1 件为拒绝交易案（重庆青阳药业有限公司滥用市场支配地位拒绝交易案，当事人利用其在别嘌醇原料药市场的支配地位，于 2013 年 10 月至 2014 年 3 月对别嘌醇原料药需求者实施了拒绝交易行为）；其余 11 件均为捆绑交易，即没有正当理由在交易时附加不合理的交易条件。

实行差别待遇和拒绝交易行为在滥用市场支配地位案件中，属于搜集证据较难的案件，故认定难度也较大；而相反，认定交易时附加不合理的交易条件，证据搜集难度小，认定因素相对容易一些。这也说明了滥用市场支配地位案件的当事人对反垄断法的不熟悉。

滥用市场支配地位行为可分为两种基本类型：一是针对同业竞争者所实施的滥用行为，另一类是针对交易相对人所实施的滥用行为。前者主要包括低价倾销（掠夺性定价）、独家交易、搭售等。后者主要包括价格歧视等差别待遇、拒绝交易、强制交易和垄断性高价等。针对同业竞争者所实施的滥用行为主要包括无正当理由妨碍他人的公平竞争并且产生了实质性的影响（妨碍型滥用）。针对交易相对人所实施的滥用行为的构成主要是其不正当或不公平迫使对方接受极为不利的交易条件或者直接通过拒绝交易限制对方进入相关市场，损害了交易相对人的利益，抑制了交易相对人的竞争积极性。（剥削型滥用）。[1]

---

[1] 王先林. 滥用市场支配地位之法律规定［N］. 中国工商报，2015-07-01（005）.

2.10.2.3　滥用市场支配地位案件查处

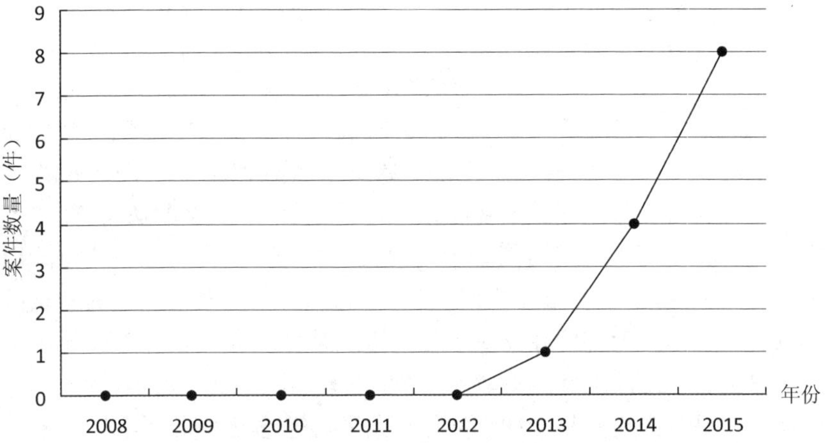

图 2-14　滥用市场支配地位类型案件年度查处分析

如图 2-14 所示，在 13 件滥用市场支配地位类型案件中，2013 年查处 1 件；2014 年查处 4 件；2015 年查处 8 件。说明工商部门越来越重视对滥用市场支配地位的垄断行为的查处，对此类案件的处罚数额也较大。

需要注意的是，13 件滥用市场支配地位类型的案件中有 6 件中止调查，并且其中 1 件已经终止调查（北京盛开体育发展有限公司垄断案）。

《反垄断法》第 17 条列举了 6 种具体的滥用市场支配地位的行为，分别为（1）垄断定价；（2）掠夺定价；（3）拒绝交易；（4）限定交易；（5）捆绑交易；（6）差别待遇。由于价格垄断类型的案件属于发改委的管辖范围，故工商部门主要负责查处（3）~（6）这四种滥用市场支配地位的垄断案件。要对这四种滥用市场支配地位行为进行认定，需要对案件的以下方面进行考量。

2.10.2.3.1　相关市场的认定

滥用市场支配地位行为的主体是在相关市场具有支配地位的经营者。因此，界定相关市场通常是查处滥用市场支配地位的重要步骤和起点。

《反垄断法》第 12 条第 2 款规定："本法所称的相关市场，是指经营者在一定时期内就特定商品或服务（以下统称商品）进行竞争的商品范围和地域范围。"《国务院反垄断委员会关于相关市场界定的指南》第 3 条中规定："在反垄断执法实践中，通常需要界定相关商品市场和相关地域市场。相关商品市场是根据商品的特性、用途及价格等因素，由需求者认为具有较为紧密替代关系的一组或一类商品所构成的市场，相关地域市场是指需求者获取具有较为紧密替代关系的商品的地理区域。"第 4 条中规定：在反垄断执法实践中，在相关市场竞争中对经营者行为构成直接和有效竞争约束的，是市场存在需求者认为具有较强替代关系的商品或能够提供这些商品的地域。因此界定相关市场主要从需求者角度进行需求替代分析。

2.10.2.3.2　当事人在相关市场具有支配地位的认定

《反垄断法》第17条第2款规定："本法所称市场支配地位，是指经营者在相关市场内具有能够控制商品价格、数量或者其他交易条件，或者能够阻碍、影响其他经营者进入相关市场能力的市场地位。"反垄断法第18条规定了认定经营者市场支配地位应当依据的因素，《工商行政管理机关禁止滥用市场支配地位行为的规定》第10条则对《反垄断法》第18条中规定的考量因素进行了详细解读，为工商部门在反垄断行政执法时提供了更为明确的指引。

2.10.2.3.3　当事人滥用市场支配地位无正当理由的认定

在拒绝交易、限定交易、捆绑交易、差别待遇这几种滥用市场支配地位的垄断行为的认定中，如果当事人能够证明自己在利用其市场支配地位时实行垄断行为具有正当理由，就属于"合法的垄断"。

《反垄断法》没有将主观因素视为垄断行为的构成要件，在行为构成中没有涉及主观过错与否，在责任承担的规定中也没有考虑主观因素。《反垄断法》第2章、第3章、第4章、第5章关于四类垄断行为构成的规定是如此，第6章关于法律责任的规定也是如此。《反垄断法》第50条规定："经营者实施垄断行为，给他人造成损失的，依法承担民事责任。"这一规定与国外相关规定相比虽显笼统，但仍然沿用了无过错原则。因而对"正当理由"的认定不包括对当事人主观过错的认定。

"正当理由"的认定是合理原则的体现，需要全面考察当事人市场行为（即要认定的垄断行为）的经济、社会效果及利弊得失，市场行为的正当性一般表现为行为后果上的正当性：效率、公平和竞争。[1]

当事人利用其市场支配地位的行为是否有损害公平、限制或排除竞争的后果，是反垄断执法机构的重点分析对象。对当事人而言，效率上的正当性可作为一个有力的申辩理由。

简单来说，行为人如果实施了其他方面满足滥用市场支配地位构成要件的限制竞争行为，但又具备经济效益上的理由，反垄断执法机构就不能否认基于效益上的理由"不是正当的"。以掠夺定价行为为例，我国早在1993年的《反不正当竞争法》第11条规定了可以豁免的"正当理由"，且都是效率上的理由：将销售鲜活商品，处理有效期限即将届满的商品或者其他积压的商品，季

[1] 肖江平．滥用市场支配地位的行为认定中的"正当理由"［J］．法商研究，2009（5）．

节性降价，因清偿债务、转产、歇业降价销售商品等4种情形作为掠夺性定价的除外规定。

1999年《关于制止低价倾销行为的规定》第6条将“依法降价处理的商品”细化为：（1）积压商品；（2）过季或者临近换季的商品；（3）临近保质期限、有效期限的商品；（4）临近保质期限的鲜活商品；（5）因依法清偿债务、破产、转产、歇业等原因需要以低于成本的价格销售的商品。这样以行政规章的形式，将反不正当竞争法和价格法对掠夺性定价的规定进行了较好地协调，并且表述得更为具体。

这些效率上的正当理由的共性之一是有利于资源上的节约推而广之，有利于资源利用上高效的低于成本价销售商品的行为，也可以被归为“正当理由”的情形之一。比如，为新产品和服务的推广、招徕顾客、促进销售而进行的“损失性领先销售”，当属于资源利用上高效的表现之一。

经济效益上的“正当理由”当然可以适用于滥用市场支配地位的其他行为，如限定交易行为。当独家交易行为人具备通过该行为促进品牌推广，提高人员素质，改善产品的售后服务，提高经营者经济效益等方面的理由时，这种理由也可以被认定为“正当理由”。

2.10.2.3.4　当事人滥用市场支配地位行为造成的危害后果

主要的危害后果是对市场公平竞争造成了损害，最直接的表现是排除、限制了市场中其他合法经营者参与竞争，增加了消费者的经济负担导致消费者合法权益受损。

工商总局反垄断和反正不正当竞争执法局把定量分析与定性分析相结合，已经牵头完成了五次市场竞争秩序分析报告，并与工商总局信息中心就现有的公平交易执法联网运用系统现状进行评估，提出竞争执法信息化建设要求；同时支持和引导各地工商机关开展电子证据采集工作，有效提高了市场监管的信息化水平，增强了各地运用大数据等现代化信息技术进行市场监管的能力。[1]为使反垄断法更具操作性，工商总局发布了三部禁止滥用市场支配地位的配套规章。分别为《工商行政管理机关查处垄断协议、滥用市场支配地位案件程序规定》；《工商行政管理机关禁止滥用市场支配地位行为的规定》和《工商行政管理机关禁止垄断协议行为的规定》。

---

[1] 参见：2014年工商机关与反不正当竞争执法工作综述［N］. 中国工商报，2015-01-28.

2.10.3 横向垄断协议类型

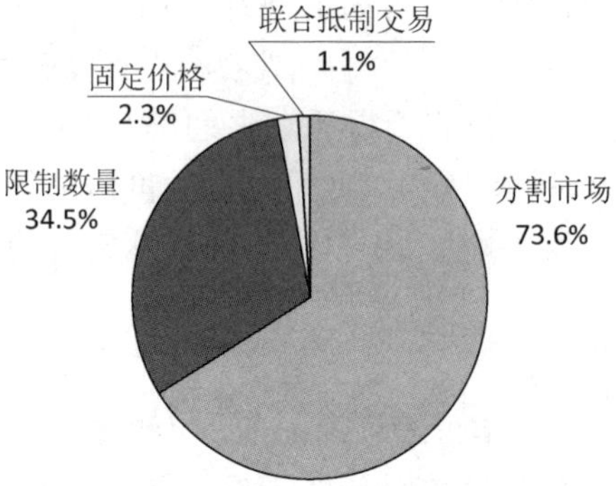

图 2-15 横向垄断协议类型分析

如图 2-15 所示，在 87 件横向垄断协议[1]案件中，涉及分割市场的垄断案件 64 件，占 73.6%；涉及限制商品数量的垄断案件 21 件，占 34.5%；固定商品价格的垄断案件仅有 2 件，分别为西双版纳州旅游协会组织本行业经营者从事垄断协议案和西双版纳州旅行社协会组织本行业经营者从事垄断协议案；联合抵制交易的垄断案件仅 1 件，为广州市番禺动漫游艺行业协会垄断协议案。[2]

这说明分割市场和限制商品数量仍然是目前市场垄断中的主要行为，从查处的案件来看，多表现在合同和有关具体行为，对于查处机关来说，合同行为相对比较容易固定证据；而其他行为，随时间推移和有关人员离职等，会导致收集证据困难。

---

[1] 依据《反垄断法》第 13 条，“禁止具有竞争关系的经营者达成下列垄断协议：（1）固定或者变更商品价格；（2）限制商品的生产数量或者销售数量；（3）分割销售市场或者原材料采购市场；（4）限制购买新技术、新设备或者限制开发新技术、新产品；（5）联合抵制交易；（6）国务院反垄断执法机构认定的其他垄断协议。本法所称垄断协议，是指排除、限制竞争的协议、决定或者其他协同行为。”纵向垄断协议主要规定在《反垄断法》第 14 条：“禁止经营者与交易相对人达成下列垄断协议：（1）固定向第三人转售商品的价格；（2）限定向第三人转售商品的最低价格；（3）国务院反垄断执法机构认定的其他垄断协议。”该规定主要为价格方面，因工商行政管理机关无价格垄断执法权，故不对其进行分析。

[2] 此处统计涉及重复计数，因部分垄断协议可能同时包含分割市场与限制商品数量的内容。

2.10.4　横向垄断趋势

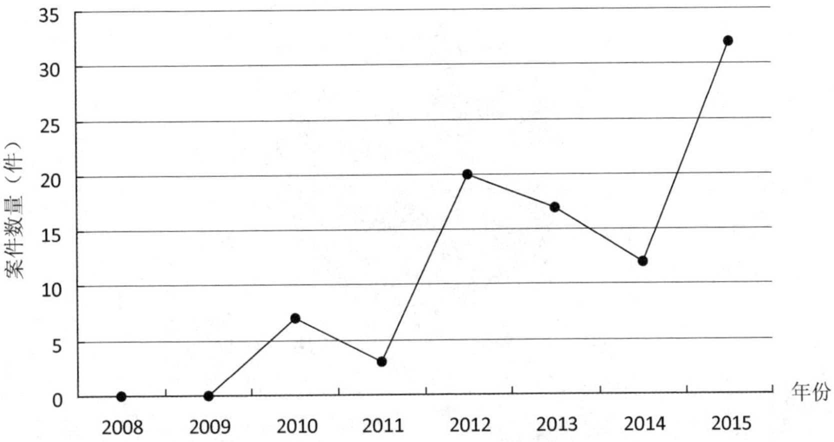

图 2-16　横向垄断协议类型案件年度分析

如图 2-16 所示，横向垄断协议案件数量呈现明显递增趋势，2010 年在 7 件左右，2011 年明显下降，2012 年突然上升至 20 件，2013 年、2014 年两年均为 15 件左右，2015 年超过 30 件。

目前要素市场分割的现象还很严重，市场具体分割手段和方式层出不穷，而且趋向更加隐性化、合理化。例如，以维护消费者利益或环境安全等为名，在产品质量检验和生产经营安全管理中采取内外有别的态度。“市场分割还从传统产业向新兴产业蔓延，”江苏省省政府参事室副主任刘志彪提醒说，新能源汽车、新材料等战略性新兴产业已经开始经历传统产业曾经经历的各种市场封锁和区域间差别待遇。❶ 为了进一步解决市场分割打破垄断，《中共中央　国务院关于深化体制机制改革加快实施创新驱动发展战略的若干意见》要求，打破制约创新的行业垄断和市场分割，加快推进垄断性行业改革，放开自然垄断行业竞争性业务，建立鼓励创新的统一透明、有序规范的市场环境。切实加强反垄断执法，及时发现和制止垄断协议和滥用市场支配地位等垄断行为，为中小企业创新发展拓宽空间。打破地方保护，清理和废除妨碍全国统一市场的规定和做法，纠正地方政府不当补贴或利用行政权力限制、排除竞争的行为，探索实施公平竞争审查制度。

---

❶ 杜颖梅. 反行政垄断切断分割市场之手［N］. 江苏经济报，2015-03-04.

2.10.5 垄断协议实施情况

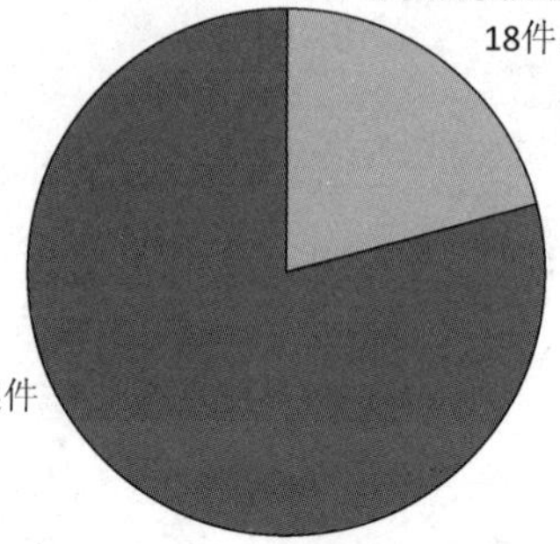

图 2-17 垄断协议类型案件的实施情况

如图 2-17 所示，在 87 件垄断协议案件中，69 件案件当事人达成并实施了垄断协议，占 79.3%；18 件案件当事人仅参与了垄断协议的达成，并未实际实施垄断协议，占 20.7%，对这类型案件中的当事人可以仅处以 50 万元以下的罚款，而不用按照上一年度销售额的比例进行罚款，在实际执法过程中，这 18 件未实际实施垄断协议的当事人也的确被从轻处罚。《反垄断法》第 49 条规定，反垄断执法机构确定具体罚款数额时，应当考虑违法行为的性质、程度和持续的时间等因素。

责令当事人停止违法行为的前提是当事人正处在实施违法行为的状态中，但对于垄断协议案件而言，违法行为包括达成垄断协议和实施垄断协议两阶段。而垄断协议一旦达成，“达成”行为即处于完成状态，故对于仅达成但未实施垄断协议的经营者，行政处罚决定书中一般不再强调责令其“停止”违法行为。

滥用市场支配地位案件的违法行为不存在未实施垄断行为的问题，故此处不分析滥用市场支配地位案件。

2.11 非行业协会经营者法律责任

2.11.1 非行业协会法律责任规定

表 2-3 非行业协会经营者的违法责任

违法行为	法律责任
达成并实施垄断协议	停止违法行为、没收违法所得、罚款（上一年度销售额 1%～10%）
达成未实施垄断协议	（可以）处 50 万元以下罚款
滥用市场支配地位	停止违法行为、没收违法所得、罚款（上一年度销售额 1%～10%）

如表 2-3 所示（此处不考虑宽大政策、从轻、减轻处罚情形），结合本章第 6 节“行政处罚主体性质”分析可知，工商反垄断行政处罚案件中，非行业协会经营者❶共计 89 件，占 88.1%。因社会团体反垄断法律责任与法人、自然人不同，故此处仅分析非行业协会主体法律责任。

依据《反垄断法》第 46 条、第 47 条之规定，❷ 经营者违反反垄断法时，由于其违法行为的性质、程度不同，会承担不同的法律责任，经营者因其垄断行为所需承担的法律责任有三种：（1）停止违法行为；（2）没收违法所得；（3）罚款。由于责令停止违法行为的目的是恢复被破坏的市场竞争秩序，没收违法所得的目的在于禁止行为人从违法行为中获益，对于违法行为人的惩罚则主要由罚款责任承担。罚款金额为上一年度相关商品销售额 1%～10%，达成垄断协议但未实施的，处 50 万元以下罚款。

2.11.2　没收违法所得

按照《反垄断法》第 46 条和第 47 条的规定，经营者无论是实施垄断协议，还是滥用市场支配地位，都应“由反垄断执法机构责令停止违法行为，没收违法所得，并处上一年度销售额 1% 以上 10% 以下的罚款”。如果“尚未实施所达成的垄断协议的，则可以处 50 万元以下的罚款”。在法律条款中，“没收违法所得”和“处以罚款”之间用的是“并”而非“或”，这也就是说，执法部门在对违规者进行处罚时，首先应该没收违法所得，而且应该是全部，然后再依据实际情况进行罚款。

《工商行政管理机关禁止滥用市场支配地位行为的规定》第 14 条规定：“经营者违反本规定第 4 条至第 7 条、第 9 条规定，滥用市场支配地位的，由工商行政管理机关责令停止违法行为，没收违法所得，并处上一年度销售额 1% 以上 10% 以下的罚款。工商行政管理机关确定具体罚款数额时，应当考虑违法行为的性质、情节、程度、持续的时间等因素。经营者主动停止滥用市场支配地位行为的，工商行政管理机关可以酌情减轻或者免除对该经营者的处罚。”《工商行政管理机关禁止垄断协议行为的规定》第 10 条规定：“经营者违

---

❶ 第 11 节中对“经营者”的相关分析均是针对除行业协会之外的经营者。反垄断法的主体包括行业协会，但为了理解行业协会和非行业协会主体的法律责任，本书分开分析。

❷ 《反垄断法》第 46 条第 1 款规定：“经营者违反本法规定，达成并实施垄断协议的，由反垄断执法机构责令停止违法行为，没收违法所得，并处上一年度销售额 1% 以上 10% 以下的罚款；尚未实施所达成的垄断协议的，可以处 50 万元以下的罚款。”第 47 条规定：“经营者违反本法规定，滥用市场支配地位的，由反垄断执法机构责令停止违法行为，没收违法所得，并处上一年度销售额 1% 以上 10% 以下的罚款。”

反本规定第 4 条至第 8 条规定，达成并实施垄断协议的，由工商行政管理机关责令停止违法行为，没收违法所得，并处上一年度销售额 1% 以上 10% 以下的罚款；尚未实施所达成的垄断协议的，可以处 50 万元以下的罚款。”

2.11.2.1 没收违法所得现状

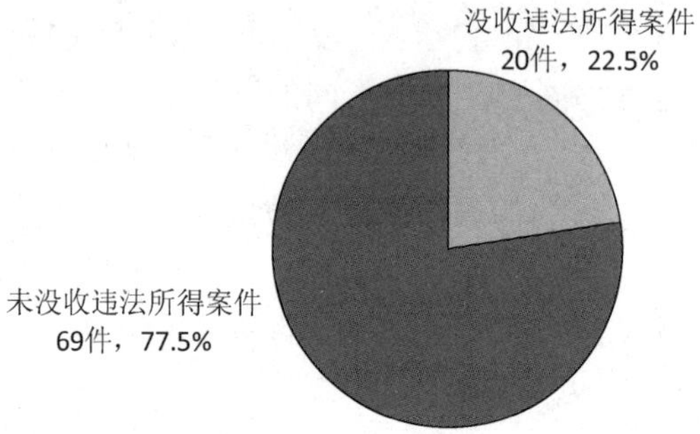

图 2-18　非行业协会经营者垄断案件中没收违法所得案件占比

如图 2-18 所示，89 件非行业协会经营者垄断案件中仅 20 件案件被处以没收违法所得，占 22.5%。这说明较多的案件在行政处罚时，没有没收违法所得，其后果是将导致反垄断法的权威受到损害，也更容易导致执法机关的自由裁量权过大。

2.11.2.2 没收违法所得计算

表 2-4　没收违法所得案件情况

序号	案件名称	所属行业	垄断类型	违法所得（元）
1	江苏省连云港新电混凝土有限公司参与达成并实施分割销售试产的垄断协议行政处罚案	建筑材料制造业	横向垄断	26 896.08
2	江苏省连云港苏锦混凝土制品有限公司参与达成并实施分割销售试产的垄断协议行政处罚案	建筑材料制造业	横向垄断	24 247.83
3	江苏省连云港东盛商品混凝土有限公司参与达成并实施分割销售试产的垄断协议行政处罚案	建筑材料制造业	横向垄断	18 993.83
4	江苏省连云港中港混凝土有限公司参与达成并实施分割销售试产的垄断协议行政处罚案	建筑材料制造业	横向垄断	30 357.91
5	江苏省连云港润丰混凝土有限公司参与达成并实施分割销售试产的垄断协议行政处罚案	建筑材料制造业	横向垄断	35 985.56
6	江西省泰和县液化石油气经营者从事垄断协议案	燃气生产和供应业	横向垄断	205 537
7	河南省安阳市旧机动车经营者从事垄断协议案	汽车零售业	横向垄断	1 733 122.45

续表

序号	案件名称	所属行业	垄断类型	违法所得（元）
8	广东惠州大亚湾溢源净水有限公司滥用市场支配地位案	自来水生产和供应	滥用市场支配地位	860 236.09
9	海南省东方市自来水公司垄断案	自来水生产和供应	滥用市场支配地位	38 521.48
10	中国太平洋人寿保险股份有限公司湖北分公司从事垄断协议行政处罚案	保险业	横向垄断	91.40 万
11	富德生命人寿保险股份有限公司湖北分公司从事垄断协议行政处罚案	保险业	横向垄断	43.32 万
12	永诚财产保险股份有限公司湖北分公司从事垄断协议行政处罚案	保险业	横向垄断	43.32 万
13	泰康人寿保险股份有限公司湖北分公司从事垄断协议行政处罚案	保险业	横向垄断	43.32 万
14	中国大地财产保险股份有限公司湖北分公司从事垄断协议行政处罚案	保险业	横向垄断	43.32 万
15	中国太平洋财产保险股份有限公司湖北分公司从事垄断协议行政处罚案	保险业	横向垄断	43.32 万
16	中国人寿保险股份有限公司武汉市汉阳区支公司从事垄断协议行政处罚案	保险业	横向垄断	43.32 万
17	中国人民财产保险股份有限公司武汉市江汉支公司从事垄断协议行政处罚案	保险业	横向垄断	25.99 万
18	太平财产保险有限公司湖北分公司从事垄断协议行政处罚案	保险业	横向垄断	13 万
19	合众人寿保险股份有限公司湖北分公司从事垄断协议行政处罚案	保险业	横向垄断	11.77 万
20	平安养老保险股份有限公司湖北分公司从事垄断协议行政处罚案	保险业	横向垄断	42.01 万

如表 2-4 所示，在没收违法所得的 20 件（实际应没收违法所得的案件应为 63 件）案件中，只有江西省泰和县液化石油气经营者从事垄断协议案、广东惠州大亚湾溢源净水有限公司滥用市场支配地位案、海南省东方市自来水公司垄断案三个案件的行政处罚文书详细阐明了违法所得的计算过程，介绍了当事人 2008 年 8 月 1 日以后实施垄断行为期间所得收入，扣除缴纳的税费、经营支出后所得利润。“海南省东方市自来水公司垄断案”一案中对违法所得的计算最为严谨和规范，海南省工商局委托了专业会计师事务所进行审计。

其余案件对于违法所得则一笔带过，并未阐明计算过程。

2.11.2.3 未没收违法所得因素

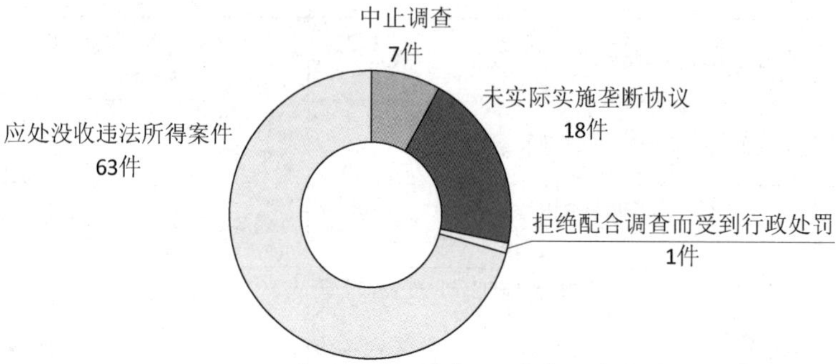

图 2-19 非行业协会经营者垄断案件应处没收违法所得情况

如图 2-19 所示，89 件非行业协会经营者垄断案件中，7 件中止调查；18 件仅达成但未实施垄断协议因而不存在违法所得；1 件因拒绝配合调查而给予行政处罚。

应没收违法所得的案件应为 63 件，应占非行业协会经营者垄断案件的 70.7%。然而实际执法过程中，只有 20 件非行业协会经营者垄断案件当事人被没收违法所得，并且在大部分未没收违法所得的案件中工商部门都未对不没收的原因进行交代。

未没收违法所得的经营者垄断案件中，除因尚未产生违法所得的案件之外，部分案件当事人明显存在违法所得但工商部门完全忽略对违法所得的处理，如“重庆燃气集团股份有限公司垄断行为案”“湖南省永州市保险行业垄断协议案”。披露了应没收而未没收违法所得原因的案件仅 4 件，如表 2-5 所示。

表 2-5 应没收而未没收违法所得案件原因

竞争执法公告号	案件名称	未没收违法所得理由
2013 年第 9 号	浙江省江山市混凝土经营者从事垄断协议案	三当事人无法提供实施垄断协议期间关于混凝土销售收入与原材料成本的财务资料，其在该特定期间的违法所得无法准确计算，因而未被处以没收违法所得
2014 年第 15 号	内蒙古自治区赤峰中心城区烟花爆竹批发企业实施垄断行为案	考虑到当事人批发销售额中可能存在部分零售商因交通条件以及对供货商的信赖等因素自愿与其交易而形成的合理交易额，但由于其中的“合理交易额”与因分割市场形成的“强制交易额”不易划分清楚，其违法所得按无法计算处理

续表

竞争执法公告号	案件名称	未没收违法所得理由
2014年第17号	重庆巫溪县东翰采石场等四家采石场垄断协议案	当事人为个体经营且未建立财务账册，成本及已缴纳的税金等无法核算，故当事人以垄断协议分割销售市场所获违法所得无法计算
2015年第3号	麻阳苗族自治县页岩砖经营者垄断案	由于当事人没有完整的财务账册和记账凭证，当事人生产销售页岩砖的利润无法计算

当事人的违法所得无法计算时，工商机关选择了不予没收违法所得的处罚，但这是否会成为反垄断执法实践中的漏洞引人深思。后续的垄断案件中，当事人极有可能通过销毁相关财务资料来避免没收违法所得的处罚，而是否会引起税法或其他法律所规定法律责任值得探究。

长期以来，学界对违法所得的基本内涵认识充满争议，并表现出相当程度的混乱和不统一。概括而来，主要有三种学说。

一是全部收入说。该说认为，违法所得实质行为人因实施违法行为而获得的全部收入，即不应扣除行为人已经投入的相关成本和缴纳的税费。赞成该说的理由主要为：(1) 将全部收入界定为违法所得，能够体现对违法行为人的惩罚和制裁，有助于提高处罚措施的威慑程度；(2) 在具体的行政执法过程中，全部收入的认定相对简单和便捷，有助于提高执法效率；(3) 在没收其违法所得时，不扣除相应的投入成本和税费，是因为当事人的合法财产一旦投入违法行为之中，该部分合法利益即具有了可谴责性。例如，《农药管理条例实施办法》(2007年) 第41条规定，该实施办法所称“违法所得”，是指违法生产、经营农药的销售投入。

二是获利说。该学说认为，违法所得应该是指违法行为人因为违法行为而获得的利润。在具体计算违法所得额时，应将违法行为人经营投入的合理成本和已缴纳的税费扣除。赞成该说的理由主要为从语义学的角度看，违法所得中的“得”应该是付出之后的回报，成本和费用属于行为人的付出而非回报，不应属于违法所“得”的范畴。另外，将全部收入纳入违法所得的范围也有侵犯行为人合法财产之嫌。例如，国家质量技术监督局（2001）第43号文规定，《产品质量法》所称的违法所得是指获取的利润。

三是折中说。该学说认为，不应简单地将违法所得界定为全部收入或获利，具体执法过程中应根据个案情况而定。例如，如果法律规定行为人应具有相应资格方能从事的活动，违法行为人未能获得相应资质而进行违法行为，应按照全部收入予以没收违法所得；而对于主体资格合法的违法行为人应仅没收其所获得的利润。这一认识的目的在于区分违法行为的不同的危害程度，但却会使得本已混乱的违法所得概念变得更加复杂和不统一。

在反垄断执法领域，获取合理利润是企业自主经营权的体现，反垄断法谴责的并不是企业获取合理利润的行为，而是禁止其通过限制竞争行为获取超额垄断利润。如果将从事价格垄断行为的违法者的全部利润予以没收（即不仅没收经营者由垄断行为获取的超额垄断利润部分，同时还没收经营者的合理利润），显然是对违法者的惩罚，背离没收违法所得制度设计的目的。但在执法过程中，工商部门为计算方便，于《工商行政管理机关行政处罚案件违法所得认定办法》中规定："以当事人违法生产、销售商品或者提供服务所获得的全部收入扣除当事人直接用于经营活动的适当的合理支出，为违法所得。"

目前在反垄断案件违法所得问题的审查方面，大部分行政处罚文书中是否有审查、如何计算都未明确交代，以及已出现的案例中当违法所得无法计算时如何处理也没有相关法律法规指导，这极容易成为反垄断调查过程中经营者可钻的漏洞。海南省东方市自来水公司垄断案中还涉及了违法所得的返还问题，没收违法所得制度功能在于防止任何人从违法行为中获益，无论试讲违法所得返还受害人，还是予以没收上缴国库，均能实现违法所得制度设计的目的，但我国现行垄断法中并未规定先责令退还的处理方式，而是仅规定对于违法所得采用一律没收的方式，这一执法方式是否有碍公平值得商榷。

为解决违法所得的计算问题，受国务院反垄断委员会委托，发改委起草了《关于经营者垄断行为违法所得认定和罚款计算确定的指南》，该指南已于2016年6月向公众公开征求意见。

2.11.3 行政罚款

截至2015年12月31日，工商部门在反垄断行政执法领域罚款数额共计43 441 130. 62元。我国反垄断法对于行政罚款数额的确定形式表现为直接以货币单位表示和以百分比或倍数表示两种形式。如依据《反垄断法》第46条，对于达成并实施垄断协议的，处上一年度销售额1%以上10%以下的罚款；对于尚未实施所达成的垄断协议的，可以处50万元以下的罚款。除此之外，垄断行为的严重程度也对罚款数额的确定构成影响，即违法行为程序越深、性质越恶劣、持续时间越长，相应的行政罚款数额就会越大。根据《反垄断法》第49条规定，反垄断执法机构确定具体的罚款金额时，还应将违法行为的性质、程度和持续的时间等因素纳入考量范围。

因为反垄断法中的行政罚款直接关系涉案企业的利益，所以罚款标准一直都是大家关注的重点。如在20世纪80年代的罚款标准总体上高于六七十年代的标准，90 年代的罚款标准总体上高于 80 年代。这是因为反垄断执法的时间越长，企业越应当了解这些法律制度和相关的政策。这种情况下，企业违反反垄断法的行为如果被视为明知故犯，就理应受到更严厉的惩罚。此外，当企业成为惯犯即多次违法的情况下，执法机关对再次违法行为的罚款肯定大于首次违法行为。❶

2.11.3.1 上一年度时间计算

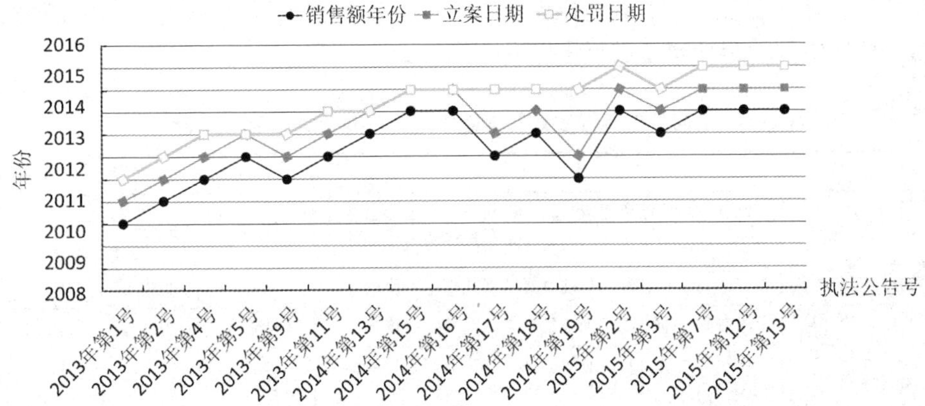

图 2-20 工商反垄断行政处罚案件中销售额的“上一年度”计算

如图 2-20 所示，工商反垄断处罚案件中“上一年度”一般指立案审查前的上一年度，而不是处罚决定作出时的上一年度。仅有 1 件案件，即 2011 年 8 月查处的河南省安阳市旧机动车经营者从事垄断协议案因没有交代，故对于如何计算不得而知。

《反垄断法》中未明确指出“上一年度销售额”究竟是指立案审查日期的前一年还是作出处罚决定时的前一年，导致实务中存在不同作法。在分析反垄断行政处罚案件的罚款时，对于“上一年度销售额”的内涵必须充分理解和统一标准。

在实践中我国行政机关和法院一般都将“上一年度”理解为“上一会计年度”或“上一公历年度”，这两者在我国又是统一的。我国《会计法》规定了会计年度自公历月日起至月日止。因此，一般而言，在我国“上一年度”就是上一年的 1 月 1 日至 12 月 31 日。但是，国外对于“上一会计年度”的规定各不相同，一些国家以 4 月 1 日至来年的 3 月 31 日为一个会计年度，还有一些国家以月日至来年月日为一个会计年度，甚至有国家允许企业自主决定企业的会计年度。

❶ 王晓晔. 反垄断法［M］. 北京：法律出版社，2011：363.

由于反垄断法具有较强的涉外因素，为避免在依据反垄断法的域外效力处罚外国企业时面临法律依据不充分的问题，应进一步明确“上一年度”的概念。❶

《国务院反垄断委员会关于认定经营者垄断行为违法所得和确定罚款的指南（征求意见稿）》第17条规定了“上一年度”的含义：反垄断执法机构通常以启动调查时的上一个会计年度来计算经营者销售额。垄断行为在反垄断执法机构启动调查时已经停止的，“上一年度”为垄断行为停止时的上一个会计年度。会计年度自公历1月1日起至12月31日止。经营者采用不同会计年度的，按照中国的会计年度进行调整后使用。

表2-6　工商反垄断行政处罚案件中“上一年度销售额”年份列表

竞争执法公告号	案件名称	销售额年份	立案日期	处罚日期
2013年第1号	江苏省连云港市建筑材料和建筑机械行业协会混凝土委员会组织本行业经营者从事垄断协议案	2008	2009. 11	2010. 8
2013年第2号	江西省泰和县液化石油气经营者从事垄断协议案	2009	2010. 8	2011. 4
2013年第3号	河南省安阳市旧机动车经营者从事垄断协议案	未说明	2011. 8	2012. 1
2013年第4号	辽宁省建筑材料工业协会组织本行业经营者从事垄断协议案	2010	2011. 7	2012. 3~2012. 8
2013年第5号	湖南省永州市保险行业协会组织本行业经营者从事垄断协议案	2011	2012. 5	2012. 11
2013年第9号	浙江省江山市混凝土经营者从事垄断协议案	2010	2011. 11	2012. 12
2013年第11号	四川省宜宾市砖瓦协会组织本行业经营者从事垄断协议案	2011	2012. 2	2013. 3
2014年第13号	广东惠州大亚湾溢源净水有限公司滥用市场支配地位案	2012	2013. 3	2013. 12
2014年第15号	内蒙古自治区赤峰中心城区烟花爆竹批发企业实施垄断行为案	2013	2014. 1	2014. 5
2014年第16号	内蒙古自治区烟草公司赤峰市公司滥用市场支配地位案	2013	2014. 4	2014. 7
2014年第17号	重庆巫溪县东翰采石场等四家采石场垄断协议案	2011	2012. 12	2014. 8
2014年第18号	江苏徐州市烟草公司邳州分公司滥用市场支配地位案	2012	2013. 8	2014. 9
2014年第19号	重庆燃气集团股份有限公司垄断行为案	2010	2011. 6	2014. 4
2015年第2号	海南省东方市自来水公司垄断案	2013	2014. 7	2015. 1
2015年第3号	麻阳苗族自治县页岩砖经营者垄断案	2012	2013. 10	2014. 12~2015. 1

❶ 黄勇，刘燕南．垄断违法行为行政罚款计算标准研究［J］．法制论坛，2013（8）．

续表

竞争执法公告号	案件名称	销售额年份	立案日期	处罚日期
2015 年第 7 号	辽宁省烟草公司抚顺市公司滥用市场支配地位案	2013	2014. 6	2015. 6
2015 年第 12 号	重庆青阳药业有限公司涉嫌滥用市场支配地位拒绝交易案	2013	2014. 12	2015. 10
2015 年第 13 号	中国太平洋人寿保险股份有限公司湖北分公司等 12 家保险公司垄断协议案	2013	2014. 10	2015. 6

2. 11. 3. 2　销售额范围

表 2-7　工商反垄断行政处罚案件中“销售额”的范围

竞争执法公告号	案件名称	地域范围	产品范围
2013 年第 1 号	江苏省连云港市建筑材料和建筑机械行业协会混凝土委员会组织本行业经营者从事垄断协议案	中国大陆	预拌混凝土
2013 年第 2 号	江西省泰和县液化石油气经营者从事垄断协议案	中国大陆	液化石油气
2013 年第 3 号	河南省安阳市旧机动车经营者从事垄断协议案	中国大陆	二手车
2013 年第 4 号	辽宁省建筑材料工业协会组织本行业经营者从事垄断协议案	中国大陆	水泥熟料
2013 年第 5 号	湖南省永州市保险行业协会组织本行业经营者从事垄断协议案	中国大陆	新车保险
2013 年第 9 号	浙江省江山市混凝土经营者从事垄断协议案	中国大陆	商品混凝土
2013 年第 11 号	四川省宜宾市砖瓦协会组织本行业经营者从事垄断协议案	中国大陆	页岩砖
2014 年第 13 号	广东惠州大亚湾溢源净水有限公司滥用市场支配地位案	中国大陆	城市公共自来水
2014 年第 15 号	内蒙古自治区赤峰中心城区烟花爆竹批发企业实施垄断行为案	中国大陆	烟花爆竹
2014 年第 16 号	内蒙古自治区烟草公司赤峰市公司滥用市场支配地位案	中国大陆	卷烟
2014 年第 17 号	重庆巫溪县东翰采石场等四家采石场垄断协议案	中国大陆	砂石料
2014 年第 18 号	江苏徐州市烟草公司邳州分公司滥用市场支配地位案	中国大陆	苏烟（硬七星）、南京（硬林）、南京（硬紫树）、红杉树（硬木）等紧俏卷烟
2014 年第 19 号	重庆燃气集团股份有限公司垄断行为案	中国大陆	天然气

续表

竞争执法公告号	案件名称	地域范围	产品范围
2015 年第 2 号	海南省东方市自来水公司垄断案	中国大陆	城市公共自来水
2015 年第 3 号	麻阳苗族自治县页岩砖经营者垄断案	中国大陆	页岩砖
2015 年第 7 号	辽宁省烟草公司抚顺市公司滥用市场支配地位案	中国大陆	卷烟

如表 2-7 所示，工商部门反垄断行政执法案件中，仅计算当事人上一年度在中国境内相关产品的销售额。这与工商行政管理执法中，多数为国内企业存在一定关联，如果具有涉外因素，可能存在需要考虑国外市场。

其实在计算销售额时，销售额的空间维度方面，是计算涉案企业的全部销售额还是某一地理市场内的销售额一直存在争议。[❶] 各国在对一个在几个国家内都有销售额的国际集团企业罚款时，计算销售额时的处理方式也不尽相同，但基本上有两种方式。方式一是由大到小的地域范围计算方式，即先把该企业全球范围内销售额作为计算基础，之后依据不同的案件情况将地域范围进行缩小。也就是说一些国家虽然将全球范围内的销售额当成罚款计算的基础，但在反垄断执法机构的执法实践中对违法企业和经营者进行罚款时计算的区域范围应以“涉案产品销售额”或者“受影响销售额”这些相关因素对地域范围进行缩小。方式二是由小到大的地域范围计算方式。即反垄断执法机构在对违法企业和经营者进行罚款时先以本国地域范围内的销售额为计算基础，接着依据案件的不同情况对地域范围进行相应的拓展。欧盟采用的正是第二种计算方式，一般情况下在对违法垄断行为进行制裁时对销售额计算的地域范围先限于欧洲经济区域范围内的市场，如果在欧洲经济区域内的销售额不能充分说明该违法垄断行为的损害范围时，则应计算欧洲经济区域范围之外的销售额。两种不同计算方式实际上反映了对罚款深层次价值的不同探索。第一种计算方法偏向于反映行政罚款制度对于违法垄断行为的威慑作用和反垄断执法机构的自由裁量权；第一种计算方法方法偏向于反映反垄断行政罚款的可预估性。

在销售额的产品维度方面，是只计算与违法企业直接或间接相关的产品或服务的销售额，还是计算涉案企业全部产品和服务的销售额也是一个问题。在执法实践中，销售额计算范围选定为经营者所有产品或服务的销售额更便于反垄断执法机构执法。但这一做法的合理性仍需要在执法实践中继续考证。

工商行政反垄断执法实践中，还没有出现涉外因素，故仅以中国境内相关

---

❶ 高燕冰. 我国反垄断行政罚款制度研究［D］. 北京：北京交通大学，2015：13.

产品销售额计算是合理的。

2.11.3.3 行政罚款比例

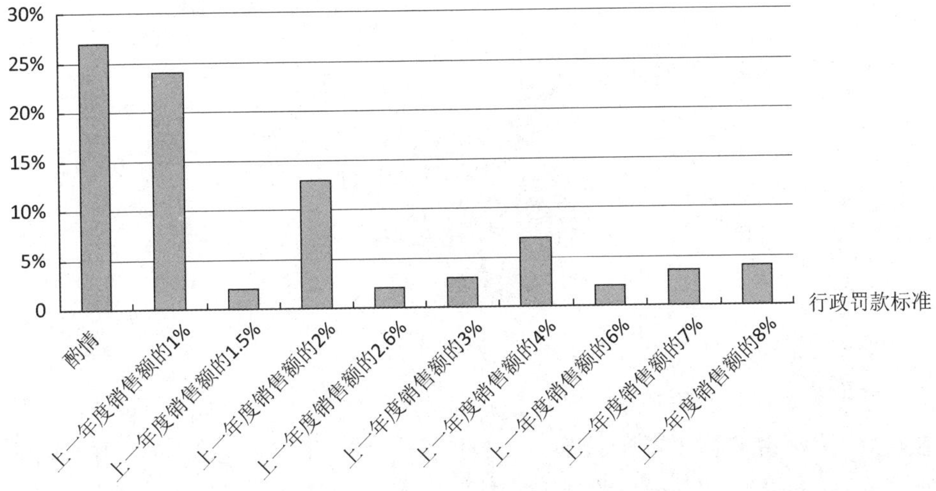

图 2-21 工商反垄断处罚案件处罚标准

如图 2-21 所示，对于 121 名[1]行政处罚当事人，工商行政管理机关适用最多即“酌情”处罚，“酌情”处罚为 32 件，占 26.4%；排名第二的为按“上一年度销售额的 1%”标准处罚的案件，共计 29 件，占 24.0%；排名第三的为按“上一年度销售额的 2%”标准处罚，共计 15 件，占 12.4%；按“上一年度销售额的 4%”标准处罚的为 10 件，占 8.3%。该案件为“麻阳苗族自治县页岩砖垄断案”，该案中 10 名当事人均被处以上一年度销售额 4% 的罚款。被处以“上一年度销售额的 7%”的 2 名当事人以及被处以“上一年度相关销售额的 8%”的 4 名当事人均为“内蒙古自治区赤峰中心城区烟花爆竹批发企业实施垄断行为案”一案当事人。

工商反垄断执法中未见适用最高处罚标准即“上一年度销售额的 10%”处罚的案件。

2.11.3.4 酌情处罚

如图 2-22 所示，酌情处罚的案件分为四类：（1）当事人为行业协会的案

---

[1] 101 件工商行政管理机关反垄断行政处罚案件中，由于有 4 件案件——河南省安阳市旧机动车经营者从事垄断协议案（11 名当事人）、浙江省江山市混凝土经营者从事垄断协议案（3 名当事人）、内蒙古自治区赤峰中心城区烟花爆竹批发企业实施垄断行为案（6 名受罚当事人）、重庆巫溪县东翰采石场等四家采石场垄断协议案（4 名受罚当事人）行政处罚文书未分案，故本次工商反垄断执法大数据分析实际受调查当事人共计 121 名。

件 11 件；（2）仅达成未实际实施垄断协议的案件 18 件；（3）当事人不配合反垄断调查的案件 1 件；（4）未说明酌情处罚原因的案件 2 件。

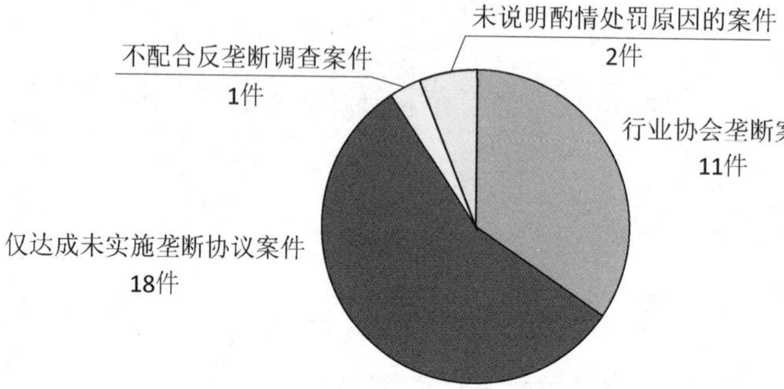

图 2-22　酌情处罚案件分类

如表 2-8 所示，未说明酌情处罚原因的两件案件并不属于前三种情况，当事人为经营者并实施了垄断行为，应当按照“上一年度销售额 1% ~ 10%”来处罚，但工商部门却并未按此规定处罚。

表 2-8　未说明酌情处罚原因的案件

序号	案件名称	处罚部门	行政处罚文书存在问题
1	河南省安阳市旧机动车经营者从事垄断协议案	河南省工商局	该案受处罚当事人有 11 名，但行政处罚文书未分案；未说明各当事人上一年度销售额情况
2	重庆巫溪县东翰采石场等四家采石场垄断协议案	重庆市工商局	行政处罚文书未分案；因当事人为个体经营且未建立财务账册，成本及已缴纳的税金等无法核算，故上一年度销售额亦无法审计

2. 11. 3. 5　行政罚款数额

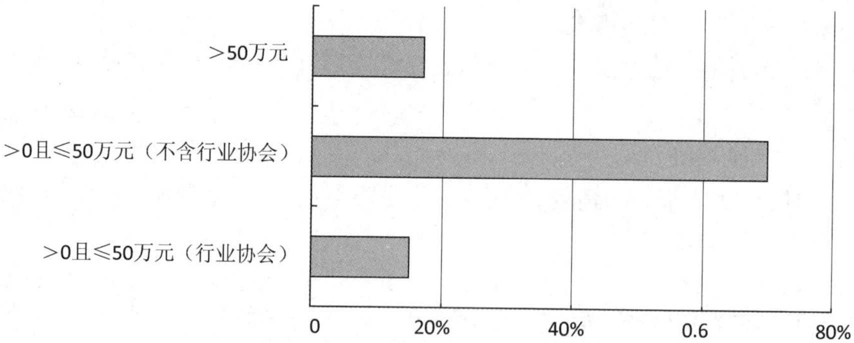

图 2-23　工商反垄断处罚案件罚款数额

如图 2-23 所示，在工商部门办理的反垄断处罚案件中，对行业协会的行政罚款在 50 万元以下，且均为酌情处罚，该类案件占总比 10.9%，共有 11 家行业协会受到处罚；行政罚款在 50 万元以下（当事人不含行业协会）的案件最多，为 73 件，占 71.6%；50 万元以上（不含 50 万元）案件仅有 15 件，占 14.6%。

行政罚款金额较大的案件在建筑材料制造业与烟草制品批发业比较明显，见表 2-9 所示。

《反垄断法》第 46 条第 3 款规定："行业协会违反本法规定，组织本行业的经营者达成垄断协议的，反垄断执法机构可以处 50 万元以下的罚款；情节严重的，社会团体登记管理机关可以依法撤销登记。"

但在上虞商品混凝土协会及上虞永固混凝土有限公司等 8 家混凝土企业垄断案中，浙江省工商局认为，该协会为会员单位制定和实施"分配市场份额占有率"等垄断协议提供了组织平台，违反了《反垄断法》相关规定。2014 年 9 月 5 日，浙江省工商局开出处罚书，责令协会改正，并处罚款 1 万元。尽管 1 万元符合 50 万元以下的规定，但结合案件实情罚款金额明显过低。

表 2-9 工商行政管理机关反垄断处罚 50 万元以上案件表

序号	案件名称	处罚数额（元）
1	辽阳冀东水泥有限公司从事垄断协议案	167 万
2	鞍山冀东水泥有限责任公司从事垄断协议案	117 万
3	辽宁辽东水泥集团山河水泥有限公司从事垄断协议案	102 万
4	辽宁交通水泥有限责任公司从事垄断协议案	201 万
5	辽宁昌庆水泥有限公司从事垄断协议案	170 万
6	辽宁银盛水泥集团有限公司从事垄断协议案	101 万
7	辽宁恒威水泥集团有限公司从事垄断协议案	120 万
8	辽阳天瑞水泥有限公司从事垄断协议案	195 万
9	铁岭铁新水泥有限公司从事垄断协议案	254 万
10	广东惠州大亚湾溢源净水有限公司滥用市场支配地位案	2 363 597.45
11	内蒙古自治区烟草公司赤峰市公司滥用市场支配地位案	595.70 万
12	江苏徐州市烟草公司邳州分公司滥用市场支配地位案	1 723 745.04
13	重庆燃气集团股份有限公司垄断行为案	1 793 588.55
14	海南省东方市自来水公司垄断案	593 208.06
15	辽宁省烟草公司抚顺市公司滥用市场支配地位行为行政处罚案	433.449 8 万

2.11.4 未处罚经营者

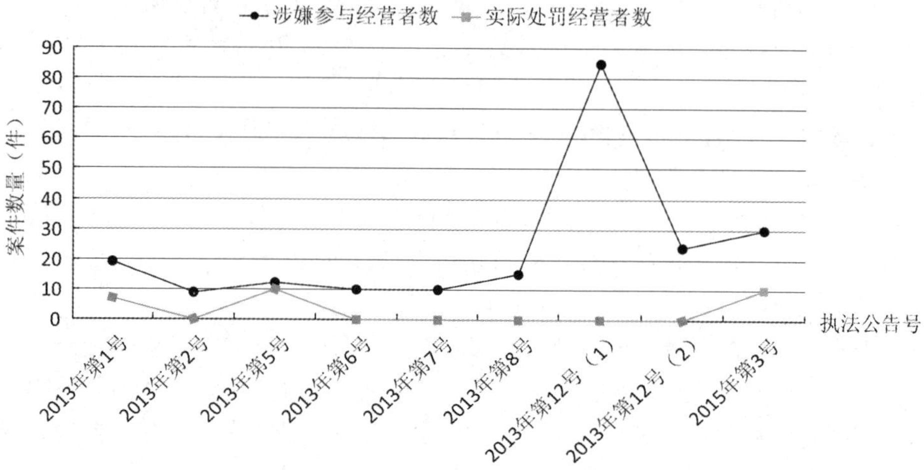

图 2-24　部分垄断协议案件的处罚情况分析

如图 2-24 所示，部分垄断协议案件中工商部门调查的涉嫌参与垄断行为的经营者与最终实际处罚的经营者存在较大差距。即部分涉嫌垄断的经营者因为同一案件没有受到处罚，没有受到处罚的理由也没有交代，部分案件交代“另案处理”，但“另案处理”变成“没有处理”。

此种情形不尽快改变，将导致反垄断行政执法存在选择执法嫌疑。

详细的调查与处罚情况如表 2-10 所示，在连云港市建筑材料和建筑机械行业协会混凝土委员会涉嫌组织本行业经营者从事垄断协议案中，在行业协会的组织下 16 家预拌混凝土企业参与了垄断协议的制定，但最终仅处罚了行业协会和 5 家企业，其他参与垄断协议达成的经营者究竟是否处理以及如何处理，在该案的相关行政处罚文书中均未交代。

在湖南省张家界市保险行业协会组织本行业经营者从事垄断协议案，湖南省常德市保险行业协会组织本行业经营者从事垄断协议案，湖南省郴州市保险行业协会组织本行业经营者从事垄断协议案，云南省西双版纳州旅游协会、西双版纳州旅行社协会组织本行业经营者从事垄断协议案这几起案件中更是只公布了对行业协会的处罚结果，所涉经营者有否处罚以及如何处罚只字未提，在各省工商局的官方网站上也未检索到相关行政处罚决定信息。这一现象容易引起公众对工商反垄断执法的公开、公平和公正的质疑，应当引起执法机关重视。

表 2-10 部分垄断协议案件的处罚情况

竞争执法公告号	案件名称	涉嫌参与者	实际处罚情况
2013 年第 1 号	连云港市建筑材料和建筑机械行业协会混凝土委员会涉嫌组织本行业经营者从事垄断协议案	17 家	处罚 6 家
2013 年第 2 号	江西省泰和县液化石油气经营者从事垄断协议案	7 家	处罚 1 家，6 家另案处理，但未公布处理结果
2013 年第 5 号	湖南省永州市保险行业协会组织本行业经营者从事垄断协议案	13 家	处罚 11 家，2 家并未实际参与
2013 年第 6 号	湖南省张家界市保险行业协会组织本行业经营者从事垄断协议案	9 家	处罚行业协会 1 家
2013 年第 7 号	湖南省常德市保险行业协会组织本行业经营者从事垄断协议案	10 家	处罚行业协会 1 家
2013 年第 8 号	湖南省郴州市保险行业协会组织本行业经营者从事垄断协议案	15 家	处罚行业协会 1 家
2013 年第 12 号（1）	云南省西双版纳州旅游协会组织本行业经营者从事垄断协议案	84 家	处罚行业协会 1 家，其余相关企业另案处理，但未公布处理结果
2013 年第 12 号（2）	云南省西双版纳州旅行社协会组织本行业经营者从事垄断协议案	25 家	处罚行业协会 1 家，其余相关企业另案处理，但未公布处理结果
2015 年第 3 号	麻阳苗族自治县页岩砖经营者垄断案	29 家	处罚 10 家

2.12 行业协会行政处罚

《反垄断法》第 46 条第 3 款规定：“行业协会违反本法规定，组织本行业的经营者达成垄断协议的，反垄断执法机构可以处 50 万元以下的罚款；情节严重的，社会团体登记管理机关可以依法撤销登记。”

2.12.1 行政处罚标准

表 2-11　工商反垄断行政处罚之行业协会列表

序号	年份	案件名称	所属行业	罚款（元）
1	2010	江苏省连云港市建筑材料和建筑机械行业协会混凝土委员会涉嫌组织本行业经营者从事垄断协议案	建筑材料制造业	20 万
2	2012	辽宁省建筑材料工业协会涉嫌组织本行业经营者从事垄断协议	建筑材料制造业	10 万
3	2012	湖南省永州市保险行业协会涉嫌组织当地保险企业从事垄断协议案	保险业	40 万
4	2012	湖南省张家界市保险行业协会涉嫌组织当地保险企业从事垄断协议	保险业	40 万
5	2012	湖南省常德市保险行业协会涉嫌组织当地保险企业从事垄断协议	保险业	45 万
6	2012	湖南省郴州市保险行业协会涉嫌组织当地保险企业从事垄断协议	保险业	45 万
7	2013	浙江省慈溪市建设工程检测协会涉嫌组织本行业经营者从事垄断协议行为	建筑材料制造业	无（终止调查）
8	2013	四川省宜宾市砖瓦协会涉嫌组织本行业经营者从事垄断协议	建筑材料制造业	50 万
9	2013	云南省西双版纳州旅游协会组织本行业经营者从事垄断协议案	旅游业	40 万
10	2013	云南省西双版纳州旅行社协会涉嫌组织本行业经营者从事垄断协议	旅游业	40 万
11	2014	浙江省上虞商品混凝土协会及上虞永固混凝土有限公司等 8 家混凝土企业垄断案	建筑材料制造业	1 万
12	2015	广州市番禺动漫游艺行业协会垄断协议案	文化、体育和娱乐业	10 万

如表 2-11 所示，工商行政管理机关反垄断行政处罚案件中，行业协会违反反垄断法既有罚款 1 万元，也有处罚罚款 50 万元，还存在不处罚罚款的情形。不予罚款或者罚款金额较低，主要发生在浙江、辽宁等相对经济比较快速发展的区域，而中部湖南省工商局在罚款幅度方面差别不大。

以上说明工商行政管理机关反垄断行政处罚执法标准严重不统一，带来公众对执法机关执法过程中自由裁量过大的思考，以及对执法公正、公平性的怀疑。2012 年 7 月 29 日，工商总局反垄断案件公布平台正式开通运行，并公布了 12 起垄断案例，其中 9 起案件系有关行业协会组织本行业经营者达成垄断协议，涉案领域包括保险、旅游等与民生息息相关的行业。

截至 2015 年 12 月 31 日，工商行政管理机关和商务部反垄断行政执法中，均未见依据该条提请社会团体管理机关撤销行业协会登记的案件。

需要说明的是，在湖南省工商局于 2013 年 10 月 16 日立案查处的麻阳苗族自治县页岩砖经营者垄断案中，涉案经营者未经批准擅自成立了“麻阳县页岩砖协会”，故未对协会进行处罚。

2.12.2　行政处罚年度

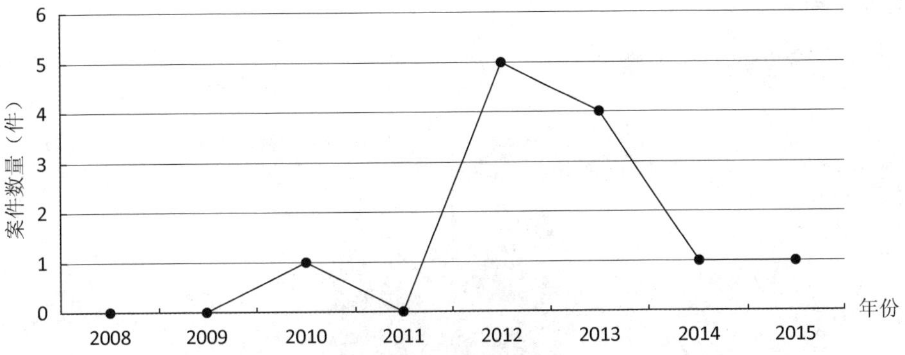

图 2-25　工商反垄断行政处罚之行业协会受罚案件年度分析

如图 2-25 所示，行业协会是历年工商行政机关反垄断执法的重灾区，最早开始于 2010 年，除 2011 年没有查处之外，其他年份均有查处，尤其在 2012 年、2013 年查处较多。

比较典型的是云南省西双版纳州旅游协会、西双版纳州旅行社协会涉嫌组织本行业经营者从事垄断协议行为案，该案中，各签约单位通过合作协议或自律公约，接待旅游团队时统一通过“州旅游信息管理操作”，统一安排酒店、景点和旅游用车等，统一入住房价、景点票价以及统一接受违约惩罚等。涉案主体多达 88 个，包括 46 家酒店、15 家景点、2 家旅游客运汽车公司，20 家旅行社和 5 个行业协会。这 88 个涉案主体长达五年之久的西双版纳旅游服务“统一管理”模式，恰恰走过中国反垄断法颁布实施的五个春秋。

在海南三亚水晶店价格垄断案和云南丽江旅行社价格垄断协议案中，涉案主体也似乎“顶风作案”。

从被查处的企业和行业协会诚恳认罪态度或相关整改承诺内容来看，很多涉案主体并非“铤而走险”，而是迟迟没有意识到“反垄断大棒”的潜在威力，有的企业甚至根本不知道自己的行为具有违法性。2013年查处的行业协会违法数量占当年案件总数六成以上。云南丽江旅游协会和旅游行社协会、上海黄金饰品协会、新疆保险行业协会、四川宜宾市砖瓦协会以及浙江慈溪市建设工程检测协会，这些协会违法行为的曝光反映出：行业协会仍然是反垄断法的“重灾区”，尤其是旅游业、保险业和建筑材料业等这些长期以来营销模式似乎已经“约定俗成”的行业仍然是违反《反垄断法》的“高危行业”。❶ 在江苏省连云港市建筑材料和建筑机械行业协会混凝土委员会组织本行业经营者从事垄断协议案取证过程中，无论是协会工作人员还是协会成员企业，不少涉案人员对反垄断法浑然不知，起初感觉是“工商局来捣乱了”，被告知违法后，又感觉很委屈。❷

2.12.3 行业协会竞争意识

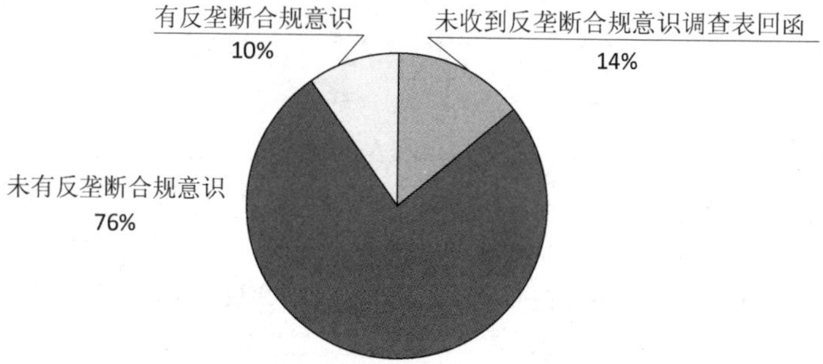

图2-26 上海市部分行业协会反垄断合规意识调查情况

如图2-26所示，笔者向上海市内建材、食品、医药等50家行业协会进行了反垄断合规意识的问卷调查，最后仅收到40份回函。在50家接受调查的行业协会中，仅10%的行业协会具有反垄断合规意识，会召集企业相关人员进行反垄断讲座或是指导等工作，在制定行业协会的相关规定时也会主动咨询以避免垄断风险。76%的行业协会完全没有反垄断合规意识，不曾就此方面问题对协会内的企业进行指导或在自身工作中予以重视，缺乏此方面的知识储备。

在我国，应当明确规定行业协会实施的垄断协议行为，行业协会和成员企业分别承担独立的法律责任。在具体的实施中，若行业协会做强制性决议限制

---

❶ 叶高芬. 垄断协议的反垄断规制［M］//中国世界贸易组织研究会竞争政策与法律专业委员会. 中国竞争法律与政策研究报告（2015年），北京：法律出版社，2014：57.

❷ 中国世界贸易组织研究会竞争政策与法律专业委员会. 中国竞争法律与政策研究报告（2011年）［M］. 北京：法律出版社，2012：71-72.

成员企业竞争时，应当将行业协会认定为违法主体；当行业协会作出任意性决议时，只有当行业协会成员根据该决议实施违法行为时，才应当对行业协会和实施垄断行为的成员企业一并处罚，可对行业协会适用宽大制度。❶

2.13 中止调查

《反垄断法》第45条规定："对反垄断执法机构调查的涉嫌垄断行为，被调查的经营者承诺在反垄断执法机构认可的期限内采取具体措施消除该行为后果的，反垄断执法机构可以决定中止调查。中止调查的决定应当载明被调查的经营者承诺的具体内容。反垄断执法机构决定中止调查的，应当对经营者履行承诺的情况进行监督。经营者履行承诺的，反垄断执法机构可以决定终止调查。有下列情形之一的，反垄断执法机构应当恢复调查：(1) 经营者未履行承诺的；(2) 作出中止调查决定所依据的事实发生重大变化的；(3) 中止调查的决定是基于经营者提供的不完整或者不真实的信息作出的。"

《工商行政管理机关查处垄断协议、滥用市场支配地位案件程序》第16条规定："中止调查申请应当以书面形式提出，并由法定代表人、其他组织负责人或者个人签字并盖章。申请书应当载明以下事项：(1) 涉嫌违法的事实及可能造成的影响；(2) 消除行为影响拟采取的具体措施；(3) 实现承诺的日程安排和保证声明。"第17条规定："工商行政管理机关根据被调查经营者的申请，在考虑行为的性质、持续时间、后果及社会影响等具体情况后，可以决定中止调查，并作出中止调查决定书。中止调查决定书应当载明被调查经营者涉嫌违法的事实、承诺的具体内容、消除影响的具体措施、时限以及不履行或者部分履行承诺的法律后果等内容。"

2.13.1 中止调查申请

如图2-27所示，101件案件中申请中止调查24件，占23.8%；未申请中止调查77件，占76.2%。这说明当事人在涉及反垄断行政调查时大多没有利用中止调查申请以维护其合法权益的意识。造成此种局面可能存在以下几种因素：一是当事人对反垄断法的运用不熟悉；二是当事人对于申请中止调查程序信心欠缺，认为申请或不申请没实质意义。

---

❶ 参见王玉辉. 反垄断法宽大制度适用主体之思考 [J]. 天津师范大学学报：社会科学版，2012 (1).

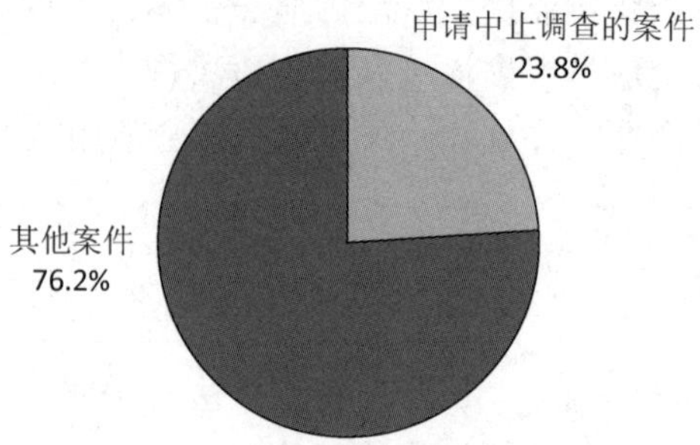

图 2-27　申请中止调查的案件占比

2.13.2　中止调查决定采纳率

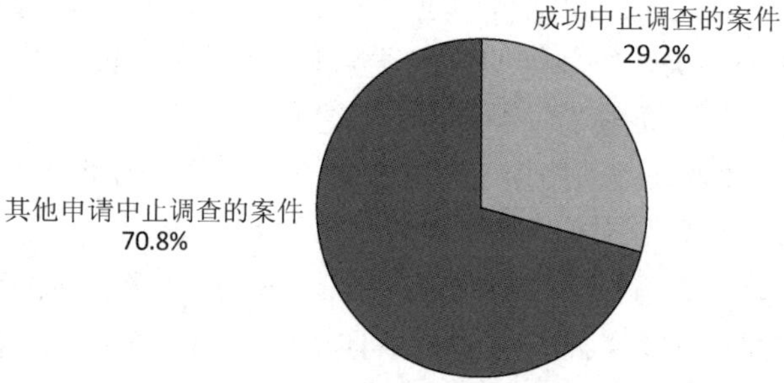

图 2-28　中止调查申请成功率分析

如图 2-28 所示，24 件中止调查申请的案件中，仅 7 件案件的当事人申请意见被采纳，中止调查申请采纳率为 29.2%。中止调查申请不被采纳的较多，例如，上虞市商品混凝土协会及会员单位垄断协议案中，9 位当事人中的 3 位（即绍兴阳力混凝土有限公司、绍兴恒大管桩有限公司、上虞市普银水泥制品有限公司）曾以其参与达成的《联合声明》等三份文件不属于垄断协议，且未实际实施三份文件中关于约定市场份额的具体行为等理由向主办该案件的浙江省工商行政管理局提出了中止调查的申请，但最终未被采纳。[1] 中止调查申请未被采纳的案件较多，说明工商行政机关对于中止调查的决定比较慎重，在下文对中止调查的 7 件案件的分析中也会发现，工商行政机关对符合中止调查的条件也较高。另外，这说明经营者在运用中止调查申请时，没有应对的专业经验和组织有力的证据，以达到说服执法机关采纳其中止的意见程度（详见表 2-12）。

[1] 参见北京市律协竞争与反垄断法律事务专业委员会编：《2013 年竞争法年度报告》。

表 2-12 中止调查申请意见未采纳案件列表

序号	案号	案件名称
1	湘工商竞处字〔2012〕1号	湖南省永州市保险行业协会组织本行业经营者从事垄断协议案
2	湘工商竞处字〔2013〕03号	中国人民财产保险股份有限公司永州市分公司参与永州市保险行业垄断协议案
3	湘工商竞处字〔2013〕04号	中国平安财产保险股份有限公司永州中心支公司参与永州市保险行业垄断协议案
4	湘工商竞处字〔2013〕05号	中华联合财产保险股份有限公司永州中心支公司参与永州市保险行业垄断协议案
5	湘工商竞处字〔2013〕06号	中国太平洋财产保险股份有限公司永州中心支公司参与永州市保险行业垄断协议案
6	湘工商竞处字〔2013〕07号	中国人寿财产保险股份有限公司永州市中心支公司参与永州市保险行业垄断协议案
7	湘工商竞处字〔2013〕08号	中国大地财产保险股份有限公司永州中心支公司参与永州市保险行业垄断协议案
8	湘工商竞处字〔2013〕09号	阳光财产保险股份有限公司永州中心支公司参与永州市保险行业垄断协议案
9	湘工商竞处字〔2013〕10号	天安财产保险股份有限公司永州中心支公司参与永州市保险行业垄断协议案
10	湘工商竞处字〔2013〕11号	安邦财产保险股份有限公司永州中心支公司参与永州市保险行业垄断协议案
11	湘工商竞处字〔2013〕12号	华安财产保险股份有限公司永州中心支公司参与永州市保险行业垄断协议案
12	湘工商竞处字〔2012〕2号	湖南省张家界市保险行业协会组织本行业经营者从事垄断协议案
13	湘工商竞处字〔2012〕3号	湖南省郴州市保险行业协会组织本行业经营者从事垄断协议案
14	粤工商经处字〔2013〕第2号	广东惠州大亚湾溢源净水有限公司滥用市场支配地位案
15	浙工商案〔2014〕11号	绍兴阳力混凝土有限公司从事垄断协议案
16	浙工商案〔2014〕12号	绍兴恒大管桩有限公司从事垄断协议案
17	浙工商案〔2014〕16号	上虞市普银水泥制品有限公司从事垄断协议案

2.13.3 决定中止调查案件

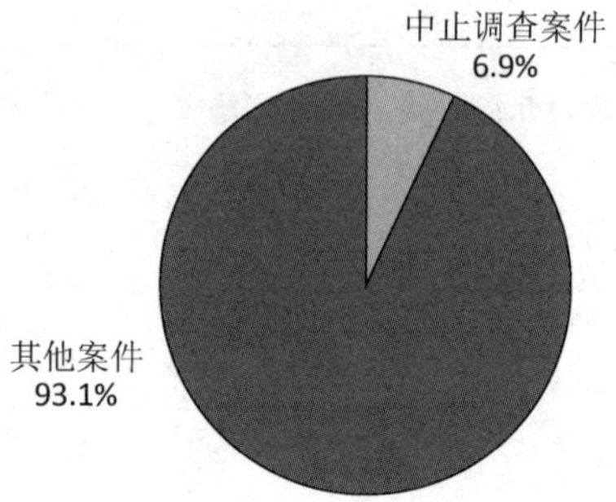

图 2-29 中止调查案件占总比

如图 2-29 所示，执法机关决定中止调查的案件 7 件，占 6. 9%；在这 7 件案件中有 2 件已终止调查，尚未决定是否终止调查的案件 5 件，因未到规定期限，是否最终终止调查尚属未知。

通过对上述 7 件中止调查的行政处罚案进行分析，案件当事人中止调查申请被采纳的原因主要包括：（1）积极配合调查；（2）尚未对社会造成恶劣影响和不良后果；（3）其已经先行的整改措施及承诺的整改措施能够消除和挽回其行为所造成的影响，达到了反垄断执法的目标。

2014 年由工商总局公布的已经办理完结的 8 件案件中，仅 1 件案件适用了中止和终止调查制度。被决定免除处罚的对象是北京盛开体育发展有限公司，该决定由工商总局作出。根据官网信息，该案当事人利用其母公司所授权的在中国独家销售巴西世界杯款待套餐业务的机会，强制搭售巴西当地的酒店住宿、交通以及旅游服务。至被工商总局立案调查之日起，当事人售出销售组合产品 390 套，销售款待套餐 54 张。鉴于当事人承诺及时整改并为消费者挽回损失、危害后果不大等原因，工商总局最终作出了终止调查的决定。

表 2-13 工商行政管理机关反垄断中止调查案件表

序号	案件名称	中止调查时间	终止调查时间
1	浙江省慈溪市建设工程检测协会组织本行业经营者从事垄断协议案	2011. 11. 7	2013. 3. 14
2	北京盛开体育发展有限公司垄断案	2014. 6. 3	2015. 1. 12
3	中国铁通集团有限公司宁夏分公司垄断案	2015. 5. 14	
4	中国联合网络通信有限公司宁夏回族自治区分公司涉嫌垄断案	2015. 5. 14	
5	中国电信股份有限公司宁夏分公司涉嫌垄断案	2015. 5. 14	

续表

序号	案件名称	中止调查时间	终止调查时间
6	中国移动通信集团内蒙古公司涉嫌滥用市场支配地位案	2015. 9. 1	
7	中国联合网络通信有限公司内蒙古自治区分公司涉嫌垄断案	2015. 10. 28	

2.13.4 中止调查趋势

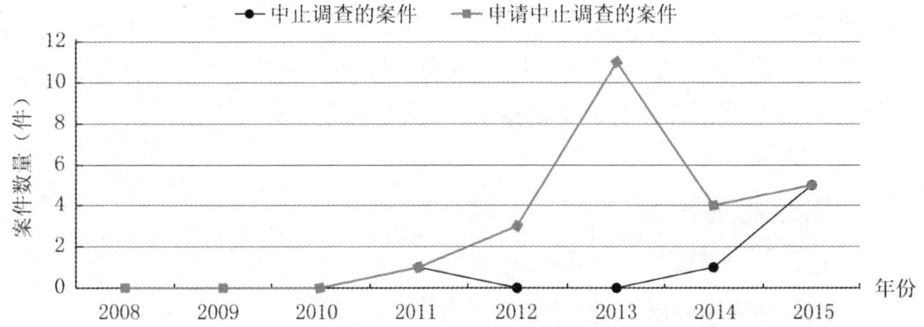

图 2-30 中止调查年度分析

如图 2-30 所示，中止调查申请的案件与决定中止调查案件的数量均呈现上升趋势，这说明无论是执法机关还是案件当事人都开始重视中止调查制度。在执法过程中，被调查的当事人应积极配合调查活动，及时审视自身的垄断违法风险并采取相应措施，积极运用中止调查申请制度，尽量减少损失，因一旦进入正式的执法程序，不仅调查活动耗时久可能影响企业正常运营，且处罚标准亦越来越严格，处罚力度也会考察当事人的配合程度。

同时，需要反思的是，目前反垄断法中对中止调查制度的适用条件规定过于宽泛，是否适用中止调查很大程度上取决于反垄断执法机构的自由裁量。在 7 件中止调查的案件中，有 5 件当事人均具有国资背景的电信企业，虽然在公布的中止调查决定书中，工商行政管理机关对违法的性质、程度和持续时间以及承诺的相应措施能否消除或挽回影响均进行了充分阐述，但这仍建立在工商行政管理机关自由裁量的基础之上，没有具体的评估标准。中止调查制度的不确定性不仅不利于执法机构决定是否采用该制度，同时不利于受调查的行政相对人行使其合法权利。[1]

在企业遭遇反垄断调查时，经常存在是否需要申请中止调查的矛盾心理，

[1] 2016 年 2 月 2 日，国家发改委价监局根据国家反垄断委员会的工作计划，公布了《反垄断案件经营者承诺指南》（征求意见稿）和《横向垄断协议案件宽大制度适用指南》（征求意见稿）。

因为申请中止调查必须以承认违法行为为前提，而提交了中止调查申请后，执法机关不采纳中止调查申请，反而导致自身不利。执法机关已经意识到存在的问题，已经公布的《反垄断案件经营者承诺指南》（征求意见稿）第2条规定，执法机构对涉嫌垄断行为调查核实后，认为构成垄断行为的，应当依法作出处理决定，不再接受经营者提出的承诺。对于固定或者变更商品价格、限制商品生产或者销售数量、分割销售市场或者原材料采购市场的横向垄断协议案件，执法机构不应接受经营者提出的承诺，实施中止调查。第17条规定：执法机构恢复调查后，不再接受经营者的承诺申请。但是，依据《反垄断法》第45条第3款第（2）项恢复调查的，执法机构可以基于新的事实接受经营者的申请。期待《反垄断案件经营者承诺指南》尽快早日公布并实施。

2.14 法定考量因素

2.14.1 适用法定考量因素比例

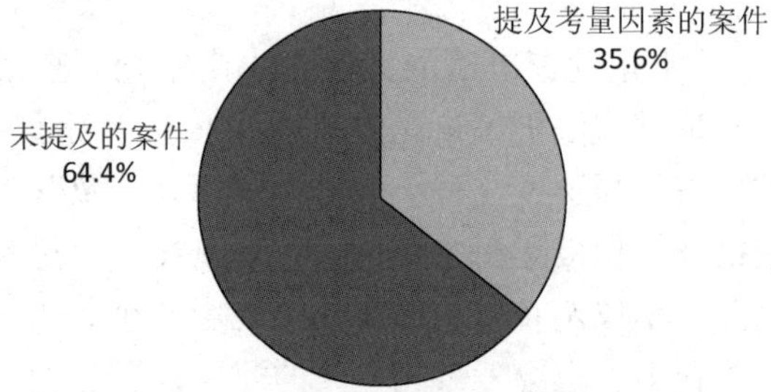

图2-31 提及法定考量因素案件分析

如图2-31所示，101件案件中提及法定考量因素的66件，占64.4%；未提及的36件，占35.6%。

我国《行政处罚法》第27条规定：“当事人有下列情形之一的，应当依法从轻或者减轻行政处罚：（1）主动消除或者减轻违法行为危害后果的；（2）受他人胁迫有违法行为的；（3）配合行政机关查处违法行为有立功表现的；（4）其他依法从轻或者减轻行政处罚的。违法行为轻微并及时纠正，没有造成危害后果的，不予行政处罚。”《反垄断法》第49条规定：“对本法第46条、第47条、第48条规定的罚款，反垄断执法机构确定具体罚款数额时，应当考虑违法行为的性质、程度和持续的时间等因素。”《工商行政管理机关禁止垄断协议行为的规定》第10条第3款规定：“工商行政管理机关确定具体罚款数额时，应当考虑违法行为的性质、情节、程度、持续时间等因素”。

2.14.2 法定考量因素类型

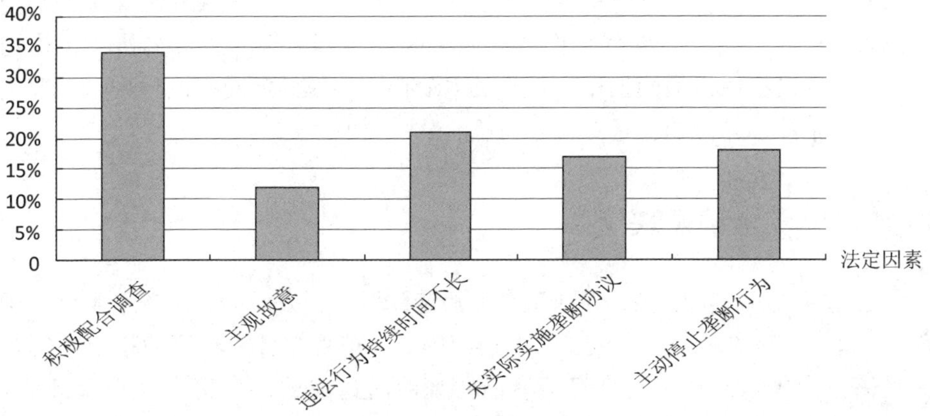

图 2-32 法定考量因素分析

如图 2-32 所示，在 101 件行政处罚决定书，对法定因素的考量频率分别为：“积极配合调查”出现的频率最高，为 35 件，占 34.7%；提及“违法行为持续时间不长”的案件 21 件，占 20.85%；提及“主动停止垄断行为”案件 18 件，占 17.8%；提及“未实际实施垄断协议”的案件 18 件，占 17.8%；提及“主观故意”案件 12 件，占 11.9%。❶

违法行为的性质（是否主观故意）、程度（是否实际实施）、持续的时间仅为执法机关在确定处罚比例时的基础型考量因素，执法机关最为注重的是当事人配合调查的程度及整改的主动性与有效性。但在行政处罚决定书中，对于当事人如何“积极配合调查”均没有具体的陈述和说明，如何认定“配合”与否并没有明确的标准。从执法实践来看，“积极配合调查”取决于执法人员的直观感受，并且当事人的配合程度对处罚比例的影响如此之大也主要是因为其为执法机构的工作提供了便利。部分案件中尽管当事人存在主观故意，违法行为持续时间较长，但因为其积极配合调查，就可能受到较低程度的处罚（如麻阳苗族自治县页岩砖垄断案）。

目前，在执法实践过程中，对“配合程度”“主动报告”“重要证据”这三项对处罚比例有重大影响的因素，反垄断执法机构均未提出具体的认定标

❶ 《行政处罚法》第 27 条，《反垄断法》第 49 条，《工商行政管理机关禁止垄断协议行为的规定》第 10 条。

准，这给予了执法人员很大的自由裁量权。2015 年 9 月 18 日，安徽省工商局对信雅达系统工程股份有限公司下达行政处罚决定书，由于信雅达公司在安徽省工商局查处垄断案件中不履行配合调查的法律义务，决定对其处以 20 万元的罚款。这是工商行政管理机关首起依据反垄断法对当事人或利害关系人不配合调查作出的行政处罚案件。作为受调查的当事人来说，积极与执法机构沟通，尽力协助执法机关的工作，必要时主动整改，尽早提交整改报告，采取整改措施，消除不良影响，是对自身利益的最好维护。

2.15 豁免申请及决定

《反垄断法》第 15 条是关于豁免的规定，但由于太原则，实务中不便于操作。《国务院反垄断委员会关于垄断协议豁免一般性条件和程序的指南（征求意见稿）》规定，豁免是指经营者能够证明所达成的协议符合《反垄断法》第 15 条规定[1]，从而不适用第 13 条、第 14 条规定的情形。豁免申请，是指反垄断执法机构对涉嫌达成或者实施垄断协议的行为进行调查后，在反垄断执法机构作出决定前，经营者或者行业协会依据《反垄断法》相关规定，向反垄断执法机构申请豁免。依据《工商行政管理机关查处垄断协议、滥用市场支配地位案件程序规定》第 21 条，经营者能够证明所达成的协议符合《反垄断法》第 15 条规定情形的，工商行政管理机关可以对有关行为予以豁免。

2.15.1 豁免申请

如图 2-33 所示，101 件案件中，有 67 件案件的当事人提出了豁免申请，占比 66.3%；未提出豁免申请的案件 34 件，占比 33.7%。

---

[1] 《反垄断法》第 15 条规定："经营者能够证明所达成的协议属于下列情形之一的，不适用本法第 13 条、第 14 条的规定：

（1）为改进技术、研究开发新产品的；

（2）为提高产品质量、降低成本、增进效率，统一产品规格、标准或者实行专业化分工的；

（3）为提高中小经营者经营效率，增强中小经营者竞争力的；

（4）为实现节约能源、保护环境、救灾救助等社会公共利益的；

（5）因经济不景气，为缓解销售量严重下降或者生产明显过剩的；

（6）为保障对外贸易和对外经济合作中的正当利益的；

（7）法律和国务院规定的其他情形。

属于前款第 1 项至第 5 项情形，不适用本法第 13 条、第 14 条规定的，经营者还应当证明所达成的协议不会严重限制相关市场的竞争，并且能够使消费者分享由此产生的利益。"

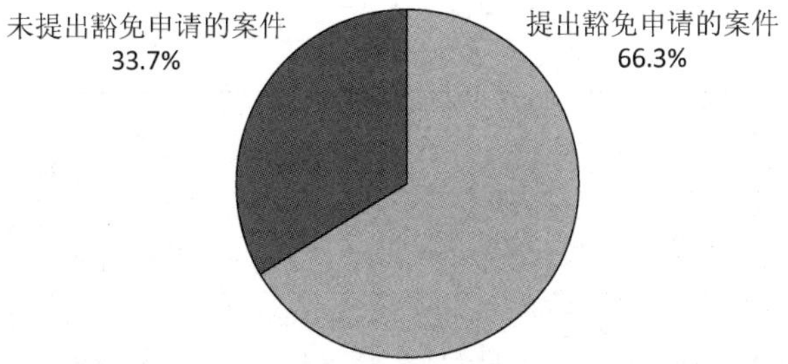

图 2-33　工商反垄断行政处罚案件中豁免申请情况

多数当事人能够依据法律的规定提出豁免申请，但由于豁免条件比较原则，实务中豁免决定的成功率不高。

2.15.2　豁免决定

表 2-14　工商反垄断行政处罚案件豁免决定情况

竞争执法公告号	案件名称	豁免决定
2013 年第 1 号	江苏省连云港市建筑材料和建筑机械行业协会混凝土委员会组织本行业经营者从事垄断协议案	不属于《反垄断法》第 15 条第 1 款所列情形，不应得到豁免
2013 年第 3 号	河南省安阳市旧机动车经营者从事垄断协议案	不属于《反垄断法》第 15 条第 1 款第（3）项规定情形，不应得到豁免
2013 年第 4 号	辽宁省建筑材料工业协会组织本行业经营者从事垄断协议案	不符合《反垄断法》第 15 条第 2 款所规定的豁免制度的前提条件，不应得到豁免
2013 年第 5 号	湖南省永州市保险行业协会组织本行业经营者从事垄断协议案	不符合《反垄断法》第 15 条第 2 款所规定的豁免制度的前提条件，不应得到豁免
2013 年第 6 号	湖南省张家界市保险行业协会组织本行业经营者从事垄断协议案	不属于《反垄断法》第 15 条第 1 款所列情形，不应得到豁免
2013 年第 7 号	湖南省常德市保险行业协会组织本行业经营者从事垄断协议案	不符合《反垄断法》第 15 条第 2 款所规定的豁免制度的前提条件，不应得到豁免
2013 年第 8 号	湖南省郴州市保险行业协会组织本行业经营者从事垄断协议案	不符合《反垄断法》第 15 条第 2 款所规定的豁免制度的前提条件，不应得到豁免
2013 年第 9 号	浙江省江山市混凝土经营者从事垄断协议案	不属于《反垄断法》第 15 条第 1 款所列情形，不应得到豁免

续表

竞争执法公告号	案件名称	豁免决定
2013 年第 10 号	浙江省慈溪市建设工程检测协会组织本行业经营者从事垄断协议案	不属于《反垄断法》第 15 条第 1 款所列情形，不应得到豁免
2014 年第 20 号	浙江省上虞市商品混凝土协会及会员单位垄断协议案	不属于《反垄断法》第 15 条第 1 款所列情形，不应得到豁免
2015 年第 3 号	湖南省麻阳苗族自治县页岩砖经营者垄断案	不符合《反垄断法》第 15 条第 2 款所规定的豁免制度的前提条件，不应得到豁免
2015 年第 11 号	广州市番禺动漫游艺行业协会垄断协议案	不属于《反垄断法》第 15 条第 1 款所列情形，不应得到豁免

如表 2-14 所示，12 件竞争执法公告共计 67 名案件当事人提出了豁免申请，但尚未出现一例依据《反垄断法》第 15 条得到工商行政管理部门豁免决定的案件。

在辽宁省建筑材料工业协会组织本行业经营者从事垄断协议案中，行业协会提出了豁免申请，其认为“冬季停产检修是控制产能过剩，节约能源，保证产品质量的一项措施”，然而，执法机构认为该理由不能作为其行为违法豁免的理由，并对此进行了较为详细的论述。执法机构认为，根据证据显示，签约企业的协议停产行为已经造成水泥成品市场和水泥熟料市场竞争机制的严重破坏，并且引起水泥产业链条上的生产成本大幅度提升，相关产品价格明显上涨，相关企业难以维持，同时客观上推动了建筑及相关行业成本的提高，最终损害消费者利益等影响，这与豁免制度适用所要求的前提条件不符。为此，辽宁省工商行政管理局决定给予协会罚款 10 万元的行政处罚。由于工商总局公布了处罚决定书，对其不予以豁免的理由阐述得有理有据，能解决公众不给予宽大原因的疑问。❶

2.16 宽大制度适用

如图 2-34 所示，101 件案件中仅 1 件适用宽大制度中的免除处罚，即湖南省永州市双园建材有限责任公司从事垄断协议行政处罚案。减轻处罚的案件 0 件，从轻处罚的案件 15 件，未适用宽大制度的案件 85 件。❷

❶ 北京市律协竞争与反垄断法律事务专业委员会编：《2013 年竞争法年度报告》。

❷ 《反垄断法》第 46 条、《工商行政管理机关禁止垄断协议行为的规定》第 11 条。

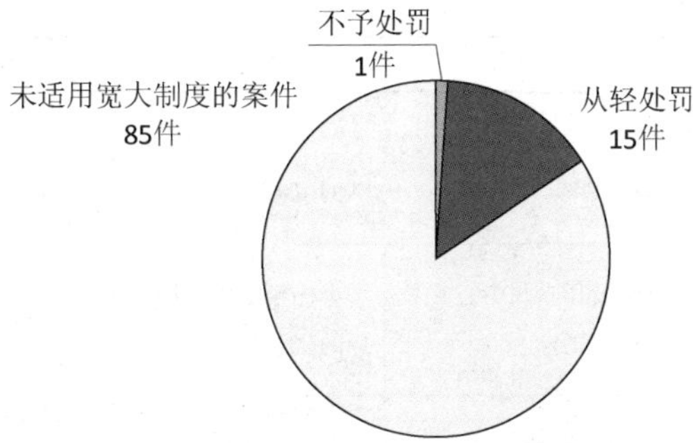

图 2-34　宽大制度适用情况

湖南省永州市双园建材有限责任公司从事垄断协议行政处罚案是工商反垄断行政处罚案件中唯一一件适用了宽大制度的案件，该案当事人永州市双园建材有限责任公司不仅在工商局立案之前主动提供《合伙协议》复印件，对工商行政管理局深挖案件线索、争取工商总局授权立案查处，起到了关键性作用，而且在立案后第一个主动报告所达成垄断协议的有关情况、提供重要证据并全面主动配合调查，对于查清案情起到了关键性作用，最终被免除处罚。[1]

从轻处罚的 15 件垄断案件中（见表 2-15），工商行政管理部门均对当事人仅处以上一年度相关销售额 1%的罚款。

表 2-15　从轻处罚案件

序号	案件名称	罚款比例	从轻处罚理由
1	江苏省连云港新电混凝土有限公司参与达成并实施分割销售试产的垄断协议行政处罚案	上一年度相关销售额的 1%	积极配合调查，及时中止违法行为
2	江苏省连云港苏锦混凝土制品有限公司参与达成并实施分割销售试产的垄断协议行政处罚案	上一年度相关销售额的 1%	积极配合调查，及时中止违法行为
3	江苏省连云港东盛商品混凝土有限公司参与达成并实施分割销售试产的垄断协议行政处罚案	上一年度相关销售额的 1%	积极配合调查，及时中止违法行为
4	江苏省连云港中港混凝土有限公司参与达成并实施分割销售试产的垄断协议行政处罚案	上一年度相关销售额的 1%	积极配合调查，及时中止违法行为
5	江苏省连云港润丰混凝土有限公司参与达成并实施分割销售试产的垄断协议行政处罚案	上一年度相关销售额的 1%	积极配合调查，及时中止违法行为
6	中国人民财产保险股份有限公司永州市分公司参与永州市保险行业垄断协议案	上一年度相关销售额的 1%	违法行为持续时间不长，及时终止违法行为，积极配合调查

[1] 参见湘工商竞处字〔2015〕5 号。

续表

序号	案件名称	罚款比例	从轻处罚理由
7	中国平安财产保险股份有限公司永州中心支公司参与永州市保险行业垄断协议案	上一年度相关销售额的 1%	违法行为持续时间不长，及时终止违法行为，积极配合调查
8	中华联合财产保险股份有限公司永州中心支公司参与永州市保险行业垄断协议案	上一年度相关销售额的 1%	违法行为持续时间不长，及时终止违法行为，积极配合调查
9	中国太平洋财产保险股份有限公司永州中心支公司参与永州市保险行业垄断协议案	上一年度相关销售额的 1%	违法行为持续时间不长，及时终止违法行为，积极配合调查
10	中国人寿财产保险股份有限公司永州市中心支公司参与永州市保险行业垄断协议案	上一年度相关销售额的 1%	违法行为持续时间不长，及时终止违法行为，积极配合调查
11	中国大地财产保险股份有限公司永州中心支公司参与永州市保险行业垄断协议案	上一年度相关销售额的 1%	违法行为持续时间不长，及时终止违法行为，积极配合调查
12	阳光财产保险股份有限公司永州中心支公司参与永州市保险行业垄断协议案	上一年度相关销售额的 1%	违法行为持续时间不长，及时终止违法行为，积极配合调查
13	天安财产保险股份有限公司永州中心支公司参与永州市保险行业垄断协议案	上一年度相关销售额的 1%	违法行为持续时间不长，及时终止违法行为，积极配合调查
14	安邦财产保险股份有限公司永州中心支公司参与永州市保险行业垄断协议案	上一年度相关销售额的 1%	违法行为持续时间不长，及时终止违法行为，积极配合调查
15	华安财产保险股份有限公司永州中心支公司参与永州市保险行业垄断协议案	上一年度相关销售额的 1%	违法行为持续时间不长，及时终止违法行为，积极配合调查

为解决宽大制度在执法中保持标准统一的问题，发改委 2016 年 2 月 2 日公布了《横向垄断协议案件宽大制度适用指南》（征求意见稿），提出了给经营者宽大的额度，应当与经营者协助执法机构查处垄断协议案件的贡献程度相匹配的原则。除了对反垄断法已有的条款作出必要细化和明确外，还根据反垄断法的立法精神和执法的实际情况，并参考国外部分国家和地区的相关指南性文件，补充了部分更具操作性的内容。

2.17　行政处罚听证

《行政处罚法》第 42 条第 1 款中规定："行政机关作出责令停产停业、吊销许可证或者执照、较大数额罚款等行政处罚决定之前，应当告知当事人有要求举行听证的权利；当事人要求听证的，行政机关应当组织听证。"《工商行政管理机关行政处罚案件听证规则》第 6 条规定："工商行政管理机关作出下列行政处罚决定之前，应当告知当事人有要求举行听证的权利：（1）责令停业整顿、责令停止营业、责令停止广告业务等；（2）吊销、收缴或者扣缴营业执照、吊销广告经营许可证、撤销商标注册、撤销特殊标志登记等；（3）对公民处以 3000 元、对法人或者其他组织处以 3 万元以上罚款；（4）对公民、法人或者其他组织作出没收违法所得和非法财物达到第（3）项所列数额的行政处罚。各省、自治区、直辖市人大常委会或者人民政府对前款第（3）项、第（4）项所列罚没数额有具体规定的，从其规定。"由于反垄断案件的行政处罚数额一般都较大，因此工商行政机关在行政处罚决定作出前，均会向当事人下达听证告知书，由当事人自由决定是否进行陈述、申辩或是要求听证。

2.17.1　听证申请

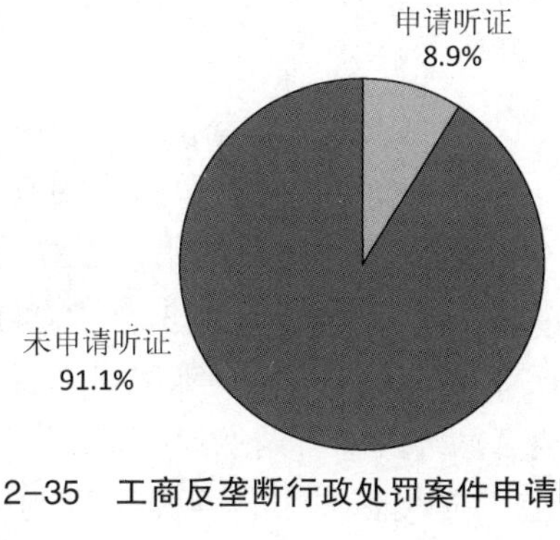

图 2-35　工商反垄断行政处罚案件申请听证案件占比

如图 2-35 所示，101 件案件中，仅 9 件案件当事人申请听证，占 8.9%。91.1%案件的当事人没有申请听证。

这说明当事人对听证程序不重视，一是听证大多在于形式，未产生实质作用；二是当事人认为听证无实质意义，听不听证其处罚结果可能一样。

当事人申请听证的，一是时间要在规定的时间内提出；二是要求用书面方式提出；三是需要专业人士提供专业的帮助；四是需要组织相关证据和法律法规，而不是仅提出听证申请即可；五是听证前作好听证庭前准备工作，归纳争议焦点，复杂疑难案件借助图表和 PPT 做好归纳、总结、分析。

2.17.2 听证申请撤回

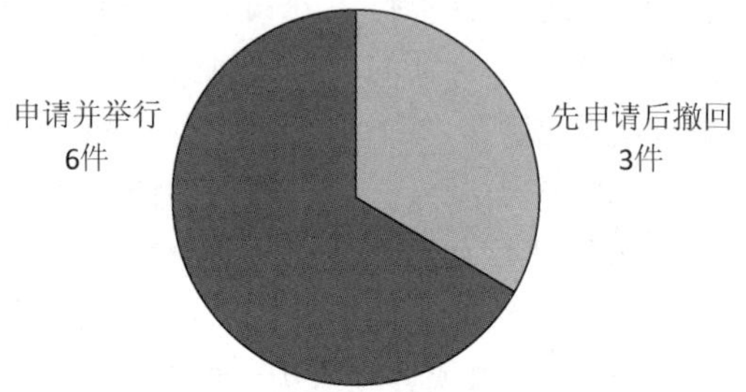

图 2–36 工商反垄断行政处罚案件听证申请分析

如图 2–36 所示，9 件申请听证案件中，仅 3 件案件当事人撤回了听证申请，但当事人随即递交了陈述、申辩意见；最终真正举行听证的案件仅 6 件。

申请听证随后又撤回听证申请，一方面是当事人怕得罪执法机关的传统思想作祟；另一方面也不排除当事人对违法行为已经自认，认为即使听证也不会改变结果，故放弃听证程序。需要说明的是，当事人撤回听证申请后也多会采取递交书面陈述、申辩意见的方式来请求执法机关从轻或减轻处罚。但两者作用和意义明显不同。

西方听证制度设立的本意在于通过合理适当和公平透明的程序设计，保证公权力对民意的开放性和回应性，从而实现对行政权力的有效规制。任何参与裁判争端的个人或机构，都不应只听取一方的说明，也要听取另一方的陈述。在未听取另一方陈述的情况下，不得对其实行惩罚。[1] 然而在工商反垄断行政处罚中，当事人更多地选择直接向执法部门提交陈述申辩意见书，而放弃行使看似更为公平的听证权利，笔者认为主要有两点原因。

现行的听证制度并不一定比提交陈述申辩意见更有利于维护当事人的权益，但当事人在听证过程中提交的陈述申辩内容与单纯提交的陈述申辩意见书的内容是一致的。我国行政听证中有一大缺陷就是行政听证程序主持人缺乏独立法律地位。《行政处罚法》第 42 条第 1 款第（4）项规定，听证由行政机关指定的非本案调查人员主持；当事人认为主持人与本案有直接利害关系的，有权申请回避。在实际操作过程中，行政听证主持人是由作出行政决定的行政机

[1] 唐笑. 我国行政听证制度的现状分析及其完善研究［J］. 法制与社会，2011（9）（下）：140.

关委派的本行政机关工作人员，其升迁发展、工资待遇完全由该行政机关掌握。行政听证主持人身份不独立，具有严重的依附性，从而使其在行政听证活动中可能只考虑到相关行政机关的利益，从而使行政听证名存实亡。行政听证主持人的公正性、客观性存疑。

当行使听证权利不一定对当事人更为有利时，还需考虑的就是听证的成本问题。尽管举行听证的费用由执法部门承担，但在听证过程中当事人可能需要委托专业的代理人如律师等，还有搜集提交证据等方面的金钱与时间成本。而提交陈述申辩意见书的成本相比则要低得多。并且举行听证不但会增加当事人的负担，还会增加执法部门的工作量，不申请听证仅提交陈述申辩意见书反而更能给执法部门一个积极配合调查的印象。如前文所述，在工商行政管理部门的反垄断执法过程中，"积极配合调查"是工商行政管理部门最为重视的法定考量因素，这对于当事人最终受处罚程度的高低有较大影响。因而在反垄断行政处罚案件中，当事人会更倾向于不行使听证权利而行使陈述、申辩权利。

表 2-16　工商反垄断行政处罚中申请听证案件

序号	案　名	听证结果
1	辽宁昌庆水泥有限公司从事垄断协议案	未采纳其陈述、申辩理由
2	辽宁恒威水泥集团有限公司从事垄断协议案	未采纳其陈述、申辩理由
3	辽阳天瑞水泥有限公司从事垄断协议案	未采纳其陈述、申辩理由
4	铁岭铁新水泥有限公司从事垄断协议案	未采纳其陈述、申辩理由
5	江苏徐州市烟草公司邳州分公司滥用市场支配地位案	未采纳其陈述、申辩理由
6	信雅达系统工程股份有限公司拒绝配合反垄断调查工作行政处罚案	未采纳其陈述、申辩理由

2.18　行政授权执法

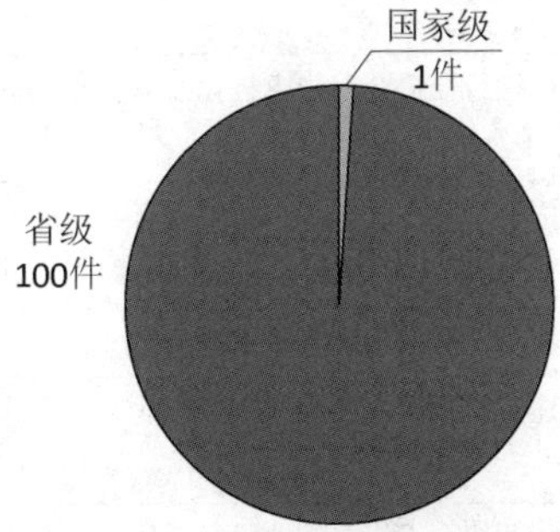

图 2-37　工商反垄断行政处罚行政授权情况分析

如图 2-37 所示，101 件案件中，工商总局仅处罚 1 件，为北京盛开体育发展有限公司垄断案（整改情况委托天津市工商局进行监督），其他均为授权省级工商行政管理机关执法，省级工商行政管理局经授权行政处罚 100 件，占 99%。

根据《工商行政管理机关查处垄断协议、滥用市场支配地位案件程序规定》中所明确的“总局统一负责”、对省级工商部门“个案授权”的制度，随着反垄断案件的增多和市场监督管理的难度加大，授权省级工商行政管理机关执法会成为一种常态，但授权行政处罚难免会存在地方保护主义（被处罚者往往为当地或行业中具有一定影响力、较大规模的经营者）、执法机关执法经验不足、法律理解不透等因素影响行政执法效果。同时立案和调查期限明显过长。

2.19 行政处罚公开

表 2-17 工商反垄断执法案件处罚日期与公告日期

竞争执法公告号	案件名称	处罚日期	公告日期
2013 年第 1 号	江苏省连云港市建筑材料和建筑机械行业协会混凝土委员会组织本行业经营者从事垄断协议案	2010. 8. 31	2013. 7. 29
2013 年第 2 号	江西省泰和县液化石油气经营者从事垄断协议案	2011. 4. 1	2013. 7. 29
2013 年第 3 号	河南省安阳市旧机动车经营者从事垄断协议案	2012. 1. 4	2013. 7. 29
2013 年第 4 号	辽宁省建筑材料工业协会组织本行业经营者从事垄断协议案	2012. 3~2012. 6	2013. 7. 29
2013 年第 5 号	湖南省永州市保险行业协会组织本行业经营者从事垄断协议案	2013. 11. 4	2013. 7. 29
2013 年第 6 号	湖南省张家界市保险行业协会组织本行业经营者从事垄断协议案	2012. 12. 3	2013. 7. 29
2013 年第 7 号	湖南省常德市保险行业协会组织本行业经营者从事垄断协议案	2012. 12. 3	2013. 7. 29
2013 年第 8 号	湖南省郴州市保险行业协会组织本行业经营者从事垄断协议案	2012. 12. 3	2013. 7. 29
2013 年第 9 号	浙江省江山市混凝土经营者从事垄断协议案	2012. 12. 14	2013. 7. 29
2013 年第 10 号	浙江省慈溪市建设工程检测协会组织本行业经营者从事垄断协议案	2013. 3. 14	2013. 7. 29
2013 年第 11 号	四川省宜宾市砖瓦协会组织本行业经营者从事垄断协议案	2013. 3	2013. 7. 29

续表

竞争执法公告号	案件名称	处罚日期	公告日期
2013 年第 12 号	云南省西双版纳州旅游协会	2013. 4. 7	2013. 7. 29
2014 年第 13 号	广东惠州大亚湾溢源净水有限公司滥用市场支配地位案	2013. 12. 16	2014. 1. 6
2014 年第 14 号	北京盛开体育发展有限公司垄断中止调查案	2014. 6. 3	2014. 6. 11
2014 年第 15 号	内蒙古自治区赤峰中心城区烟花爆竹批发企业实施垄断行为案	2014. 5. 27	2014. 7. 24
2014 年第 16 号	内蒙古自治区烟草公司赤峰市公司滥用市场支配地位案	2014. 7. 4	2014. 7. 30
2014 年第 17 号	重庆巫溪县东翰采石场等四家采石场垄断协议案	2014. 8. 18	2014. 10. 31
2014 年第 18 号	江苏徐州市烟草公司邳州分公司滥用市场支配地位案	2014. 9. 29	2014. 10. 31
2014 年第 19 号	重庆燃气集团股份有限公司垄断行为案	2014. 4. 28	2014. 11. 21
2014 年第 20 号	上虞市商品混凝土协会及会员单位垄断协议案	2014. 9. 5	2014. 12. 1
2015 年第 1 号	北京盛开体育发展有限公司垄断行为终止调查案	2015. 1. 12	2015. 1. 12
2015 年第 2 号	海南省东方市自来水公司垄断案	2015. 1. 9	2015. 2. 12
2015 年第 3 号	麻阳苗族自治县页岩砖经营者垄断案	2014. 12～2015. 1	2015. 4. 29
2015 年第 4 号	中国铁通集团有限公司宁夏分公司垄断案	2015. 5. 14	2015. 5. 27
2015 年第 5 号	中国联合网络通信有限公司宁夏回族自治区分公司垄断案	2015. 5. 14	2015. 5. 27
2015 年第 6 号	中国电信股份有限公司宁夏分公司垄断案	2015. 5. 14	2015. 5. 27
2015 年第 7 号	辽宁省烟草公司抚顺市公司滥用市场支配地位案	2015. 6. 1	2015. 8. 12
2015 年第 8 号	中国移动通信集团内蒙古有限公司垄断行为案	2015. 9. 1	2015. 9. 14
2015 年第 9 号	信雅达系统工程股份有限公司拒绝配合调查行政处罚案	2015. 9. 18	2015. 11. 5
2015 年第 10 号	中国联合网络通信有限公司内蒙古自治区分公司垄断案	2015. 10. 28	2015. 10. 30
2015 年第 11 号	广州市番禺动漫游艺行业协会垄断协议案	2015. 7. 9	2015. 12. 8
2015 年第 12 号	重庆青阳药业有限公司涉嫌滥用市场支配地位拒绝交易案	2015. 10. 28	2015. 12. 22
2015 年第 13 号	中国太平洋人寿保险股份有限公司湖北分公司等 12 家保险公司垄断协议案	2015. 6. 3	2015. 12. 29
2015 年第 14 号	永州奥都混凝土有限公司等 7 家公司垄断协议案	2015. 11. 3	2015. 12. 29
2016 年第 1 号	中国人寿、泰康人寿等保险公司江西分公司达成实施垄断协议案	2015. 12. 28	2016. 2. 3

如表 2-17 所示，截至 2015 年 12 月 31 日止，工商行政管理机关反垄断行政处罚 101 件[1]案件处罚决定书全部公开。其中，2013 年 7 月 29 日一次性公开 2013 年 4 月以前的 12 起案件（以竞争执法公告号计算），距 2010 年 8 月 31 日

[1] 中国人寿、泰康人寿等保险公司江西分公司达成实施垄断协议案，因为公告时间为 2016 年，故尽管属于 2015 年结案的案件，但仍然未统计入本次报告中。

工商部门第一次作出反垄断行政处罚决定（江苏省连云港市建筑材料和建筑机械行业协会混凝土委员会组织本行业经营者从事垄断协议案）间隔时间近3年；从作出决定到公开文书间隔时间最短的案件是北京盛开体育发展有限公司垄断行为终止调查案，该案工商总局于2015年1月12日作出终止调查决定，当日即公告。

2013年7月29日，工商总局“反垄断案件公布平台”建立并一次性公布了2008年《反垄断法》实施以来工商部门查处审结的12件垄断案件，自2010年查处的第一案——江苏省连云港市建筑材料和建筑机械行业协会混凝土委员会组织本行业经营者从事垄断协议案始，依次、统一、规范地公布了所有已结案件。工商总局在反垄断执法的政府信息公开上前进了一大步，使《反垄断法》第44条的规定进一步落到实处。未决案件也通过新闻发布会和有关官网信息进行了公开。

自2014年以来，工商总局均是在反垄断行政执法决定书下达的3个月内就发布竞争执法公告，公布执法决定书全文，与以往通过召开新闻发布会披露反垄断案件执法情况的形式相比，大大提高了政府执法的透明度与政府信息公开的效率。

工商总局对行政处罚决定书的全文公布不仅体现了政府执法的自信，也增加了行政执法的公信力，可以在事实上进一步推动反垄断的实施，为传播竞争文化提供了基础性和非常重要的内容。通过上述分析，不难看出工商行政管理机关对反垄断案件违法必究、执法必严的决心，反垄断行政处罚案件的天价罚单亦不再罕见。执法机关在开出巨额罚单的同时，也要保证自身的执法公信力，公开行政执法决定书更是为了让每一个执法决定都经得起公众的监督与考验。

《反垄断法》第44条规定：“反垄断执法机构对涉嫌垄断行为调查核实后，认为构成垄断行为的，应当依法作出处理决定，并可以向社会公布。”《行政处罚法》没有规定行政处罚是否公开。《企业信息公示暂行条例》第7条要求行政处罚信息应当公开。[1] 作为工商部门反垄断行政执法重要依据的《工商行政管理机关查处垄断协议、滥用市场支配地位案件程序规定》仅在第25条明确，工商行政管理机关对依法查处的垄断案件，可以向社会公布。使用的仍然为

[1] 《企业信息公示暂行条例》第7条规定：“工商行政管理部门以外的其他政府部门（以下简称其他政府部门）应当公示其在履行职责过程中产生的下列企业信息：（1）行政许可准予、变更、延续信息；（2）行政处罚信息；（3）其他依法应当公示的信息。其他政府部门可以通过企业信用信息公示系统，也可以通过其他系统公示前款规定的企业信息。工商行政管理部门和其他政府部门应当按照国家社会信用信息平台建设的总体要求，实现企业信息的互联共享。”

“可以”。2014 年 8 月 19 日，工商总局第 71 号公布了《工商行政管理行政处罚信息公示暂行规定》，自 2014 年 10 月 1 日起与《企业信息公示暂行条例》同步施行。《工商行政管理行政处罚信息公示暂行规定》共 22 条，对工商行政管理行政处罚信息公示的原则、范围、内容、程序、监督保障等进行了规定，要求工商行政管理部门将适用一般程序作出行政处罚决定的相关信息向社会进行公示。《工商行政管理行政处罚信息公示暂行规定》的公布、施行将进一步转变市场监管方式，强化市场主体信用监管，促进企业诚信体系建设，推动社会共治，提高执法透明度、规范度和公信力，维护公平竞争的市场秩序。

2.20 行政复议与行政诉讼

笔者分析所搜集的全部行政处罚决定书，尚未发现对行政处罚决定书提起行政复议或行政诉讼的案件。

2.21 主要行业垄断分析

2.21.1 公用企业

垄断是市场主体在经济活动中排除或者限制竞争者的状态或行为，垄断可以区分为经济垄断、行政垄断和自然垄断。自然垄断行业主要指由于成本弱增性而导致独家垄断市场结构的经济部门，即俗称的公用企业。[1]

自然垄断是由产品特性决定的，其内在根据是规模经济原理。规模经济是指在一定的产出范围内，生产函数呈规模报酬递增状态，企业的规模越大，单位产品的成本就越低，由一个企业大规模生产要比几个小规模企业同时生产更有效率；而自然垄断是指一个企业生产一定数量产品的总成本，要比两个或者两个以上的企业共同生产同样数量产品的总成本低。

公用企业的产品、服务往往要通过有线或无线电、管道、公路、铁道等网络来提供，网络建设耗资费时巨大，同样的网络难以重复建设以开展平行竞争，因而具有自然垄断特性。自然垄断使公用企业处于独占或寡头市场，加上产品和服务的需求弹性小，处于垄断地位的企业便会提高价格以谋取较大的利益，寡头企业则有合谋提价的倾向。因此适用《反垄断法》来规制公用企业的垄断问题以减轻消费者负担就显得十分必要。

[1] 我国《关于禁止公用企业限制竞争行为的若干规定》中将公用企业定义为供水、供电、供热、供气、邮政、电讯、交通运输等公用事业或行业的经营者。

2.21.1.1 限制竞争类型（2005年前）

表2-18 1995~2005.6各类限制竞争案件工商查处情况

案件类型	填答合计（件）	分项合计（件）	1995~1999年（件）	2000~2004年（件）	2005年（1~6月）（件）
公用企业限制竞争案件数	3 914	3 732	456	2 994	282
其他依法具有独占地位经营者限制竞争案件数	1 274	1 238	135	1 033	70
串通招投标案件数	878	878	93	736	49
搭售和附加不合理条件案件数	613	555	82	411	62
行政垄断案件数	335	263	36	209	18
低于成本价销售案件数	188	185	36	135	14
卡特尔协议案件数	15	14	5	7	2

如表2-18所示，自《反不正当竞争法》1993年12月1日实施以来至2005年6月，全国工商行政管理部门依据该法及其他法律、法规查处的垄断案件数量多、类型多样化。[1] 2008年《反垄断法》公布以前，我国主要是通过适用《反不正当竞争法》来规制公用企业限制竞争的行为。

《反垄断法》实施以后，对于构成垄断的行为不得再以《反不正当竞争法》处罚。2016年《反不正当竞争法》（修订草案送审稿）中删除了“公用企业或有独占地位的经营者排挤他人公平竞争”“政府部门滥用行政权力限制公平竞争”“低于成本价倾销”等条款，新增了对具有相对优势地位实施不公平交易行为的规范，与《反垄断法》进行了衔接。

2.21.1.2 公用企业垄断比例

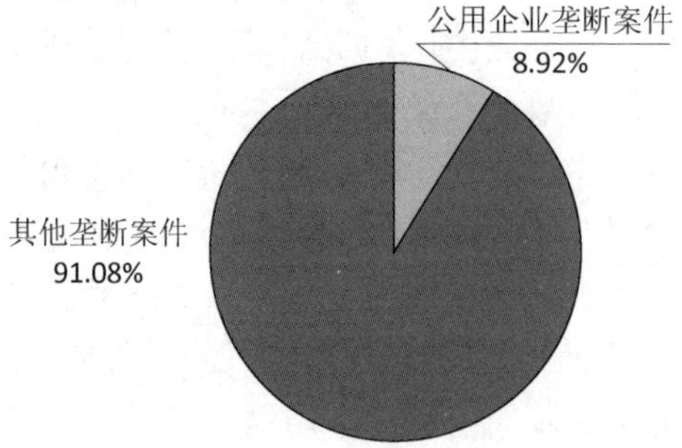

图2-38 2008~2015年公用企业垄断案件工商查处情况

---

[1] 资料来源：国家工商行政管理总局公平交易局，中国社会科学院国际法学研究中心．反垄断典型案例及中国反垄断执法调查［M］．北京：法律出版社，2007：207.

如图 2-38 所示，2008 年《反垄断法》公布以来，101 件工商反垄断行政处罚案件中公用企业垄断案件 9 件，占比 8.92%。受处罚的 9 家公用企业如表 2-19 所示。

工商总局决定自 2016 年 4 月至 10 月在全国范围内开展集中整治公用企业限制竞争和垄断行为专项执法行动，工商行政管理部门今年将以水电气供应、公交、殡葬等行业为重点，着重整治限制交易、滥收费用、搭售、附加不合理交易条件等违法行为。通过专项整治，查处一批扰乱市场竞争秩序、损害经营者和消费者权益的案件，对行业进行规范。在专项行动中，对被查处过的企业，工商部门发现仍存在违法行为的，将依照《反不正当竞争法》《反垄断法》从重处罚。[1]

表 2-19 工商反垄断处罚之公用企业垄断案件一览

序号	案件名称	处罚结果
1	江西省泰和县液化石油气经营者从事垄断协议案	罚款 130 230 元
2	广东省惠州市大亚湾溢源净水有限公司滥用市场支配地位案	罚款 2 363 597.45 元
3	重庆燃气集团股份有限公司垄断行为案	罚款 1 793 588.55 元
4	海南省东方市自来水公司垄断案	罚款 593 208.06 元
5	中国铁通集团有限公司宁夏分公司垄断案	中止调查
6	中国联合网络通信有限公司宁夏回族自治区分公司垄断案	中止调查
7	中国电信股份有限公司宁夏分公司垄断案	中止调查
8	中国移动通信集团内蒙古公司涉嫌滥用市场支配地位案	中止调查
9	中国联合网络通信有限公司内蒙古自治区分公司涉嫌垄断案	中止调查

2.21.2 建筑材料制造业

表 2-20 工商反垄断行政处罚案件中建材行业

竞争执法公告号	案件名称	垄断类型	罚款数额（元）	没收违法所得额（元）
2013 年第 1 号	江苏省连云港市建筑材料和建筑机械行业协会混凝土委员会组织本行业经营者从事垄断协议案	横向垄断	860 953.19	342 018.21

[1] 佘颖．工商总局出拳整治公用企业垄断 水电气、公交、殡葬等领域是重点［N］．经济日报，2016-04-09．具体内容详见《工商总局关于公用企业限制竞争和垄断行为突出问题的公告》（工商竞争字〔2016〕54 号）。

续表

竞争执法公告号	案件名称	垄断类型	罚款数额（元）	没收违法所得额（元）
2013 年第 4 号	辽宁省建筑材料工业协会组织本行业经营者从事垄断协议案	横向垄断	17 752 800	0
2013 年第 9 号	浙江省江山市混凝土经营者从事垄断协议案	横向垄断	1 183 200	0
2013 年第 10 号	浙江省慈溪市建设工程检测协会组织本行业经营者从事垄断协议案	横向垄断	0（终止调查）	0
2013 年第 11 号	四川省宜宾市砖瓦协会组织本行业经营者从事垄断协议案	横向垄断	1 060 000	0
2014 年第 17 号	重庆巫溪县东翰采石场等四家采石场垄断协议案	横向垄断	400 000	0
2014 年第 20 号	上虞市商品混凝土协会及会员单位垄断协议案	横向垄断	1 720 000	0
2015 年第 3 号	麻阳苗族自治县页岩砖经营者垄断案	横向垄断	1 389 400	0
2015 年第 14 号	永州奥都混凝土有限公司等 7 家公司垄断协议案	横向垄断	180 000	0
总计			24 546 353. 19	342 018. 21

如表 2-20 所示，从 2008 年至 2015 年 12 月 31 日，工商行政管理部门共查处建材行业垄断案件 9 起[1]，除浙江省慈溪市建设工程检测协会组织本行业经营者从事垄断协议案得以终止调查，其他建材行业实施垄断行为的经营者受到了严厉处罚，工商行政管理部门对建材行业经营者的反垄断行政处罚罚款数额计24 546 353. 19元，没收违法所得额共计342 018. 21元。案件垄断类型全部为横向垄断，垄断行为一般表现为建材制造企业在行业协会的组织下达成并实施分割销售市场或限制商品数量的垄断协议，意在保障企业的高额利润。

值得注意的是，建材行业的垄断案件多发生在县级市，由于当地市场较小，行业经营者大多需要抱团取暖，因而行业协会的“指导”就变得十分具有权威性，同时行业协会也往往被当地本行业经营者中实力最强的企业掌控，此时行业经营者们就会借由行业协会的名头组织签订各种名为“自律公约”、实为横向垄断的协议。一说起“垄断”二字给人的印象，普通大众往往会直接将其与跨国企业等全球行业巨头联系起来，认为只有这些“高端”行业“大”公司才有能力实施垄断行为，“小”地方“小”企业不会成为反垄断案件的当事人。在建材行业经营者向工商行政管理部门提交的陈述申辩意见书中，他们也往往认为自己实施的并未垄断行为，并未侵害本行业其他经营者参与公平竞

❶ 此处按工商部门竞争执法公告计数，行政处罚分案数共计 55 件。

争的机会，反垄断合规意识十分淡薄，工商行政管理部门的大罚单也是给这些在地方有“大势力”的“小”企业以警惕。

2.21.3 保险业

表 2-21 工商反垄断行政处罚中保险行业

竞争执法公告号	案件名称	垄断类型	罚款数额（元）	没收违法所得额（元）
2013 年第 5 号	湖南省永州市保险行业协会组织本行业经营者从事垄断协议案	横向垄断	1 382 800	0
2013 年第 6 号	湖南省张家界市保险行业协会组织本行业经营者从事垄断协议案	横向垄断	400 000	0
2013 年第 7 号	湖南省常德市保险行业协会组织本行业经营者从事垄断协议案	横向垄断	450 000	0
2013 年第 8 号	湖南省郴州市保险行业协会组织本行业经营者从事垄断协议案	横向垄断	450 000	0
2015 年第 13 号	中国太平洋人寿保险股份有限公司湖北分公司等 12 家保险公司垄断协议案	横向垄断	224 800	4 440 900
总计			2 907 600	4 440 900

如表 2-21 所示，截至 2015 年 12 月 31 日，工商行政管理部门共查处保险行业垄断案件 5 起[1]，罚款数额共计 2 907 600 元，没收违法所得额共计 4 440 900元，案件垄断类型全部为横向垄断。

行业经营者签署的垄断协议所涉保险类别有新车险（湖南省永州市保险行业协会组织本行业经营者从事垄断协议案、湖南省张家界市保险行业协会组织本行业经营者从事垄断协议案、湖南省常德市保险行业协会组织本行业经营者从事垄断协议案、湖南省郴州市保险行业协会组织本行业经营者从事垄断协议案）和人身意外伤害险（中国太平洋人寿保险股份有限公司湖北分公司等 12 家保险公司垄断协议案）。一般来说，保险行业由于有专门的《保险法》约束，其从业人员应更具备法律合规意识，但保险行业的垄断案件频出只能说明现阶段我国《反垄断法》的普法存在严重不足，作为一部仅实施 7 年不到的新法，尚未在市场经济参与者心中引起足够的重视。

---

[1] 此处按工商行政管理部门竞争执法公告计数，行政处罚分案数共计 26 件。

2.21.4 电信服务业

表 2-22 工商反垄断行政处罚案件中电信行业垄断处罚

竞争执法公告号	案件名称	垄断类型	罚款数额（元）	没收违法所得额（元）
2015 年第 4 号	中国铁通集团有限公司宁夏分公司垄断案	滥用市场支配地位	0	0
2015 年第 5 号	中国联合网络通信有限公司宁夏回族自治区分公司垄断案	滥用市场支配地位	0	0
2015 年第 6 号	中国电信股份有限公司宁夏分公司垄断案	滥用市场支配地位	0	0
2015 年第 8 号	中国移动通信集团内蒙古有限公司垄断行案	滥用市场支配地位	0	0
2015 年第 10 号	中国联合网络通信有限公司内蒙古自治区分公司垄断案	滥用市场支配地位	0	0
总计			0	0

如表 2-22 所示，尽管电信行业受到工商反垄断行政执法调查的案件有 5 起，但目前并没有一家电信行业实际受到处罚，均成功申请中止调查。

如前文中公用企业限制竞争分析中所述，由于电信行业的公用性质，加上其长期以来的国企背景，反垄断执法部门一旦对其予以行政处罚，会牵涉多方利益。可以想象表 2-22 中案件当事人的垄断行为其实全国各地的中国移动、中国联通、中国电信的分公司都在实施，若是严格查处，对工商反垄断执法部门而言不仅是工作量成几何级增长，更会牵扯地方甚至中央相关部门，电信行业的反垄断调查可谓是块难啃的硬骨头。

但发改委采取了与工商行政管理部门完全相反的做法。2015 年 6 月 2 日，发改委通报：云南省通信管理局牵头组织四家电信运营商达成协议，对赠送的范围、幅度、频次等进行约定，并通过下发整改通知书等手段强制执行，限制了电信运营商的竞争能力和手段。发改委介入后，云南省通信管理局进行了整改，并停止相关做法，中国移动、电信、联通、铁通四大电信运营商的云南分公司被处以罚款，共计 1 318 万元。[1]

---

[1] 谢振宇. 四大运营商云南抱团垄断被罚千万 “带头大哥”竟是地方通信局［N］. 每日经济新闻，2015-06-04.

第 3 章　发改委反垄断行政执法分析

3.1　行政处罚总数据

表 3-1　发改委查处的垄断案件数量及经济制裁金额

	价格垄断案件数量（件）	经济制裁金额（亿元）
发改委官方公布数据	97	103.97
本次大数据分析统计结果	190	99.83

如表 3-1 所示，自 2008 年《反垄断法》实施以来，截至 2015 年 12 月 31 日，按发改委官方公布消息，发改委共查处价格垄断案件 97 件[1]，实施经济制裁 103.97 亿元。其中，发改委直接查处 29 件，省级价格主管部门查处 68 件；查处垄断协议案件 76 件，滥用市场支配地位案件 13 件，行政垄断案件 8 件。[2]

截至 2015 年 12 月 31 日，本书最终搜集到发改委查处的价格垄断案件 190 件，经济制裁金额共计 99.83 亿元。

复方利血平原料药价格垄断案为发改委适用《反垄断法》查处的第一起价格垄断案，高通公司滥用市场支配地位一案被处以 60.88 亿元，是发改委迄今开具的最大反垄断罚单。

3.2　行政处罚信息公开

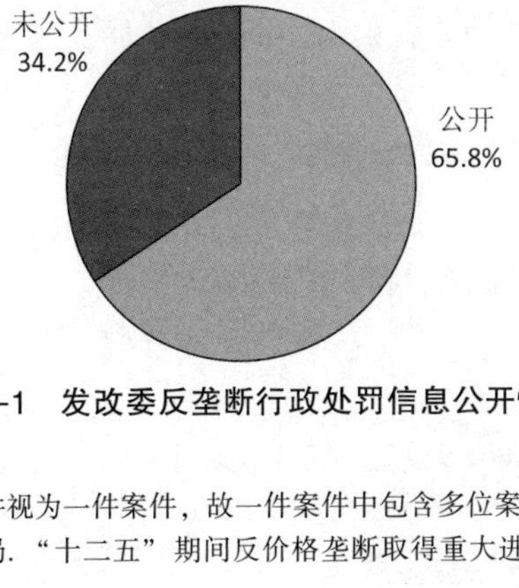

图 3-1　发改委反垄断行政处罚信息公开情况

[1] 发改委查处的系列案件视为一件案件，故一件案件中包含多位案件当事人。

[2] 国家发展改革委价监局. “十二五”期间反价格垄断取得重大进展 [J]. 中国价格监督与反垄断，2016（3）：13.

如图 3-1 所示，本次统计的 190 件发改委反垄断行政处罚案件中，公开行政处罚决定书 125 件（包含地方发改委），占 65.8%；未公开行政处罚决定书 65 件❶，占 34.2%。

前述公开的处罚决定书中部分在省级发改委官方网站上予以公布，且公布文书的位置相当隐蔽，大部分省级发改委官方网站都未建立专门的反垄断执法文书公开平台，发改委的公开平台上公开的案件也仅限于典型案件，案件公布平台建设与工商总局的“反垄断案件公布平台”比较有一定差距，而发改委的价格垄断执法力度又相当大，开出的罚单亦每每引起公众瞩目，因此，在执法透明度和公开方面需要改进。

当然，发改委通过新闻发布、网络发布、通气会等方式公开案件也是一种公开方式，但与行政处罚决定书公开效果完全不相同，处罚决定书可以完整反映行政处罚过程和结果，以及如何处罚、如何对公众关心的焦点问题进行解释等，比任何学者或代表通过新闻、文章解答效果明显。

《反垄断法》第 44 条规定：反垄断执法机构对涉嫌垄断行为调查核实后，认为构成垄断行为的，应当依法作出处理决定，并可以向社会公布。《价格法》和《行政处罚法》没有规定价格行政处罚或行政处罚是否可以公开。《反价格垄断行政执法程序规定》第 12 条规定，政府价格主管部门对涉嫌价格垄断行为调查核实后，认为构成价格垄断行为的，应当依法作出处理决定，并可以向社会公布。《价格行政处罚程序规定》第 50 条规定，任何单位和个人有价格违法行为，情节严重，拒不改正的，价格主管部门除依法给予行政处罚外，可以公告其价格违法行为，直至其改正。《企业信息公示暂行条例》第 7 条要求行政处罚信息应当公开。❷《反价格垄断行政执法程序规定》和《价格行政处罚程序规定》采用了“可以”，意为既可以公开，也可以不公开，明显与《政府信息公开条例》第 9 条❸相违背。《国务院办公厅关于做好政府信息依申请公开

❶ 此处未公开行政处罚决定书的案件是笔者从媒体报道中搜集整理出的案件信息公开较为全面的案件。

❷ 《企业信息公示暂行条例》第 7 条规定：工商行政管理部门以外的其他政府部门（以下简称其他政府部门）应当公示其在履行职责过程中产生的下列企业信息：（1）行政许可准予、变更、延续信息；（2）行政处罚信息；（3）其他依法应当公示的信息。其他政府部门可以通过企业信用信息公示系统，也可以通过其他系统公示前款规定的企业信息。工商行政管理部门和其他政府部门应当按照国家社会信用信息平台建设的总体要求，实现企业信息的互联共享。

❸ 《政府信息公开条例》第 9 条规定：行政机关对符合下列基本要求之一的政府信息应当主动公开：（1）涉及公民、法人或者其他组织切身利益的；（2）需要社会公众广泛知晓或者参与的；（3）反映本行政机关机构设置、职能、办事程序等情况的；（4）其他依照法律、法规和国家有关规定应当主动公开的。

工作的意见》（国办发〔2010〕5号）要求，政府信息主动公开和依申请公开是《政府信息公开条例》规定的我国政府信息公开的两种基本方式，二者相辅相成。全面、及时、准确地主动公开政府信息，可以大大减少依申请公开数量。各地区、各部门都应加大政府信息主动公开工作力度，增强主动性、权威性和实效性。凡是《政府信息公开条例》规定应该公开、能够公开的事项，都应及时、全面、主动公开。各部门要细化本系统政府信息公开目录和范围，抓紧对本系统所涉政府信息哪些可以公开、哪些可部分公开，提出明确的指导意见，供本系统各单位依循。发改委已经认识到公开的重要性，“下一步，将进一步增加工作透明度，除了公开法律规定、执法程序等，还要继续大力推进反垄断案件公开，所有反垄断案件都要依法依规公开，促使经营者和社会各方面更加准确地理解执法机构的执法取向和尺度，进一步明确市场竞争规则。”❶ 发改委价格监督与反垄断局局长许昆林对于发改委反垄断执法信息公开不充分的情况解释道：“以前反垄断的信息公开不够，但都是企业要求不公开的。以后所有的反垄断案处罚结果全部公开。”❷

反垄断执法机构对经调查核实的垄断行为，应当依法作出处理决定，这是反垄断执法机构的法定职责。对于反垄断案件的查处结果，反垄断执法机构可以向社会公布。行政行为公开是规范行政的要求，这有利于保障社会公众的知情权，使得公众能够了解政府决策的背景，法律、法规、政策的执行效果；有利于充分发挥舆论监督的作用，监督行政机关依法行政；有利于警示其他经营者依法经营；有利于消费者和其他经营者维护自身的合法权益（反垄断执法机构的处理决定常常成为遭受损失的消费者和其他经营者追究违法经营者的民事责任的重要证据）；还有利于宣传反垄断法，培养全社会的反垄断意识，这在反垄断制度建立的初期尤其重要。

发改委对于不符合有关信息公开规定的规章、规范性文件等应当进行全面清理和修改。发改委查处的尚未公开行政处罚决定书的部分典型垄断案件（见表3-2）。

---

❶ 卢延纯. 进一步做好反价格垄断工作［J］. 中国价格监管与反垄断，2015（1）.

❷ “不是因为我们权大，我们以事实说话” 反行政垄断将成重点［N］. 华夏时报，2015-02-12.

表 3-2　发改委未公开行政处罚决定书的典型垄断案件

序号	查处年份	案件名称	处罚金额合计（元）
1	2011	山东省两家复方利血平原料药销售商实施价格垄断案	702.96 万
2	2011	广东省海砂价格垄断案	75.92 万
3	2013	六家液晶面板生产商横向垄断案	3.53 亿
4	2013	奶粉价格垄断案	6.687 3 亿
5	2013	海南三亚水晶饰品价格垄断案	513.9 万
6	2013	茅台价格垄断案	2.47 亿
7	2013	五粮液价格垄断案	2.02 亿
8	2014	湖北 10 家奥迪汽车经销商价格垄断案	2 996 万
9	2014	吉林省三家水泥生产商实施价格垄断案	11 439 万
10	2015	云南省通信管理局组织行业经营者实施垄断行为案	1 318 万
11	2014	美国 IDC 公司滥用市场支配地位案	中止调查

3.3　行政处罚年度趋势

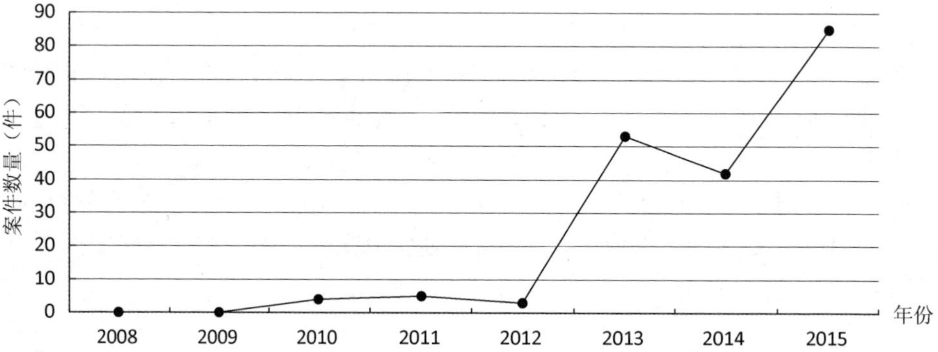

图 3-2　发改委反垄断行政处罚年度趋势

如图 3-2 所示，190 件案件中 2010 年 2 件，2011 年 5 件，2012 年 3 件，2013 年 52 件，2014 年 43 件，2015 年 85 件。

这说明自 2008 年《反垄断法》实施以来至 2015 年年底，发改委查处的垄断案件数量增长明显，发改委近年来明显加强了垄断案件查处力度。

3.4　授权执法分析

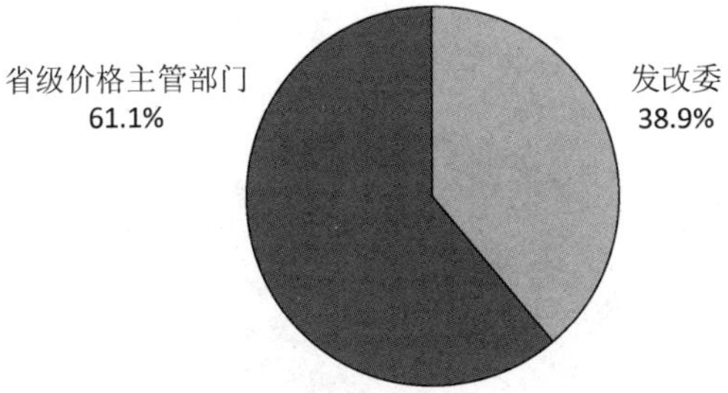

图 3-3　发改委反垄断行政执法授权情况

如图 3-3 所示，190 件案件中发改委直接查处 74 件，占 38.9%，如六家境外液晶面板案、山东两医药公司垄断复方利血平原料药价格案、奶粉垄断案；由发改委授权省级发改委查处 116 件，占 61.1%。发改委直接查处的案件多为大型的外资企业联合垄断案件以及行政垄断案件，这主要是由于涉外性以及行政垄断查处中的难度和专业性等问题所决定的。与工商行政管理机关相比，工商总局直接立案查处的案件 1 件，其他均为授权。而发改委授权的比例明显低于工商总局，可能与被查处对象为外资企业或行政机关有关，因为外资、行政垄断查处难度大，对于执法程序和实体要求较高。

《反垄断法》第 10 条规定，国务院反垄断执法机构根据工作需要，可以授权省、自治区、直辖市人民政府价格主管部门负责有关反垄断执法工作。《反价格垄断行政执法程序规定》第 3 条规定：国务院价格主管部门负责全国反价格垄断执法工作。国务院价格主管部门授权的省、自治区、直辖市人民政府价格主管部门，负责本行政区域内的反价格垄断执法工作。对跨省、自治区、直辖市发生的价格垄断案件，由国务院价格主管部门指定有关省、自治区、直辖市人民政府价格主管部门进行查处，重大案件由国务院价格主管部门直接组织查处。

3.5 行政处罚地域

3.5.1 当事人分类

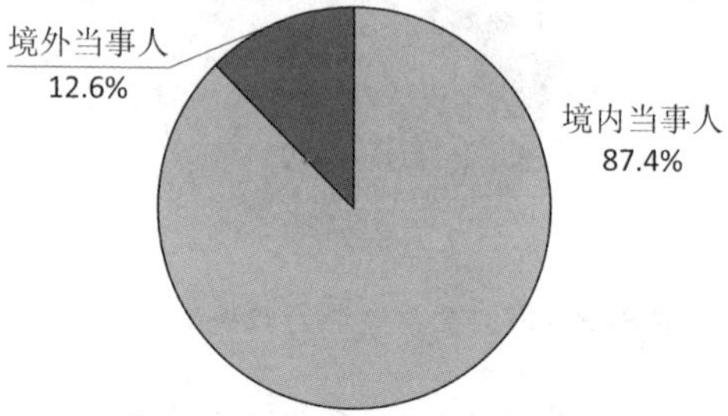

图 3-4 当事人注册地境内外分析

如图 3-4 所示，190 件案件中，受罚当事人为境内的共计 166 件，占 87.4%，受罚当事人为境外的 24 件，占 12.6%。

从前述数据分析，境内当事人占多数，而不是外媒所称的中国反垄断针对外国企业。但由于很多反垄断行政处罚决定没有公开，个别公开的是典型案件，导致外媒错认为外资企业占多数。截至 2014 年 9 月，各级价格主管部门积极开展反价格垄断执法工作，共查处了 74 个案件，涉及 339 家企业和相关行业协会、行政机关。从被调查主体看，既有国有企业、民营企业，也有外资企业和境外企业，还有行业协会和行政机关。从违法行为类型看，发改委查处的价格垄断案件涉及各种垄断行为，包括横向价格垄断协议、纵向垄断协议、滥用市场支配地位案件、滥用行政权力案件和当事人程序性违法案件（提供虚假材料信息）。从执法领域来看，全国已调查处理的价格垄断案件涉及液晶面板、医药、白酒、通信、保险、乳粉、汽车、黄金饰品、建筑材料、化工原料、知识产权等 20 多个行业；对部分滥用行政权力排除限制竞争的案件也进行了调查处理。从案件调查分析方法看，运用了突击调查、宽大制度等多种调查手段，开展了大量的经济学分析和法律分析，对如何界定相关市场、如何分析垄断行为对市场竞争和消费者利益的影响进行了积极探索实践。从案件处理结果来看，有依法实施行政处罚的案件，也有实行经营者承诺和中止调查的案件。[1]

[1] 参见卢延纯. 进一步做好反价格垄断工作［J］. 中国价格监管与反垄断，2015（1）.

3.5.2 境内当事人地域分布

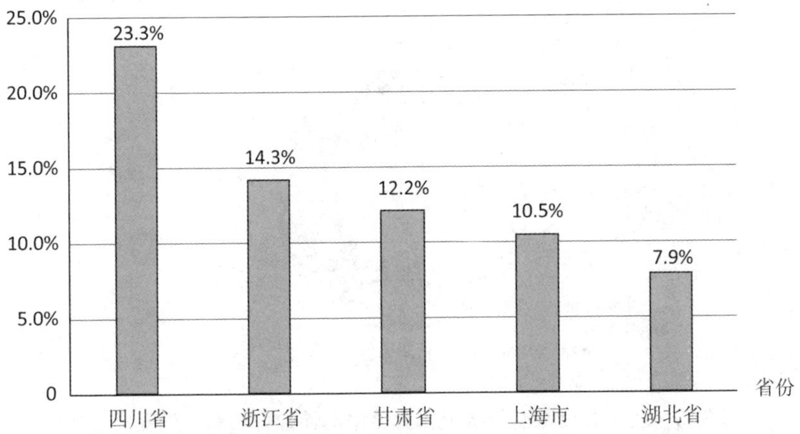

图 3-5 我国境内当事人地域分布排名前五位的省份

如图 3-5 所示，受罚当事人为境内的 166 件垄断案件中，四川省、浙江省、甘肃省、上海市、湖北省五省市查处的案件较多，该五省市反垄断行政处罚总和占据本次统计的发改委反垄断行政处罚总量的 68. 3%。其中，排名第一的四川省 44 件，占 23. 3%；排名第二的浙江省 27 件，占 14. 3%；甘肃省 23 件，排名第三，占 12. 2%。上海市和湖北省分别位于第四位和第五位。

从授权省级发改委执法分析，前五位地域价格主管部门相比其他区域价格主管部门而言，具有较强的业务能力和执法经验，在执法力度和强度方面超过其他地方。由于发改委仅查处价格垄断行为，故相关省市发改委部门反垄断行政处罚数量在一定程度上可反映出该省市的价格监管情况。

这也说明该区域的反垄断法律服务业务需求相对较大，具有较好的客户资源。因企业有被处罚的经历，竞争文化相对有所提高，客户容易接受专业的法律服务。从另一个角度也说明，该区域的经营者被反垄断处罚的可能性更大，因为价格监管严格。

3.6 行政处罚行业

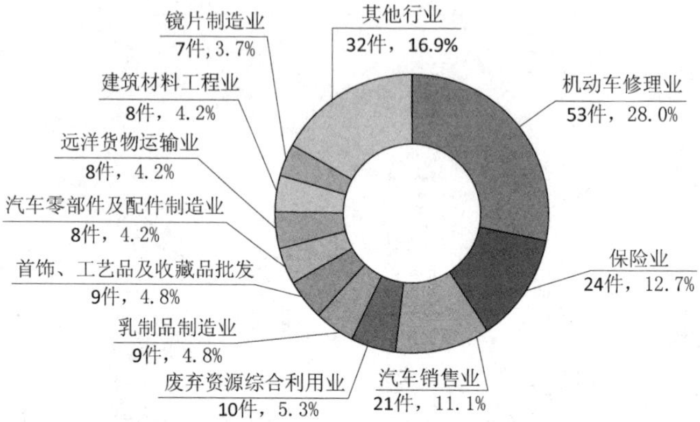

图 3-6　发改委反垄断行政处罚案件中案件数排名前十的受罚行业

如图 3-6 所示，190 件价格反垄断行政处罚排名前 10 的行业，分别为机动车修理业 53 件，占 28.0%；保险业 24 件，占 12.7%；汽车销售业 21 件，占 11.1%；废弃资源综合利用业 10 件，占 5.3%；乳制品制造业，首饰、工艺品及收藏品批发业各 9 件，分别占 4.8%；汽车零部件及配件制造业、远洋货物运输业、建筑材料工程业各 8 件，分别占 4.2%；镜片制造业 7 件，占 3.7%。其他行业受罚案件共计 32 件，占 16.9%。

进一步分析价格垄断排名前三位的机动车修理业、保险业、汽车销售业，会发现它们都是在市场准入方面有明显限制的行业，加入机动车修理业、保险业需具备相关资格，故某一地域内的相关企业数量往往是非常有限的，很容易联合垄断。而汽车销售业的进入则主要以加盟为形式，汽车总经销商往往需要取得汽车生产制造商的授权许可，且在资金和技术方面与外界信息不对称，为了自身利益最大化，在定价上极易联合下游经销商形成纵向垄断。

随着发改委反垄断执法的深入，供水、供电等公用企业；航空业；药品；车辆制造业等行业面临反垄断调查的可能性较大，建议有关经营者尽早进行反垄断合规审查，有关人员应加强垄断专业知识的学习。

3.7 行政处罚主体分类

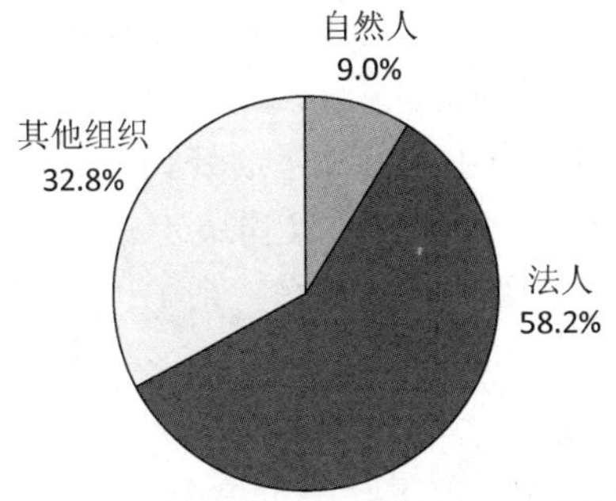

图 3-7 发改委反垄断行政受罚主体分类

如图 3-7 所示，190 件案件中法人是主要被处罚对象，共计 111 件，占 58.2%；其次为其他组织 62 件，占 32.8%；自然人 17 件，占 9.0%。

其他组织主要包括行业协会、商会以及非法人主体等。

图 3-7 说明法人和其他组织（主要是行业协会）为反垄断行政调查的主要对象，法人和其他组织应当尽快加强反垄断法律事务的管理，提高抗法律风险能力。

3.8 行政处罚主体性质

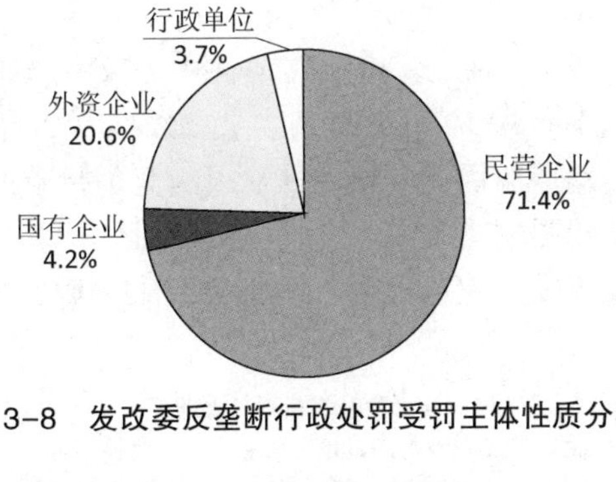

图 3-8 发改委反垄断行政处罚受罚主体性质分类

如图 3-8 所示，190 件案件中，受罚主体为民营企业的共计 135 件，占 71.4%；受罚主体为外资企业的共计 40 件，占 20.6%；受罚主体为国有企业的共计 8 件，占 4.2%；受罚主体为行政单位的共计 7 件，占 3.7%。[1] 发改委对

[1] 此处包含不予处罚及中止调查的案件。

外资企业的反垄断执法力度较大，高通案更开出了60余亿元的罚单。

这也说明了：第一，行政垄断更容易表现在价格违法方面；第二，发改委在查处行政垄断方面具有明显经验、优势和决心；第三，民营企业仍然是价格反垄断处罚的高发地带，这与民营企业不重视法律风险是相对应的；第四，大部分国有企业占据了自然垄断行业，因其国有背景大大增加了反垄断执法部门的调查难度。发改委对国有企业进行反垄断处罚时，考虑对国有企业形象及股价的影响❶，一般也倾向于不公开行政处罚决定书，故搜集到的国有企业受罚案件较少，茅台、五粮液白酒价格垄断案，系中国反垄断执法机关首次处罚国有企业。❷

3.9 行政处罚案件来源

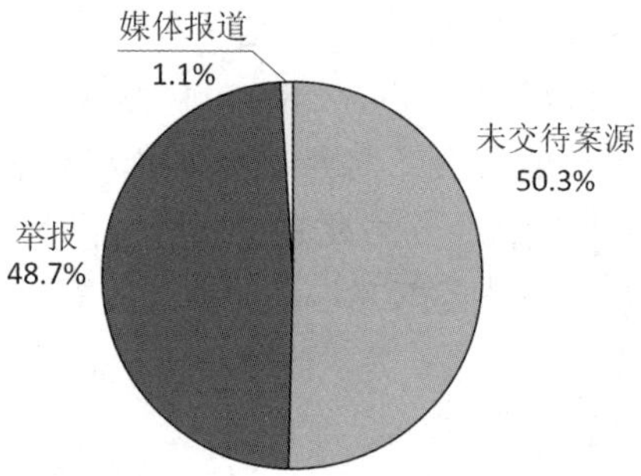

图3-9 发改委反垄断行政处罚案件来源情况

如图3-9所示，190件反垄断行政案件中未交代案件来源的95件，占48%；交代案件来源案件中，举报93件，占51.4%，2件案件来源为媒体报道，即山东省交通运输厅滥用行政权力排除限制竞争行政处罚案与湖北盐业集团有限公司武昌分公司强制搭售案。

这说明举报是发改委行政执法调查的主要线索来源，如发改委对美国IDC

❶ 2012年2月23日，湖北省物价局配合发改委查处了湖北宜化集团有限公司保险粉价格垄断案，湖北宜化被处以1 020万元罚金的消息一经传出，该上市企业于次日开市起申请临时停牌。

❷ 2012年12月上旬，茅台曾为了稳定价格、维护品牌形象，对经销商的零售价格制定了严格的限价令，并且对6家低价和串货的经销商作出了严厉的惩罚措施。同样在2011年年底，五粮液曾对全国市场进行了例行抽查，批评了15家低价违规销售的经销商。在上述两家白酒公司向其经销商发布限价令后不久，发改委对茅台、五粮液的行为进行调查。2013年1月15日，茅台发布公告称，由于发改委介入，公司宣布取消“限价令”。随着发改委反垄断调查的扩大，1月17日五粮液相继撤销了对经销商的限制令。2013年2月22日，据报道，茅台和五粮液因实施价格垄断行为分别被处以2.47亿元与2.02亿元的罚款。

公司涉嫌价格垄断行为的查处，是华为公司就 IDC 对中国企业设定不公平的高价许可费等垄断行为向发改委进行了举报，发改委随即对 IDC 展开了反垄断调查。发改委在 2010 年披露，共收到价格垄断举报案件数十件，举报涉及垄断协议、滥用市场支配地位等方面。❶ 发改委于 2014 年 5 月 1 日起施行的《价格违法行为举报处理规定》共 22 条，对举报受理条件、举报方式、举报案件调解、举报与价格投诉立案、保密等进行了详细规定。

2014 年 1 月 26 日，为鼓励群众举报价格违法行为，发改委、财政部发布了《价格违法行为举报奖励办法》❷。该《办法》共 16 条，自 2014 年 5 月 1 日起施行。《价格违法行为举报奖励办法》第 4 条规定，获得举报奖励应当同时符合以下条件：（1）举报人实名举报，并提供有效联系方式；（2）有明确的举报对象、具体的违法事实；（3）举报事项事先未被价格主管部门掌握；（4）举报事项经查证属实并已依法作出行政处罚。

发改委反垄断行政执法案件的明显特点是涉及行业巨头多、处罚数额大、证据搜集难、调查周期长，故发改委的调查工作非常需要涉案单位的配合协助，可能这也是大部分案件不便于交代案件来源的原因。

3.10 行政处罚立案期限

如前所述，本次统计的发改委反垄断行政处罚案件中超过一半未交代案件来源；即使交代案件来源的，也未公布收到案源的日期，而且，公开立案日期的案件十分有限，故无法对发改委反垄断行政处罚的立案期限进行分析。

3.11 行政处罚调查期限

表 3-3 部分发改委反垄断行政处罚案件的调查期限

序号	案件名称	立案日期	处罚日期	调查期限
1	奶粉企业价格垄断案	2013. 3	2013. 8	约 5 个月
2	7 家眼镜商价格垄断案	2013. 8	2014. 6	约 10 个月
3	高通公司滥用市场支配地位案	2013. 11	2015. 2	约 14 个月

❶ 李镭. 依法履行反价格垄断职责维护消费者利益和社会公共利益［M］//中国竞争法律与政策研究报告（2010 年），北京：法律出版社，2010：16.

❷ 发改价监〔2014〕165 号。

续表

序号	案件名称	立案日期	处罚日期	调查期限
4	一汽—大众销售有限责任公司组织经销商达成并实施垄断协议案	2014.3	2014.9	约6个月
5	广东东风日产汽车价格垄断案	2014.8	2015.9	约13个月
6	8家滚装货物国际海运企业横向价格垄断案	2014.8	2015.12	约16个月

表3-3在发改委作出行政处罚的190件案件中，仅表3-3中的6起案件公布了立案日期，其余案件的立案日期不详。可以看出，不同案件的调查期限差距很大，例如，高通公司滥用市场支配地位案、8家滚装货物国家海运企业横向价格垄断案的调查时间均在1年以上，而奶粉企业价格垄断的调查时间5个月，这种差距主要是由案件的调查难度不同所决定的。

《反垄断法》以及《反价格垄断行政执法程序规定》中均未对反垄断行政处罚的调查期限作出规定，一方面由于我国反垄断法实施不久，执法部门缺乏执法经验，强行限定调查期限缺乏实际意义；另一方面反垄断法中多为原则性规定，在实际执法过程中可操作性极低，需要执法部门通过制定部门规章及规范性文件进行细化。

2016年发改委受国务院反垄断委员会委托起草并先后公布了《反垄断案件经营者承诺指南（征求意见稿）》《横向垄断协议案件宽大制度适用指南（征求意见稿）》《关于汽车业的反垄断指南（征求意见稿）》《关于垄断协议豁免一般性条件和程序的指南（征求意见稿）》，面向社会公开征求意见，体现了中国为促进反垄断法实施作出的努力。但上述征求意见稿都没有明确立案和调查期限。

3.12 案件垄断类型

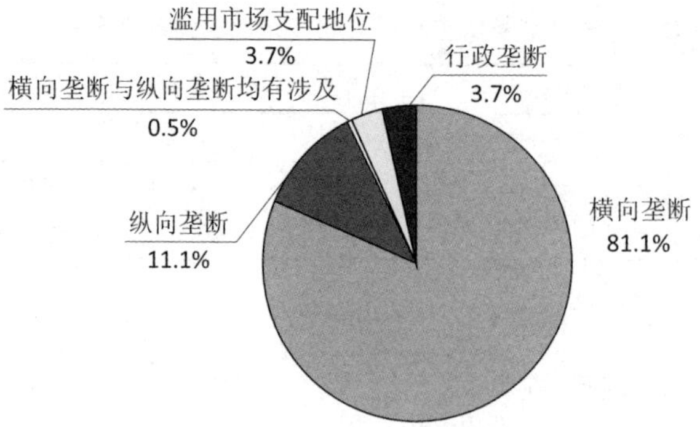

图3-10 发改委反垄断行政处罚案件垄断类型分析

如图 3-10 所示，在发改委作出行政处罚的 190 件案件中，横向垄断 154 件，占 81.1%；纵向垄断 21 件，占 11.1%；横向垄断与纵向垄断均有涉及的案件仅 1 件，即一汽—大众销售有限责任公司组织经销商达成并实施垄断协议案，占 0.5%；滥用市场支配地位案件 7 件，占 3.7%；行政垄断案件 7 件，占 3.7%。

这说明在价格垄断领域，横向垄断依然是主要的垄断模式，同时，与工商部门查处的垄断案件中纵向垄断案件为零的情况不同的是，发改委查处的价格垄断案件中纵向垄断案件占据不小比重，这是由于纵向垄断的主要表现形式就是产业链中的上游经销商对下游经销商进行价格控制，因而纵向垄断案件多为价格垄断案件。滥用市场支配地位垄断定价存在界定难度大、证据搜集难度大的问题，故数量较少。地域保护的问题其实一直存在，行政单位与企业联合，指定或限定购买、制定歧视性定价也不少见，只是随着执法力度的加大，发改委的执法信心增强，也终于开始正视行政垄断的问题并展开处理。

3.12.1 垄断协议分析

垄断协议，是指排除、限制竞争的协议、决定或者其他协同行为。❶ 依据参与垄断协议的企业所处的经营阶段不同，可以将垄断协议分为横向垄断协议❷和纵向垄断协议。❸

3.12.1.1 横向价格垄断

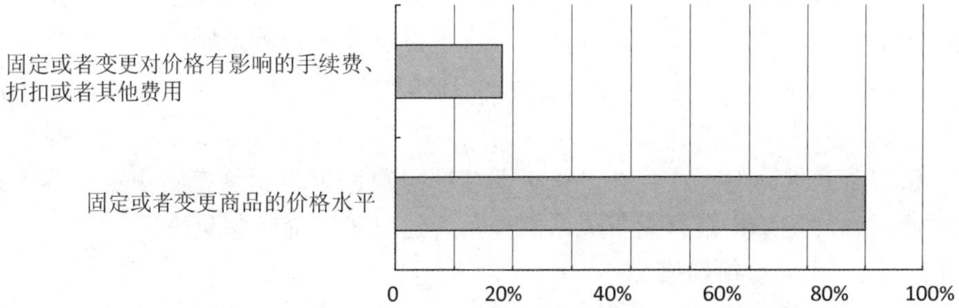

图 3-11 发改委查处的横向价格垄断案件分类

---

❶ 全国人大常委会法制工作委员会经济法室. 中华人民共和国反垄断法条文说明、立法理由及相关规定［M］. 北京：北京大学出版社，2007：79.

❷ 《反垄断法》第 13 条规定："禁止具有竞争关系的经营者达成下列垄断协议：（1）固定或者变更商品价格；（2）限制商品的生产数量或者销售数量；（3）分割销售市场或者原材料采购市场；（4）限制购买新技术、新设备或者限制开发新技术、新产品；（5）联合抵制交易；（6）国务院反垄断执法机构认定的其他垄断协议。本法所称垄断协议，是指排除、限制竞争的协议、决定或者其他协同行为。"

❸ 潘新法. 反垄断法对垄断协议的豁免制度研究［D］. 上海：华东政法大学，2008.

如图 3-11 所示，190 件案件中，“固定或者变更商品的价格水平”的案件 152 件，占 80.4%；“固定或者变更对价格有影响的手续费、折扣费或者其他费用”的案件 29 件，占 15.3%。需要说明的是，同一件横向垄断协议案件中可能同时涉及两种横向价格垄断行为。这说明“固定或者变更商品的价格水平”是目前横向垄断协议的主要方式。

横向价格垄断协议被普遍认为是竞争最具排除、限制作用的垄断行为。横向价格垄断协议又称价格卡特尔，是指竞争者之间达成的关于固定或者变更商品服务价格的协议。价格是市场竞争中的核心机制，价格卡特尔是“反垄断经济学中公认的最为核心的内容”。对于具体的横向垄断协议行为，根据行为的性质分别适用本身违法原则和合理原则。判断分析的核心应该从消费者利益、社会公共利益出发。鉴于竞争者之间有些协议不会严重限制相关市场的竞争，并且能够使消费者分享由此产生的利益，如为改进技术和研究开发新产品进行的合作研发；为提高产品质量、降低成本、增进效率统一产品的规格、标准或者实行专业化分工而采取的共同行为；为提高中小经营者经营效率，增强中小经营者竞争力的企业间合作；为实现节约能源、保护环境、救灾救助等有利于社会公共利益而采取的共同行为；为缓解因经济不景气、销售量严重下降或者生产明显过剩而采取的共同行为；为保障对外贸易和对外经济合作中的正当利益而达成的协议等，则应以合理原则进行分析，反垄断法对此作出了豁免的规定。[1] 我国《反垄断法》在第 13 条规定了本身违法的卡特尔，其内容与美国、德国、日本以及我国台湾地区的相关规定基本相同。同时，该法还在第 15 条对适用合理原则的卡特尔——主要是可豁免的卡特尔的具体类型作了规定。

横向垄断规制除了《反垄断法》第 13 条以外，《反价格垄断规定》第 7 条进一步明确规定禁止具有竞争关系的经营者达成 8 种价格垄断协议。

3.12.1.2 纵向价格垄断

如图 3-12 所示，190 件案件中，“限定向第三人转售商品的最低价格”的案件 13 件，占 6.8%；“固定向第三人转售商品价格”的案件 9 件，占 4.7%。

2013 年年初发改委价格监督部门对茅台五粮液的罚单是反垄断法实施以来，发改委首次在纵向垄断协议方面作出的处罚，而在 2012 年 5 月，上海第一中级人民法院对锐邦公司诉强生医疗器械案的判决则是我国首例以纵向垄断协议为案由的司法判例。[2]

---

[1] 章永鸿. 工商行政管理机关规制横向垄断协议探讨［J］. 中国工商管理研究.

[2] 胡瑕. 论我国《反垄断法》对纵向垄断协议的规制［D］. 上海：复旦大学，2013.

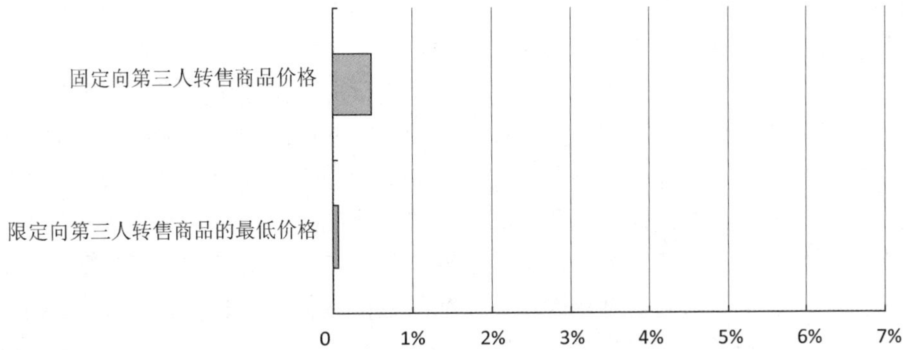

图 3-12 发改委查处的纵向价格垄断案件分类

从欧共体竞争法的定义可以看出，纵向限制行为是发生在处于生产或者销售不同流程的两家或以上的企业间针对特定商品或服务进行限定采购、销售或转售条件的协议或者一致行为。在实践中，很多限制竞争协议不在竞争者之间订立的，而是在生产商与销售商、批发商与零售商或者其他在生产和销售链中有上、下游关系的经营者之间达成的。这些处于不同经济阶段的经营者之间的协议称为纵向协议。❶

2006 年 3 月 14 日，法国反垄断监察机构法国竞争委员会公布了一份商业行为调查报告，称 13 家全球知名化妆品品牌在 1997~2000 年互相串通，控制商品定价，同时指出这些品牌与有关零售商建立价格同盟，损害消费者利益。法国竞争委员会根据有关法律向这些品牌所属公司开出了总额共达4 620万欧元（4. 358 亿人民币）的罚款单。❷ 被涉及的品牌均为国内消费者耳熟能详的知名国际品牌，包括香奈儿、圣罗兰、迪奥和娇兰等共 13 家。法国反垄断监察机构作出以上决定的主要依据是：（1）这些品牌与分销商达成协议，保证每个产品在所有的店面均以指定的同一价格售出，因此各销售店不可能形成竞争；（2）禁止零售折扣销售，维系其价格，对“不听话”的销售商进行威胁或报复。

我国《反垄断法》第 14 条第（2）项规定：禁止“限定向第三人转售商品的最低价格”，结合第 15 条的免责规定可以看出，我国在处理价格垄断行为时适用本身违法原则，即经营者违法主体一旦实施了纵向价格垄断行为就被认定为严重排除、限制了市场竞争，就构成违法行为，除非有证据证明其实施的限定价格行为不会严重限制相关市场的竞争，并且能够使消费者分享由此产生的利益。如茅台公司与经销商达成了最低转售价格的协议，直接排除了经销商

❶ 王晓晔. 中华人民共和国反垄断法详解［M］. 北京：知识产权出版社，2008：101.

❷ 《东方早报》2006 年 3 月 16 日第 12A 版。

通过价格促销手段进行竞争，从而消除了品牌内的竞争。消费者因而无法获得市场竞争带来的便利，反垄断法规定的维护消费者利益和社会公共利益，提高经济运行效率的立法目的也就无从实现；而且供应商规定了违反协议的惩罚措施，经销商为避免受到处罚，间接地达成横向垄断的默契，共同提高商品的价格。但在“五粮液价格垄断案件”中，四川省发改委在对宜宾五粮液公司进行反垄断调查时，详细地对公司所处的行业竞争状况及保价行为对竞争和消费者福利的影响进行了分析，最终认定五粮液公司由于其品牌效应、区位优势、技术酿造工艺、消费者忠诚度等因素，其产品在白酒行业具有重要地位，产品可替代性低，公司的“保价”行为严重限制了市场的竞争，破坏了市场的公平竞争，损害了消费者的利益，具有排除、限制竞争的效果，符合反垄断法规定的构成要件。尽管在对茅台和五粮液的反垄断调查中适用了不同的原则，我国的反垄断案件的审查仍然实行本身违法原则。[1] 一国反垄断法的有效实施确实应当结合该国的国情。由于我国长期处于计划经济体制，商业传统缺乏，竞争文化薄弱，一旦引入市场竞争，不规范的竞争行为难以避免。加上市场经济处于初级阶段，《反垄断法》在立法时已经充分考虑了国情，在第 14 条明确规定了禁止经营者与交易相对人达成固定向第三人转售商品的价格或限定向第三人转售商品的最低价格的垄断协议。除非经营者能够证明该垄断协议符合第 15 条的豁免规定条件，否则，就应该认定违反反垄断法。但是，法律仅仅规定了价格的纵向限制，并未规定其他的纵向限制行为，如限制销售区域、限制交易对象等。由于价格限制是对市场竞争最直接、最严重的危害，因此法律对其严加规制。[2] 许昆林认为，我国对纵向垄断协议的法律原则就是“禁止+豁免”，不一定非要贴上本身违法原则或者合理分析原则的标签。对反垄断执法机构而言，只能依法办案，而不能“造法”办案。因此，对纵向价格垄断协议的执法应该秉持“禁止+豁免”的原则。[3]

3. 12. 1. 3　垄断协议实施

如图 3-13 所示，176 件价格垄断协议案件[4]中，有 10 件案件的当事人未实际实施垄断性协议，占 5. 68%；94. 32%的案件当事人达成并实施了垄断协议。

[1] 杨正师. 案例八　纵向价格垄断的法律规制——对“茅台酒”案的思考［J］. 公司法评论，2014.

[2] 徐士英. 从《反垄断法》看酒企“天价罚单”（下）［N］. 上海法治报，2013-05-08.

[3] 参见许昆林. 宽大政策适用于纵向垄断协议［N］. 中国经济导报，2013-10-31（A03）.

[4] 如图 3-10 所示，190 件案件中横向垄断 154 件，纵向垄断 21 件，横向与纵向均涉及案件 1 件，故垄断协议案件共计 176 件。

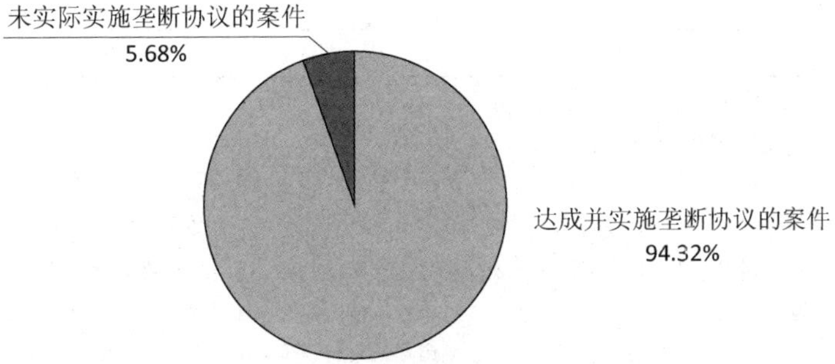

图 3-13　发改委查处的垄断协议案件实施情况

依据《反垄断法》第46条第1款，经营者达成并实施垄断协议的，由反垄断执法机构责令停止违法行为，没收违法所得，并处上一年度销售额1%以上10%以下的罚款；尚未实施所达成的垄断协议的，可以处50万元以下的罚款。

3.12.2　滥用市场支配地位

表 3-4　发改委查处的滥用市场支配地位案件

序号	案件名称	产品市场	地域市场	价格垄断类型
1	高通公司滥用市场支配地位案	当事人持有的各项无线标准必要专利许可单独构成的相关产品市场的集合	当事人持有的各项无线标准必要专利的国家或者地区市场的集合	以不公平的高价销售商品；交易时在价格之外附加不合理的费用
		CDMA 基带芯片市场、WCDMA 基带芯片市场和 LTE 基带芯片市场	全球	
2	广东省韶关市曲江区白土镇明华专业沙石场实施价格垄断案	河砂	广东省韶关市曲江区	以不公平的高价销售商品
3	广东省韶关市曲江区林源实业有限公司实施价格垄断案	河砂	广东省韶关市曲江区	以不公平的高价销售商品
4	湖北盐业集团有限公司武昌分公司滥用市场支配地位案	盐业	湖北省武汉市武昌区	在交易时在价格之外附加不合理的费用
5	山东潍坊顺通医药有限公司垄断复方利血平原料药案	复方利血平原料药	中国大陆	以不公平的高价销售商品

续表

序号	案件名称	产品市场	地域市场	价格垄断类型
6	山东潍坊市华新医药贸易有限公司垄断复方利血平原料药案	复方利血平原料药	中国大陆	以不公平的高价销售商品
7	美国 IDC 公司滥用市场支配地位案	当事人持有的各项无线标准必要专利许可单独构成的相关产品市场的集合	当事人持有的各项无线标准必要专利的国家或者地区市场的集合	以不公平的高价销售商品； 在交易时在价格之外附加不合理的费用

如表 3-4 所示，190 件案件中，滥用市场支配地位案件 7 件，并且 7 件案件中仅高通公司滥用市场支配地位案公开了行政处罚决定书，另 6 件案件仅以工作动态简报的方式在发改委官网上公布。其中除广东省韶关市曲江区河砂价格垄断案和湖北盐业集团有限公司武昌分公司两件滥用市场支配地位案是由省级价格主管部门查处以外，另 4 件滥用市场支配地位价格垄断案均由发改委直接办理。

复方利血平原料药价格垄断案为发改委适用反垄断法查处的第一起价格垄断案，高通公司滥用市场支配地位案被处以 60. 88 亿元罚款，是发改委迄今开具的最大反垄断罚单。发改委对美国 IDC 公司涉嫌价格垄断行为案调查期间，IDC 公司向发改委申请中止调查，并提出了消除涉嫌垄断行为后果的具体措施，发改委经审查作出了中止调查决定。

高通公司滥用市场支配地位案以及 IDC 公司涉嫌价格垄断案两案中，由于涉及知识产权的滥用问题引发了广泛关注。我国《反垄断法》第 55 条规定："经营者依照有关知识产权的法律、行政法规规定行使知识产权的行为，不适用本法；但是，经营者滥用知识产权，排除、限制竞争的行为，适用本法。"《反价格垄断规定》第 26 条规定："经营者依照有关知识产权的法律、行政法规规定行使知识产权的行为，不适用本规定；但是，经营者滥用知识产权，排除、限制竞争的价格垄断行为，适用本规定。"这两条规定明确了滥用知识产权的行为受反垄断法规制，但比较笼统，并未对何为"滥用知识产权"给出界定，在实际行政执法中不具有操作性，故在高通公司滥用市场支配地位案和 IDC 公司涉嫌价格垄断案中，发改委都通过适用滥用市场支配地位条款来认定当事人的垄断行为。为解决滥用知识产权垄断行为的规制问题，发改委公布了《关于滥用知识产权的反垄断指南（征求意见稿）》，按照反垄断法的立法精神，从建立滥用知识产权反垄断规制的指引性规则入手，试图提高反垄断执法的透明度，给市场提供更为明确的合理预期，引导经营者正当行使知识产权。

2015年工商总局公布了《关于禁止滥用知识产权排除、限制竞争行为的规定》，该规定2015年8月1日起施行。

需要说明的是，2011年11月央视《新闻30分》栏目曾报道：发改委对中国电信和中国联通涉嫌在中国宽带入网市场实施价格垄断行为展开了调查，2011年12月就有报道称中国电信及中国联通向发改委提出了整改方案及中止调查的申请。❶ 目前该案处理结果不得而知，发改委最近一次就电信联通垄断案的调查情况进行回应是2014年2月发改委举行的价格监督与反垄断工作情况新闻发布会上，给出的回复是该案仍在调查中，且未说明是否作出了中止调查决定。❷

3.12.3　行政垄断

表3-5　发改委查处的行政垄断案件

序号	查处时间	案件名称	所属行业	垄断行为
1	2014.9	河北省交通厅、物价局、财政厅滥用行政权力排除限制竞争案	交通运输业	①对外地商品设定歧视性收费项目、实行歧视性收费标准，或者规定歧视性价格； ②制定含有排除、限制竞争内容的规定
2	2015.3	山东省交通运输厅滥用行政权力排除限制竞争案	交通运输业	①限定或者变相限定单位或者个人经营、购买、使用其指定的经营者提供的商品； ②制定含有排除、限制竞争内容的规定
3	2015.6	云南省通信管理局组织电信运营商达成垄断协议案	电信服务业	强制经营者从事《反垄断法》规定的垄断行为
4	2015.8	安徽省蚌埠市卫计委滥用行政权力排除限制竞争案	医药行业	①限定或者变相限定单位或者个人经营、购买、使用其指定的经营者提供的商品； ②以设定歧视性资质要求、评审标准或者不依法发布信息等方式，排斥或者限制外地经营者参加本地的招标投标活动； ③制定含有排除、限制竞争内容的规定
5	2015.11	四川省卫计委滥用行政权力排除限制竞争案	医药行业	①对外地商品设定歧视性收费项目、实行歧视性收费标准，或者规定歧视性价格； ②制定含有排除、限制竞争内容的规定

❶ 发改委：是否终止反垄断调查还需看具体实施［EB/OL］.［2016-06-10］. http://tech.qq.com/a/20111202/000452.htm.

❷ 我委就价格监管与反垄断工作情况举行新闻发布会［EB/OL］.［2016-06-10］. http://xwzx.ndrc.gov.cn/wszb/201402/t20140219_579440.html.

续表

序号	查处时间	案件名称	所属行业	垄断行为
6	2015. 11	浙江省卫计委滥用行政权力排除限制竞争案	医药行业	①限定或者变相限定单位或者个人经营、购买、使用其指定的经营者提供的商品； ②对外地商品设定歧视性收费项目、实行歧视性收费标准，或者规定歧视性价格； ③制定含有排除、限制竞争内容的规定
7	2015. 11	甘肃省武威市道路运输管理局滥用行政权力排除、限制竞争案	交通运输业	①限定或者变相限定单位或者个人经营、购买、使用其指定的经营者提供的商品； ②制定含有排除、限制竞争内容的规定，强制经营者从事《反垄断法》规定的垄断行为

如表 3-5 所示，截至 2015 年年底，发改委已查处 7 起行政垄断案件，河北省交通厅、物价局、财政厅滥用行政权力排除限制竞争行政垄断案是发改委公布的第一件价格行政垄断案件。由于对行政机关不可能采取没收、罚款等惩罚性措施，依据《反垄断法》第 51 条，行政机关和法律、法规授权的具有管理公共事务职能的组织滥用行政权力，实施排除、限制竞争行为的，由上级机关责令改正；对直接负责的主管人员和其他直接责任人员依法给予处分。反垄断执法机构可以向有关上级机关提出依法处理的建议。但由于查处行政垄断案件会对地方政府的公信力造成极大影响，故行政垄断案件的调查工作极具难度。

值得关注的是，在上述 7 件行政垄断案件中，有两件是因行政垄断而使经营者受到垄断处罚。如甘肃省武威市道路运输管理局滥用行政权力排除、限制竞争案一案中，武威市道路运输管理局联合及所属道路运输协会，在对道路运输车辆二级维护的监督管理中，滥用行政权力，强制经营者从事排除、限制竞争的垄断行为。由于该案涉案经营者达成和实施垄断协议的行为是在相关行政部门、协会推动和监督下实施的，情节较轻，属于《行政处罚法》第 27 条第（2）项规定的“受他人胁迫有违法行为的”从轻处罚情形，依据《反垄断法》第 46 条第 1 款、《反价格垄断规定》第 23 条第 1 款的规定，最终仅处以上一年度相关销售额 2%的罚款。另一件是云南通信管理局组织电信运营商达成垄断协议案，该案中云南通信管理局组织经营者（中国移动云南分公司、中国联通云南分公司、中国电信云南分公司、中国铁通云南分公司）达成了《反垄断法》所禁止的横向价格垄断协议。中国电信、中国联通等经营者，因云南省通信管理局行政垄断共同被处罚1 318万元。

依据《反垄断法》第51条之规定，在行政垄断案件中，行政机关和法律、法规授权组织承担的主要是行政责任，没有罚款处罚。如果经营者参与行政垄断，发改委除依据《反垄断法》给予行政机关行政处罚外，还应对参与的经营者进行处罚。但由于主导的行政机关属于国家财政支出，被处罚的经营者能否以行政机关滥用行政权力为由要求行政机关赔偿，如果可以主张赔偿，赔偿如何解决等问题留待进一步明确。

3.12.4　知识产权滥用

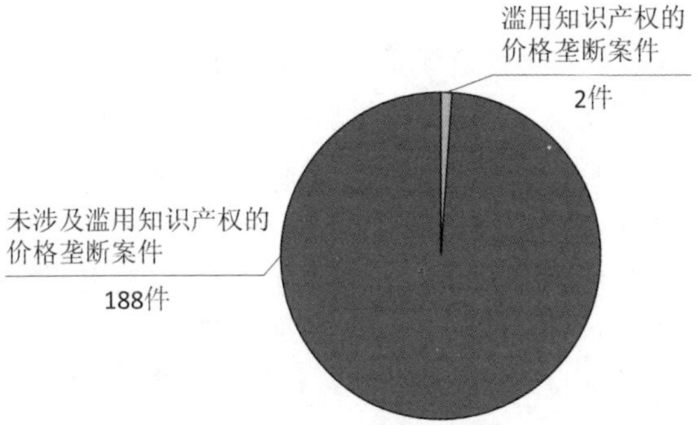

图3-14　滥用知识产权排除限制竞争案件

如图3-14所示，本次统计的190件价格垄断案件中仅2件涉及知识产权的滥用问题，分别为高通公司滥用市场支配地位案和美国IDC公司滥用市场支配地位案。

需要说明的是，滥用知识产权并不必然导致垄断问题，只有当滥用知识产权已经产生了排除、限制竞争的后果才能适用《反垄断法》规制。《反垄断法》第55条的规定极为简略，没有对滥用知识产权排除限制竞争行为进行单独界定，也没有规定相应的法律责任。因此按照现行《反垄断法》，滥用知识产权排除限制竞争行为并不是一种独立于垄断协议、滥用市场支配地位的垄断类型，相反，只有当经营者滥用知识产权排除限制竞争构成《反垄断法》所规定的垄断协议或滥用市场支配地位，才能适用《反垄断法》规制。

故在高通公司滥用市场支配地位案一案中，尽管经营者高通公司滥用其持有的无线标准必要专利排除限制竞争，但最终对其垄断行为的定性是滥用市场支配地位。在美国IDC公司滥用市场支配地位案中同样有滥用知识产权的问题，但该案目前中止调查。

我国《专利法》《著作权法》等知识产权法规定了“强制许可”“合理使用”等限制知识产权范围的制度，《民法通则》中规定的禁止权利滥用原则也可用于规制知识产权反垄断豁免制度。《反垄断法》第55条是我国知识产权反垄断豁免的基础性条款，它确立了该法适用于知识产权行使行为的基本原则和制度，是知识产权获得反垄断法豁免的基础性条款，“经营者依照有关知识产权的法律、行政法规规定行使知识产权的行为，不适用本法；但是，经营者滥用知识产权，排除、限制竞争的行为，适用本法”的规定实际上涵盖了两方面的内容：一方面，它代表反垄断法给予知识产权正当行使行为以反垄断豁免，对其进行保护；另一方面，对于那些不正当行使知识产权、产生限制竞争效果的行为，反垄断法就不再给予这种豁免，而将其纳入反垄断法框架下进行分析和处理。[1]

由于《反垄断法》第55条规定过于简略，无法在执法过程中直接适用，工商总局2015年4月7日公布了《关于禁止滥用知识产权排除、限制竞争行为的规定》，对如何界定滥用知识产权排除、限制竞争行为进行了详细规定，但仅适用于非价格垄断案件。垄断案件中其实很难区分哪些是严格的价格垄断，哪些是非价格垄断，从工商总局和发改委职责分工来讲，应尽快制定相关规则对价格领域滥用知识产权排除限制竞争行为进行明确。

3.13 经营者法律责任

《反垄断法》第12条第1款规定：“本法所称经营者，是指从事商品生产、经营或者提供服务的自然人、法人和其他组织。”但本节经营者不包括行业协会。

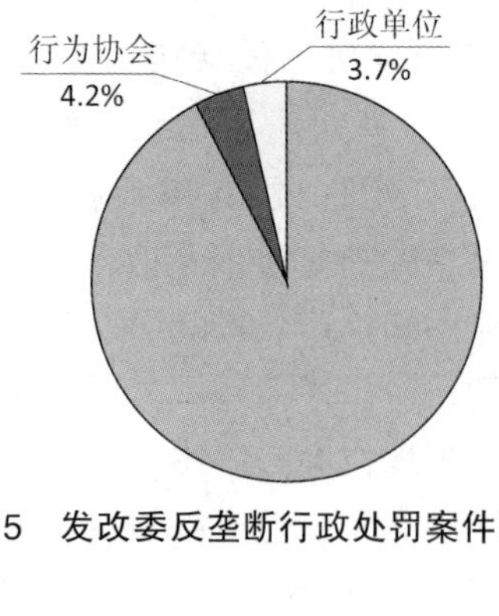

图3-15　发改委反垄断行政处罚案件当事人分类

[1] 康佳伟. 知识产权反垄断豁免问题研究［D］. 武汉：中南大学，2012.

如图 3-15 所示，190 件案件中，当事人为非行业协会经营者的案件 175 件，占 92.1%；当事人为行业协会的案件 8 件，占 4.2%；当事人为行政单位的案件 7 件，占 3.7%。

依据《反垄断法》第 46 条和第 47 条的规定，不考虑宽大政策、从轻、减轻处罚以及中止调查等情形，经营者实施垄断行为应承担的行政违法责任如表 3-6 所示。

表 3-6 经营者的垄断责任

违法行为	法律责任
达成并实施垄断协议	停止违法行为、没收违法所得、罚款（上一年度销售额 1%～10%）
达成未实施垄断协议	（可以）处 50 万元以下罚款
滥用市场支配地位	停止违法行为、没收违法所得、罚款（上一年度销售额 1%～10%）

3.13.1 没收违法所得

3.13.1.1 没收违法所得比例

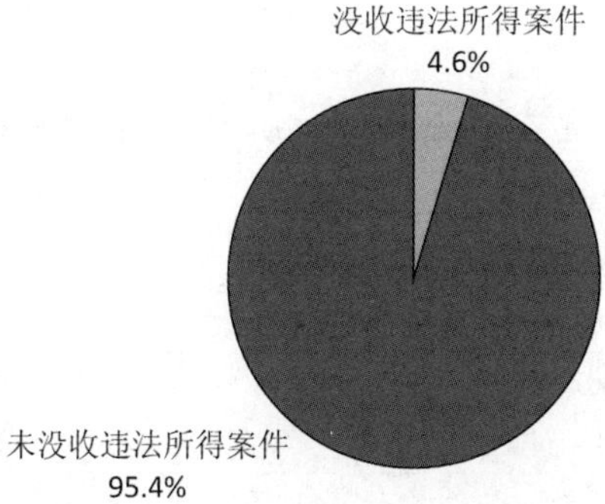

图 3-16 发改委查处的经营者垄断案件中没收违法所得案件占比

如图 3-16 所示，175 件经营者实施垄断行为案件中，仅 8 件案件当事人被处以没收违法所得，占 4.6%；95.4%的案件未被处以没收违法所得。

3.13.1.2 免除和中止比例

如图 3-17 所示，175 件经营者实施垄断行为案件中，免除处罚的案件 12 件，占 6.9%；中止调查的案件 2 件，占 1.1%；未实际实施垄断协议的案件 10 件，占 5.7%；故理论上来说，除去上述三类案件，其余 151 件案件都会产生违法所得，故应处没收违法所得案件为 151 件，应占 86.3%。然而如上文所述，175 件经营者实施垄断行为案件中仅 4.6%的案件当事人被处以没收违法所得。

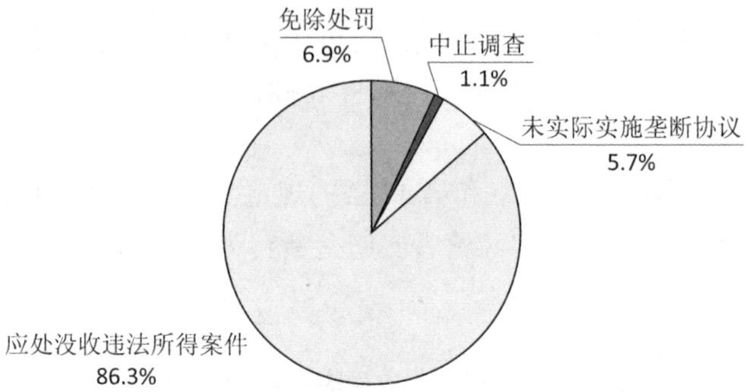

图 3-17　发改委查处的经营者垄断案件中应处没收违法所得案件占比

如前所示，若经营者实施垄断行为，则应一并承担停止违法行为、没收违法所得和罚款这三项行政违法责任。而在发改委的反垄断行政执法实践中，对违法的经营者没收其违法所得的案件极少。如表 3-7 所示，本次统计的发改委反垄断行政处罚案件中目前仅液晶面板垄断案和复方利血平原料药垄断案两起案件没收了当事人的违法所得，并且液晶面板案适用的还不是反垄断法。其他应没收未没收违法所得的案件则根本未提及违法所得的计算以及不予没收的原因。

表 3-7　发改委反垄断行政处罚案件中没收违法所得的案件

序号	案件名称	没收违法所得（元）	退还（元）
1	山东潍坊顺通医药有限公司垄断复方利血平原料药案	37.7 万	0
2	山东潍坊市华新医药贸易有限公司垄断复方利血平原料药案	5.26 万	0
3	韩国三星液晶面板反垄断行政处罚案	2 187 万	1 196 万
4	韩国 LG 液晶面板反垄断行政处罚案	372 万	7 515 万
5	奇美电子液晶面板反垄断行政处罚案	0	6 294 万
6	友达光电股份有限公司液晶面板反垄断行政处罚案	1 034 万	1 155 万
7	中华映管股份有限公司液晶面板反垄断行政处罚案	80 万	1 000 万
8	瀚宇彩晶液晶面板反垄断行政处罚案	2 万	12 万

3.13.2　罚款

如图 3-18 所示，175 件经营者实施垄断行为案件中，罚款处罚的案件 161 件，占 92.0%。

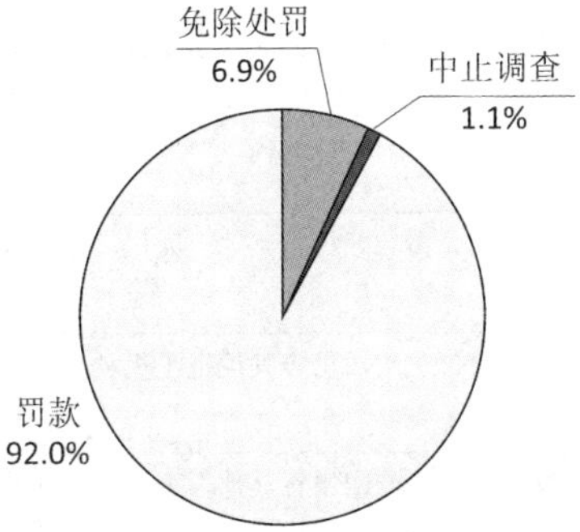

图 3-18　发改委查处的经营者垄断案件中罚款案件占比

3. 13. 2. 1　酌情罚款案件

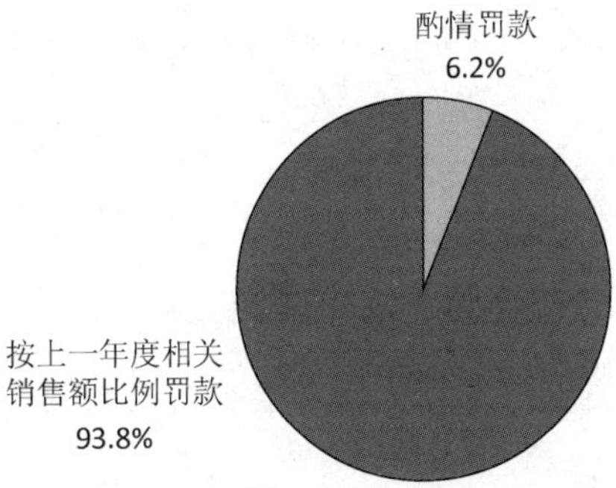

图 3-19　发改委罚款处罚的经营者垄断案件的罚款情况

如图 3-19 所示，161 件经营者实施垄断行为案件中，酌情罚款的案件 10 件，占比 6. 2%；按上一年度相关销售额比例罚款的案件 151 件，占比 92. 0%。

《反垄断法》第 46 条第 1 款规定："经营者违反本法规定，达成并实施垄断协议的，由反垄断执法机构责令停止违法行为，没收违法所得，并处上一年度销售额 1%以上 10%以下的罚款；尚未实施所达成的垄断协议的，可以处 50 万元以下的罚款。"

酌情罚款的 10 件经营者垄断案件即前述未实际实施垄断协议的案件，如表 3-8 所示。

表 3-8　酌情罚款的经营者垄断案件

序号	案件名称	罚款数额（元）
1	自贡市报废汽车专营有限责任公司与四川省其他报废机动车回收拆解公司达成垄断协议案	2 万
2	泸州市再生资源回收利用有限公司与四川省其他报废机动车回收拆解公司达成垄断协议案	2 万
3	泸州市佳诚报废汽车回收有限公司与四川省其他报废机动车回收拆解公司达成垄断协议案	2 万
4	宜宾市诚意报废汽车回收有限公司与四川省其他报废机动车回收拆解公司达成垄断协议案	2 万
5	四川省宜宾市物资回收公司与四川省其他报废机动车回收拆解公司达成垄断协议案	2 万
6	宜宾市金特报废汽车回收有限责任公司与四川省其他报废机动车回收拆解公司达成垄断协议案	2 万
7	成都兴原再生资源投资有限公司与四川省其他报废机动车回收拆解公司达成垄断协议案	10 万
8	内江市供销社报废汽车回收有限公司与四川省其他报废机动车回收拆解公司达成垄断协议案	2 万
9	德阳市旌龙再生资源有限公司与四川省其他报废机动车回收拆解公司达成垄断协议案	2 万
10	中国铁通集团有限公司云南分公司与云南省其他电信运营商参与达成价格垄断协议案	20 万

3. 13. 2. 2　上一年度时间计算

表 3-9　部分经营者垄断案件中销售额“上一年度”界定情况

序号	案件名称	销售额年份	立案日期	处罚日期
1	浙江省机动车商业保险垄断案	2012	未知	2013
2	日本汽车零部件生产企业价格垄断案	2013	未知	2014
3	日本轴承生产企业价格垄断案	2013	2011	2014
4	上海依视路光学有限公司实施价格垄断行政处罚案	2012	2013	2014
5	强生视力健商贸（上海）有限公司实施价格垄断行政处罚案	2012	2013	2014
6	克莱斯勒垄断协议案	2013	2014	2014
7	高通滥用市场支配地位案	2013	2013	2015
8	四川省资阳市机动车二级维护工时费价格垄断案	2013	未知	2015
9	甘肃省武威市机动车二级维护费价格垄断案	2013	未知	2015
10	滚装货物海运企业价格垄断案	2014	2014	2015
11	江苏省奔驰汽车价格垄断案	未说明	2014	2015

如表3-9所示，在发改委公布的11起案件[1]中，发改委在反垄断行政执法时对《反垄断法》第46条“上一年度销售额”的理解不统一。“上一年度”具体是指立案调查的上一年还是指作出行政处罚决定的上一年，在个案中并不一致。例如，在日本轴承生产企业价格垄断案中采取的是作出处罚决定当年的上一年，而在强生视力健商贸（上海）有限公司实施价格垄断行政处罚案和克莱斯勒垄断协议案案中采取的是价格主管部门作出立案决定的上一年。至于“高通滥用市场支配地位案”则是最让人困惑的，该案2013年立案，2015年作出行政处罚，但罚款基准是高通公司2013年度的销售额，既不是立案年份的上一年，也不是处罚年份的上一年，行政处罚决定书中也未就此作出解释。

“上一年度”内涵的确定是影响反垄断行政处罚罚款数额计算的重要因素之一，但《反垄断法》并未对此作出详细规定，导致执法标准不统一、不确定，影响执法的公平性。[2] 同时，在对此问题进行梳理时，笔者也发现发改委及省级价格主管部门在行政处罚决定文书的信息公开度上仍有欠缺，部分案件立案年份、用于计算罚款数额的销售额的年份没有公开或表述模糊，有损执法透明度。

3.13.2.3 销售额的相关市场

表3-10 部分经营者垄断案件中“相关市场”的界定情况

序号	案件名称	产品市场	地域市场
1	浙江省机动车商业保险垄断案	机动车商业车险	浙江省
2	日本汽车零部件生产企业价格垄断案	涉案产品	中国境内
3	日本轴承生产企业价格垄断案	轴承	中国境内
4	上海依视路光学有限公司实施价格垄断行政处罚案	未说明是否仅限涉案产品	中国大陆
5	强生视力健商贸（上海）有限公司实施价格垄断行政处罚案	未说明是否仅限涉案产品	中国大陆
6	克莱斯勒垄断协议案	克莱斯勒、JEEP、Dodge等品牌车辆	上海
7	高通滥用市场支配地位案	未说明是否仅限涉案产品	中国境内
8	四川省资阳市机动车二级维护工时费价格垄断案	机动车二级维护服务	四川省

[1] 此表统计口径与发改委相同，即将同一时间、同一区域、同一性质和同一行业查处的系列案件计为一件案件。

[2] 永州市局协助省局查办垄断案件的探索实践［EB/OL］.［2016-05-20］. http://www.cneu.org.cn/lunwen/show6246.html.

续表

序号	案件名称	产品市场	地域市场
9	甘肃省武威市机动车二级维护费价格垄断案	机动车二级维护服务	甘肃省
10	滚装货物海运企业价格垄断案	滚装货物国际海运服务	与中国市场相关的
11	江苏省奔驰汽车价格垄断案	奔驰整车和售后服务	江苏省

如表3-10所示，对《反垄断法》第46条中“上一年度销售额”中销售额具体是指当事人上一年度中国境内全部产品的销售额还是仅指涉案产品在相关地域市场内的销售额这一问题，发改委没有统一的执法标准。例如，在上海依视路光学有限公司实施价格垄断行政处罚案、强生视力健商贸（上海）有限公司实施价格垄断行政处罚案、高通滥用市场支配地位案中，行政处罚决定书中仅直接叙述“当事人××××年度销售额”是多少，并未说明这个销售额是涉案产品在××××年度的销售额还是当事人在××××年度全部产品全年的销售额。

同时对于高通这种在全球相关行业内都占据市场支配地位的经营者，对其进行反垄断行政处罚时是应只计算其在某一地域内的销售额还是全球范围内的销售额，国际上也有不同的做法，我国在处理高通滥用市场支配地位案是仅计算了高通公司2013年度在中国境内的销售额，欧盟在处理类似案件时则计算了跨国公司在全球范围内的相关销售额。

相关市场是指经营者在一定时期内就特定商品或者服务进行竞争的商品范围或者地理范围。相关市场界定便是使用特定方法，确定某一指定商品或者服务的市场范围。这一概念起源于反垄断调查中，最早采用这种说法的是1948年美国哥伦比亚钢铁公司垄断案件。❶

3.13.2.4 罚款比例

如图3-20所示，发改委查处的175件经营者实施垄断行为案件中，罚款比例不详的案件有19件（发改委未公布行政处罚决定书），58.9%案件的罚款比例在3%以下，共计103件，其中罚款比例为上一年度销售额0.1%、0.5%、0.55%的各1件，罚款比例为1%的案件28件，罚款比例为2%的案件35件，罚款比例为3%的案件37件。

❶ 王志娟．“贵州茅台反垄断案”中市场界定和纵向约束问题研究［D］．广州：广东财经大学，2014.

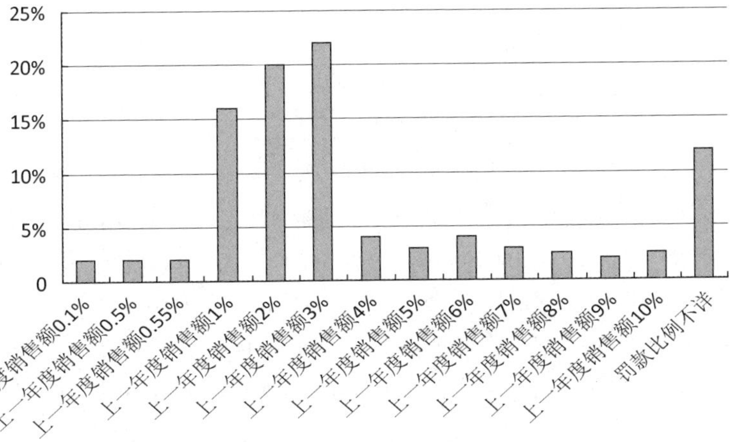

图 3-20　发改委查处经营者垄断案件的罚款比例

罚款比例在4%以上的案件共计29件，其中罚款比例为4%的案件8件；罚款比例为5%的案件2件；罚款比例为6%的案件8件；罚款比例为7%的案件2件；罚款比例为8%的案件6件；罚款比例为9%的案件1件；罚款比例为10%的案件2件，分别为东莞江海贸易有限公司达成并实施海砂价格垄断协议案和深圳东海世纪信息咨询有限公司达成并实施海砂价格垄断协议案。

3. 13. 2. 5　罚款数额

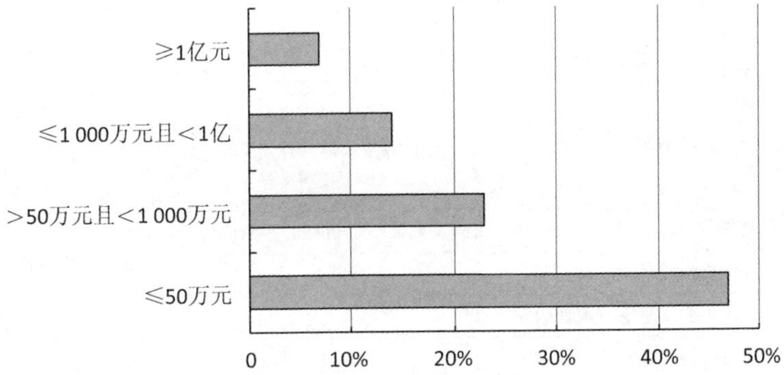

图 3-21　发改委查处的经营者垄断案件的罚款数额

如图3-21所示，175件经营者垄断案件中，罚款数额在50万元以下的案件共计81件，占46. 3%；罚款数额高于50万元且低于1 000万元的案件共计40件，占22. 9%；罚款数额在1 000万元以上且低于1亿元的案件共计25件，占14. 3%；罚款数额在1亿元以上的案件共计15件，占8. 6%。这些受处罚企业多为行业巨头或跨国公司，涉及行业主要有汽车及零部件制造业、轴承业、信息技术服务业、奶粉业、酒业、汽车销售业等（见表 3-11）。

其中最大的行政处罚为高通公司滥用在无线标准必要专利许可市场和基带芯片市场的支配地位实行垄断行为行政处罚案，行政处罚为人民币 60.88 亿元。[1] 该案原决定书“销售额为 761.02 亿元人民币”和“计 60.88 亿元人民币”的表述，按会计规则正确表述应当为“销售额为人民币 761.02 亿元”和“计人民币 60.88 亿元”，另依据《会计法》规定，会计核算以人民币为记账本位币。业务收支以人民币以外的货币为主的单位，可以选定其中一种货币作为记账本位币，但是编报的财务会计报告应当折算为人民币。在一般情况下，企业采用的记账本位币都是企业所在国使用的货币记账本位币是与外币相对而言的，凡是记账本位币以外的货币都是外币。故一般来讲不需要标记“人民币”。

表 3-11　发改委查处的罚款数额较大的经营者垄断案件

序号	案件名称	处罚数额
1	株式会社电装与其他汽车零部件生产企业进行价格协商、达成并实施价格垄断协议行政处罚案	1.505 6 亿元
2	矢崎总业株式会社与其他汽车零部件生产企业进行价格协商、达成并实施价格垄断协议行政处罚案	2.410 8 亿元
3	住友电气工业株式会社与其他汽车零部件生产企业进行价格协商、达成并实施价格垄断协议行政处罚案	2.904 亿元
4	日本精工株式会社与其他轴承生产企业进行价格协商、达成并实施价格垄断协议行政处罚案	1.749 2 亿元
5	NTN 株式会社与其他轴承生产企业进行价格协商、达成并实施价格垄断协议行政处罚案	1.191 6 亿元
6	高通公司滥用在无线标准必要专利许可市场和基带芯片市场的支配地位实行垄断行为行政处罚案	60.88 亿元
7	奔驰公司达成并实施限定向第三人转售商品最低价格的垄断协议行政处罚案	3.5 亿元
8	美赞臣奶粉反垄断行政处罚案	2.037 6 亿元
9	合生元奶粉反垄断行政处罚案	1.629 亿元
10	多美滋奶粉反垄断行政处罚案	1.719 9 亿元
11	茅台酒反垄断行政处罚案	2.47 亿元
12	五粮液反垄断行政处罚案	2.02 亿元
13	一汽—大众销售有限责任公司组织经销商达成并实施垄断协议行政处罚案	2.485 8 亿元
14	广东东风日产汽车垄断案	1.233 亿元
15	威克滚装船务有限公司达成并实施价格垄断协议行政处罚案	2.85 亿元

[1] 参见发改办价监处罚〔2015〕1 号。

3.14 行业协会法律责任

3.14.1 反垄断法实施前行业协会垄断

表 3-12 1987~2007 年我国行业协会参与限制竞争比例*

案件名	价格联合		经营者单独滥用优势地位	合理化联合	限制产量	限制进入
	联合涨价	联合限价				
全部案件数	33	23	48	2	2	1
行业协会参与数	28	11	0	2	2	1
行业协会参与案件数占全部案件比例（%）	69.6		0	100	100	100

* 叶明. 行业协会限制竞争行为的反垄断法规制［M］. 北京：法律出版社，2010：47.

从表 3-12 可知，1987 年至 2007 年，除 48 个单独由经营者实施的滥用市场优势地位案件没有行业协会的身影以外，其他所有的案件中都有行业协会的身影。甚至限制产量、合理化联合和限制进入的案件中，行业协会参与的比例达到 100%，在 56 个价格联合案件中，行业协会参与了 33 个联合涨价案件中的 28 个，比例高达 84.8%；在 23 个联合限制案件中，也有 11 个案件有行业协会的身影。比例为 47.8%。总体上看，在 109 个案件中，行业协会参与了 43 个，比例为 39.4%。

在《反垄断法》实施以前，行业协会涉嫌垄断的典型案件有：2001 年上海黄金饰品协会和宝石协会以行业自律为名，从事固定价格行为；2005 年广州市眼镜商会集体抵制案；2006 年世界拉面协会中国分会固定价格案；2007 年北京餐饮行业协会联合提价案；2007 年重庆火锅协会集体加收锅底费案；2008 年重庆市保险行业协会固定车辆保险费案。

3.14.2 反垄断法实施后行业协会垄断

表 3-13 2008 年以后发改委查处的行业协会垄断案件

序号	处罚年份	案件名称	所属行业	罚款数额（元）	是否撤销登记
1	2010	浙江省富阳市造纸行业协会组织行业经营者达成实施价格垄断协议案	造纸	50 万	否

续表

序号	处罚年份	案件名称	所属行业	罚款数额（元）	是否撤销登记
2	2012	广州市机动车驾驶培训行业协会组织行业经营者达成实施价格垄断协议案	交通运输	35万	否
3	2012	深圳市机动车驾驶员培训行业协会组织行业经营者达成实施价格垄断协议案	交通运输	35万	否
4	2012	佛山市交通运输协会组织行业经营者达成实施价格垄断协议案	交通运输	35万	否
5	2013	浙江省保险行业协会组织行业经营者达成实施价格垄断协议案	保险	50万	否
6	2013	上海黄金饰品行业协会组织行业经营者达成实施价格垄断协议案	首饰、工艺品及收藏品批发	50万	否
7	2015	四川省资阳市道路运输协会组织组织行业经营者达成实施价格垄断协议案	交通运输	20万	否
8	2015	四川省报废机动车回收拆解行业协会组织行业经营者达成实施价格垄断协议案	废弃资源综合利用业	30万	否

如表3-13所示，190件案件中有12件行业协会实施垄断行为案件。其中2010年查处的浙江富阳市造纸行业协会组织行业经营者达成实施价格垄断协议案为《反垄断法》实施以来发改委处罚的第一起行业协会价格垄断案件。

《反价格垄断规定》第23条第2款规定："行业协会违反本规定，组织本行业的经营者达成价格垄断协议的，依照反垄断法第46条和第49条的规定予以处罚。"

《反垄断法》第46条第3款规定："行业协会违反本法规定，组织本行业的经营者达成垄断协议的，反垄断执法机构可以处50万元以下的罚款；情节严重的，社会团体登记管理机关可以依法撤销登记。""行业协会违反本法规定"，是指行业协会违反《反垄断法》第16条的规定，组织本行业的经营者达成垄断协议。行业协会是否属于《反垄断法》第12条的"经营者"存在争议。在中国的实际情况中，行业协会组织经营者达成垄断协议的情况时有发生，比经营者自己达成的垄断协议危害性往往更大。因此，《反垄断法》专门规定：行业协会组织本行业的经营者达成垄断协议的，反垄断执法机构可以对其处以50万元以下的罚款；情节严重的，社会团体登记管理机关可以依法撤销登记。需要注意的是，经营者参加行业协会组织的垄断协议的，同样要按照第46条第1款、第2款的规定承担相应的法律责任，不能以行业协会的组织行为为理由要求减轻或者免除处罚。

在现实中，行业协会经常通过固定价格、划分市场、集体抵制等方式侵害市场的自由竞争。行业协会是反垄断的重灾区，盘点2010年垄断协议反垄断案件可发现：协会和龙头企业频频涉案。一是行业协会、理事会组织召集有关企业商讨价格，如富阳纸业协会价格垄断案、绿豆串通涨价案和厦门餐饮具消毒行业串通涨价案；二是占据较大市场份额的大企业、重点企业主导有关行业协会、出面协调制定有关商品价格事宜，如柳州米粉串通涨价案。[1] 发生上述案件的主要原因是竞争文化缺失：行业组织对垄断没有清晰认识，认为协调价格是"行业服务"，甚至在刊物和文件上宣传有关内容；一些企业为督促各方遵照执行，也会签订书面价格协议，或者在相关会议纪要上签字。[2] 2010年查处的绿豆串通涨价案就是典型代表。

《国务院办公厅关于加快推进行业协会商会改革和发展的若干意见》把我国行业协会、商会，统称行业协会。《行业协会商会与行政机关脱钩总体方案》《中共中央关于全面深化改革若干重大问题的决定》同时使用了"行业协会商会"一词，《关于选择若干城市进行行业协会试点的方案》认为，行业协会是社会中介组织和自律性行业管理组织。在社会主义市场经济条件下，行业协会应是行业管理的重要方面，是联系政府和企业的桥梁、纽带，在行业内发挥服务、自律、协调、监督的作用。同时，又是政府的参谋和助手。1998年10月25日实施的《社会团体登记管理条例》第2条规定："本条例所称社会团体，是指中国公民自愿组成，为实现会员共同意愿，按照其章程开展活动的非营利性社会组织。国家机关以外的组织可以作为单位会员加入社会团体。"《全国性行业协会商会负责人任职管理办法（试行）》第1款规定："为规范全国性行业协会商会负责人任职管理，促进全国性行业协会商会健康有序发展，根据《社会团体登记管理条例》和《行业协会商会与行政机关脱钩总体方案》有关规定，制定本办法。"从中可以看出，社会团体组织包括行业协会和商会。在我国《反垄断法》立法过程中，立法者已经预见到行业协会的概念存在缺陷，如2005年国务院提请全国人大常委会审议的《反垄断法（草案）》在第8章附则中规定："行业协会等组织实施排除、限制竞争的行为，适用本法。"立法者用"等组织"来概括其他可能从事限制竞争行为的组织。在《反垄断法（建议表决稿）》中，全国人大法律委员会、财政委员会和国务院法制办等部

---

[1] 中国世界贸易组织研究会竞争政策与法律专业委员会. 中国竞争法律与政策研究报告（2011年）[M]. 北京：法律出版社，2012：71.

[2] 参见江国成. 发展改革委：当前价格垄断案件有三大特点 [EB/OL]. [2008-07-31]. 新华网.

门都建议用“等社会团体”❶ 来取代“等组织”，说明立法者已认识到从事限制竞争行为的社会团体不仅包括行业协会，还包括其他社会团体。但在正式通过的《反垄断法》中，只规定了行业协会的限制竞争问题，对其他组织的限制竞争问题则没有提及。

我国《反垄断法》如果只规制行业协会的垄断行为，而放任其他社会团体的垄断行为，必然导致反垄断法整体立法目的不能实现。《反垄断法》上的行业协会是否包括商会，在理论上和立法上仍然需要明确。司法已然走在前列，认定了商会属于反垄断上的诉讼主体。例如，在娄丙林与北京市水产批发行业协会垄断纠纷案中，❷ 法院认为，根据在案证据，水产批发协会成立之前，在会议记录中使用了“北京贝类商会”“北京小双赢组合”“北京市水产批发行业协会”“大连獐子岛渔业集团股份有限公司北京销售组合”等名称，该协会实施了订立垄断协议的行为，应当承担责任。

从理论上分析，行业协会应当经过民政部门的注册登记，以获得法人主体资格，但实务中，未经注册登记的非法人性质的行业协会大量存在，是否必须具有法人资格的行业协会才受反垄断法的规制在我国是颇具争议的课题，实务界持反垄断法规制的行业协会必须是社团法人的观点。❸ 国务院法制办公室原主任曹康泰和原副主任张穹也认为：“行业协会是……非营利性社会团体法人。”❹ 学者持相反观点，如王晓晔教授认为：“行业协会是同一或相关行业的经营者为保护和增进自身的共同利益，而组建的非营利的自律性社会团体”。❺ 时建中教授也认为“行业协会是同一行业的经营者，以促进本行业的共同利益而组成的非营利组织”。❻ 美国反托拉斯法使用“组织”来概括行业协会，并不要求法人性质。欧盟使用“企业团体”一词来概括行业协会，未要求行业协定一定是法人。在我国，对那些在理论上非营利性，但实务中均以营

❶ 全国人大法律委员会、财政委员会和国务院法制办等部门研究，建议在《反垄断法（草案）》第三次审议稿第2章中增加：“行业协会等社会团体不得组织经营者从事本章禁止的垄断行为。”并在第45条中增加一款作为第3款：“行业协会等社会团体违反本法规定组织经营者达成垄断协议的，反垄断执法机构可以处50万元以下的罚款；情节严重的，社会团体登记管理机关可以依法撤销登记。”

❷ 北京市高级人民法院（2013）高民终字第4325号民事判决书。

❸ 全国人大常委法制工作委员会立法规划室主任吴高盛在解释反垄断法规制的行业协会时再次写道：“行业协会是依法成立的社会团体法人”，见吴高盛. 中华人民共和国反垄断法释义［M］. 北京：中国法制出版社，2007：29，49.

❹ 曹康泰. 中华人民共和国反垄断法解读——理念、制度、机制、措施［M］. 北京：中国法制出版社，2007：75.

❺ 王晓晔. 中华人民共和国反垄断法详解［M］. 北京：知识产权出版社，2008：126.

❻ 时建中. 反垄断法——法典释评与学理探源［M］. 北京：中国人民大学出版社，2008：125-126.

利为目标并有营利的组织是否属于反垄断法上的行业协会，还需要通过执法实践来解释。

如果不处罚未经注册登记的行业协会可能导致违法主体钻法律漏洞，即合法注册登记的受到反垄断规制，不注册登记的反而不受反垄断法规制，明显与立法目的相违反，如在 2015 年工商行政管理机关查处的麻阳苗族自治县页岩砖经营者垄断案中，“麻阳页岩砖协会”实际上未登记成立，未被处罚。

依据不同的标准，可将行业协会分为水平式行业协会和垂直式行业协会；全国性行业协会和地方性行业协会；体制内行业协会和体制外行业协会；法人性行业协会和非法人性行业协会，其中，法人性行业协会成立需要国家有关机关审批，而且国家对其管理严格。非法人性行业协会的成立一般不需要国家审批，国家对它的管理宽松；法人性行业协会可以独立承担民事责任；非法人性行业协会不能独立承担民事责任，由行业协会和会员对行业协会的民事责任承担连带责任。[1]

我国《反垄断法》第 56 条规定：“农业生产者及农村经济组织在农产品生产、加工、销售、运输、储存等经营活动中实施的联合或者协同行为，不适用本法。”农业是国民经济的基础产业，又是国民经济的弱势产业。由于农业生产对自然条件的依赖性很强，作为人们基本生活必需品的农产品的需求弹性又很小等特点，使农业成为不适合过度竞争的产业，农业生产活动难以完全适用反垄断法的规定。不少国家和有关国际组织的反垄断立法时都对农业领域给予反垄断豁免。例如，欧盟条约第 42 条规定，欧盟的农业政策优先于竞争政策。欧盟委员会《关于处理农业领域协议的 26 号法规》规定，对农业给予反垄断法的“类别豁免”。加拿大规定，渔夫或渔夫协会同特定人员或协会之间关于在特定条件下捕鱼，并以特定价格供鱼的协议不适用反垄断法。美国《克莱顿法》规定，不禁止为合法目的而采取互助措施的农业和园艺组织的活动（但如果农业生产者组织的联合或合作是以排除竞争为直接目的，从事横向限制竞争定价活动，仍然受反垄断法规制）。美国《凯普—伏尔斯蒂德法》及《合作推销法》规定，农产品生产者有权在生产、收集、储存、经销农产品方面进行合作，共同行动，并视其为一个主体，有权设定联盟政策和固定农产品价格，并对农业合作社的一些行为予以反垄断豁免。我国的农业发展还比较落后，基础薄弱，国家更应采取多种保护措施加以保护。我国反垄断法借鉴国外立法经验，在第 56 条可以明确规定农业活动排除适用反垄断法。此处的农业是大农业的概念，既包括农产品种植业，也包括林业、畜牧业和渔业。此处所称的农

[1] 参见叶明. 行业协会限制竞争行为的反垄断法规制［M］. 北京：法律出版社，2010：21-22.

业生产者，既包括农民，也包括农业企业及其他直接从事农业生产经营活动的组织。此处所称的农村经济组织，既包括农民专业合作经济组织，也包括农村集体经济组织。但我国《退耕还林条例》第25条第3款规定，禁止垄断经营种苗和哄抬种苗价格。第59条，采用不正当手段垄断种苗市场，或者哄抬种苗价格的，依照刑法关于非法经营罪、强迫交易罪或者其他罪的规定，依法追究刑事责任；尚不够刑事处罚的，由工商行政管理机关依照反不正当竞争法的规定处理；反不正当竞争法未作规定的，由工商行政管理机关处以非法经营额2倍以上5倍以下的罚款。有观点认为，反垄断法第56条对农业活动适用除外的规定只适用于“农产品的经营过程”中，并且行为只能是具体的“联合或协同行为”才不适用该法。对农业行业协会在非经营过程中，在非联合或者协同行为中的其他限制竞争行为，仍然适用反垄断法。❶

职业行业协会是否受反垄断法规制也是反垄断法需要解决的疑难问题，职业行业协会是指由专门职业人士组成或参与的，以维护该专业人士行业整体利益为目的的社会组织。职业行业协会专业人士通常认为，由于他们职业价值观和职业态度不同于其他行业的从业人员，其行业协会的自律行为不受反垄断法规制。我国学者一般认为职业行业协会应当受反垄断法规制，如时建中教授认为，“鉴于20世纪70年代以来，反垄断法对职业协会的限制竞争行为进行了有效规制，我国《反垄断法》也不应使这类团体游离于本法之外，可以认为职业协会是一种特殊的行业协会。”❷ 甚至律师行业协会也应当该受反垄断法规制，如各地律师协会已经在准备实施新的律师收费标准，需要从反垄断法规范的角度进行思考。❸ 职业行业协会应当受反垄断法规制的另一个重要原因是，职业行业协会具有限制竞争的功能，我国的《律师法》《注册会计师法》等均规定其行业协会是自律性组织，有自律功能。在职业行业协会章程中，往往有“建立各项自律性管理制度”“进行自律管理”等词语。按照Schaede的研究发现，自律可分为二种：一类是管理性自律；另一类是保护性自律。前者大多不会产生限制竞争的效果，而后者是通过创造商业贸易的保护性边界的方式保护某个产业使之免于竞争，共经常使用的手段是价格协议、准入壁垒、独家交易、联合抵制和拒绝与非会员交易。这些手段都可能造成限制竞争之后果，是

---

❶ 叶明. 行业协会限制竞争行为的反垄断法规制［M］. 北京：法律出版社，2010：96.

❷ 时建中. 反垄断法——法典释评与学理探源［M］. 北京：中国人民大学出版社，2008：102.

❸ 参见孟雁北．反垄断法的主体制度研究［EB/OL］．［2006-05-02］. http://china.findlaw.cn/jingjifa/fldf/lunwen/50691_ 2.html#p2.

各国反垄断法规制的重点。[1] 现实中，一些职业行业协会制定的收费守则、客源分配表等也确有限制竞争之功能。[2]

在司法实务中，我国已经将职业行业协会作为反垄断法司法规制对象，如上诉人广东粤超体育发展股份有限公司与被上诉人广东省足球协会、广州珠超联赛体育经营管理有限公司垄断纠纷案，[3] 但在行政查处中还没有出现涉及职业行业协会的案例。

行业协会的协调功能对竞争的促进作用主要体现在以下三个方面：一是有利于避免竞争者之间恶性竞争的发展和蔓延，保护有序竞争的秩序；二是有利于政府的竞争政策、法规的制定和执行；三是利于提高工作效率。因此，改革开放以来，我国行业协会、商会（以下统称“行业协会”）发展较快，在提供政策咨询、加强行业自律、促进行业发展、维护企业合法权益等方面发挥了重要作用。党的十六届三中全会指出，要按市场化原则规范和发展各类行业协会等自律性组织；十六届六中全会进一步强调，要坚持培育发展和管理监督并重，完善培育扶持和依法管理社会组织的政策，发挥各类社会组织提供服务、反映诉求、规范行为的作用，为经济社会发展服务。行业协会改革发展的总体要求，一是坚持市场化方向。通过健全体制机制和完善政策，创造良好的发展环境，优化结构和布局，提高行业协会素质，增强服务能力。二是坚持政会分开。理顺政府与行业协会之间的关系，明确界定行业协会职能，改进和规范管理方式。三是坚持统筹协调。做到培育发展与规范管理并重，行业协会改革与政府职能转变相协调。四是坚持依法监管。加快行业协会立法步伐，健全规章制度，实现依法设立、民主管理、行为规范、自律发展。各级人民政府及其部门要进一步转变职能，把适宜于行业协会行使的职能委托或转移给行业协会。在出台涉及行业发展的重大政策措施前，应主动听取和征求有关行业协会的意见和建议。行业协会要努力适应新形势的要求，改进工作方式，深入开展行业调查研究，积极向政府及其部门反映行业、会员诉求，提出行业发展和立法等方面的意见和建议，积极参与相关法律法规、宏观调控和产业政策的研究、制定，参与制订修订行业标准和行业发展规划、行业准入条件，完善行业管理，促进行业发展。[4]

---

[1] Ulrnike Schaede, Cooperative Capitalism: Self-Regulation, Trade Associations, and the Antimonopoly Law in Japan, Oxford University Press, 2000, PP. 7-8.

[2] 参见叶明. 行业协会限制竞争行为的反垄断法规制［M］. 北京：法律出版社，2010：112-113.

[3] 广东省高级人民法院（2014）粤高法民三终字第242民事判决书。

[4] 见《国务院办公厅关于加快推进行业协会商会改革和发展的若干意见》（国办发〔2007〕36号）。

3. 15　法定考量因素

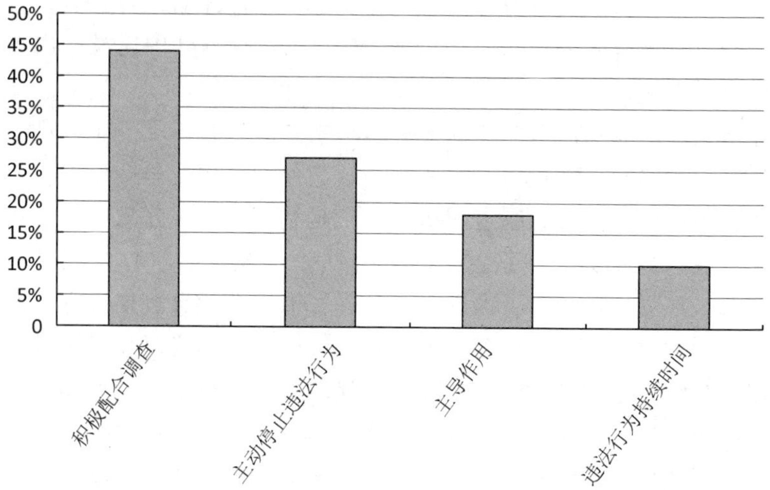

图 3-22　发改委查处垄断案件时的法定考量因素

如图 3-22 所示，在 190 件案件中，在发改委进行处罚时的法定考量因素上，有 83 件案件提及了当事人积极配合调查，占 43. 7%；51 件案件提及当事人主动停止违法行为，占 26. 8%；36 件案件提及当事人是否在垄断协议达成实施过程中起到主导作用，占 18. 9%；19 件案件提及违法行为持续时间长短的影响，占 10. 0%。

我国《反垄断法》第 49 条规定，对《反垄断法》第 46 条、第 47 条、第 48 条规定的罚款，反垄断执法机构确定具体罚款数额时，应当考虑违法行为的性质、程度和持续的时间等因素。

3. 16　宽大制度适用

如图 3-23 所示，190 件案件中，适用宽大制度的案件共计 28 件，其中免除处罚的案件 12 件，占 6. 3%；减轻处罚 16 件，占 8. 4%。

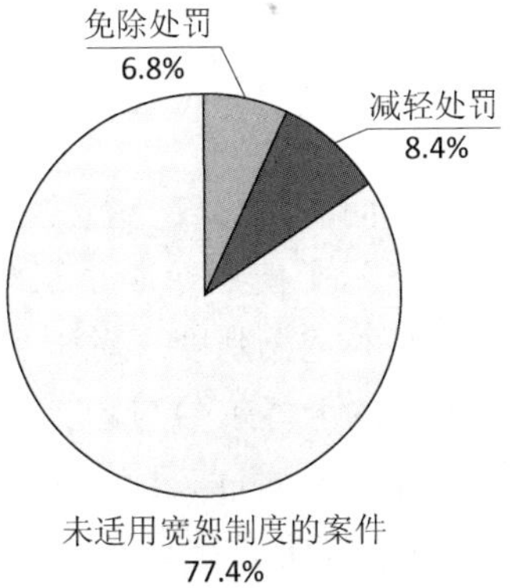

图 3-23　发改委查处垄断案件时适用宽大制度情况

目前在实务中，存在将宽大和豁免混淆的问题，如“9 月 18 日，发改委下达我国反垄断法实施以来的第一道豁免令。该豁免令称，鉴于日立汽车系统有限公司主动报告达成垄断协议有关情况并提供重要证据，且停止了违法行为，按照相关规定，决定对日立公司免除行政处罚。”❶ 前述应当属于宽大制度的适用。宽大制度与豁免制度相比，二者的共同点是在具体实施后都有免除或减轻责任的客观效果，但宽大制度只是纯粹的免除或减轻责任，是一个责任追究的问题，其前提是该行为必然违法，无须考虑其是否有益处，只是在追究责任时，考虑到执法成本，而采取的一种妥协。而豁免是法律的适用问题，其前提是作为豁免对象的行为等存在合理之处，根据适当标准允许其不适用反垄断法，自然也就不适用反垄断法的责任规定，只是最终的效果显示出来，的确会导致不需追究具体的反垄断法责任，但显然这与“宽大”的启动原因完全不同，性质也完全不同。❷ 宽大制度多适用于固定转售价格的方面，也适用于垄断协议。

实践中，发改委不仅在横向价格垄断案件中适用了宽大制度，在奶粉企业案（2013）、眼镜企业案（2014）案等固定转售价格案件中也适用了宽大制度❸。时建中教授认为，从原理上讲，宽大制度对于垄断协议，并无横纵之别，就我国的情形而言，纵向垄断协议若系“固定向第三人转售商品的价格”或者

❶ 蔡恩泽. 从第一道反垄断豁免令说开去［N］. 中国审计报，2014-09-29（06）. 发改委在日立的《免除行政处罚决定书》中指出，“考虑到你公司第一家主动报告达成垄断协议有关情况并提供重要证据，且停止了违法行为，按照《中华人民共和国反垄断法》第 46 条第 2 款和《反价格垄断行政执法程序》第 14 条规定，本机关决定对你公司免除行政处罚。”

❷ 转引自钟刚. 反垄断法豁免制度研究［D］. 北京：中国政法大学，2008.

❸ 洪莹莹. 反垄断法宽恕制度的中国实践及理论反思［J］. 政治与法律，2015（5）.

“限定向第三人转售商品的最低价格”，以及“国务院反垄断执法机构认定”应予以处罚的其他垄断协议，则有适用《反垄断法》第46条第2款即宽大制度的必要和可能。❶

对于那些合谋卡特尔（横向垄断协议）行为，如果没有内部人提供线索和信息，通常都是很难发现的，为了使反垄断执法机关更容易揭开卡特尔秘密，在反垄断法中发展了一项特有的宽大制度。对于主动配合反垄断执法机构调查并提供重要、有力或直接证据的卡特尔参与者，可以免除或减轻处罚。该项制度于1978年起源于美国反垄断法。目前已有德国、加拿大、欧盟、日本等20多个国家或地区予以引入。进入21世纪以来，许多国家更加积极地适用该项制度来应对恶性垄断协议行为，如美国于2004年出台《反托拉斯刑罚增强与改革法》（*The Antitrust Criminal Penalty Enhancement and Reform Act*），强化了“罪责减免政策”；欧盟于2006年修改《关于卡特尔案件罚款减轻和免除公告》，完善了宽大制度的适用条件和程序；日本于2009年修正了罚款减免制度，扩大了宽大制度的适用范围。宽大制度在各国有着不同的含义，如美国指企业和个人的刑事责任减免，日本包括行政罚款减免和刑事责任减免，欧盟仅指罚款的减免（the non-imposition or reduction of fines）。宽大制度的理论基础是博弈论中的囚徒困境理论。宽大制度自建立以来，在各国垄断协议案件查处中发挥了重要作用。美国司法部反托拉斯局官员曾指出，宽大制度是“破获卡特尔违法行为的最有效工具”，“是美国反垄断法100年发展历史中最具影响的制度”。

我国《反垄断法》第46条第2款对反垄断执法中的宽大制度作出了规定，经营者主动向反垄断执法机构报告达成垄断协议的有关情况并提供重要证据的，反垄断执法机构可以酌情减轻或者免除对该经营者的处罚。

《反价格垄断行政执法程序规定》第14条对《反垄断法》第46条第2款进行了细化规定，发改委在查处价格垄断案件时适用宽大制度的情形如表3-14所示，其中重要证据是指对政府价格主管部门认定价格垄断协议具有关键作用的证据。

表3-14　《反价格垄断行政执法程序规定》中规定的宽大制度

涉案经营者表现	适用的宽大制度
第1个主动报告达成价格垄断协议的有关情况并提供重要证据的	可以免除处罚

❶ 时建中. 对反价格垄断行政执法机制和体制的延伸思考［J］. 中国物价，2013（11）.

续表

涉案经营者表现	适用的宽大制度
第 2 个主动报告达成价格垄断协议的有关情况并提供重要证据的	可以按照不低于 50% 的幅度减轻处罚
其他主动报告达成价格垄断协议的有关情况并提供重要证据的	可以按照不高于 50% 的幅度减轻处罚

《行政处罚法》第 27 条规定：当事人有下列情形之一的，应当依法从轻或者减轻行政处罚：（1）主动消除或者减轻违法行为危害后果的；（2）受他人胁迫有违法行为的；（3）配合行政机关查处违法行为有立功表现的；（4）其他依法从轻或者减轻行政处罚的。违法行为轻微并及时纠正，没有造成危害后果的，不予行政处罚。

《价格违法行为行政处罚规定》第 17 条规定："经营者有《中华人民共和国行政处罚法》第 27 条所列情形的，应当依法从轻或者减轻处罚。经营者有下列情形之一的，应当从重处罚：（1）价格违法行为严重或者社会影响较大的；（2）屡查屡犯的；（3）伪造、涂改或者转移、销毁证据的；（4）转移与价格违法行为有关的资金或者商品的；（5）经营者拒不按照本规定第 16 条第 1 款规定退还消费者或者其他经营者多付价款的；（6）应予从重处罚的其他价格违法行为。"

需要说明的是，在行政执法过程中，应当区分免除处罚和不予处罚、减轻处罚和从轻处罚各自的适用情形，避免混同。

免除行政处罚，是指行政机关对一般情况下应当给予处罚的违法行为，考虑当事人具有法定特殊情况，对其免除行政处罚。免除行政处罚的法定事由，《行政处罚法》没有涉及，一般来讲，如果其他法律、法规有规定，就依照该法律、法规的规定执行，例如《反垄断法》第 46 条第 2 款就是为了鼓励涉案企业主动配合调查，积极报告达成协议的情况并提交相关重要证据，从而有助于执法机关快速查清案情，提高反垄断执法效率，节约执法资源，提高执法的社会效应。

不予行政处罚是指因有法定事由存在，行政机关依法对有某种违法行为的当事人不得适用行政处罚，例如，不满 14 周岁的人有违法行为的不予行政处罚。这里所说的不予行政处罚，与免予行政处罚不同。不予行政处罚的行为，是免除了违法性的行为，尽管它在外在形式上与某种违法行为具有相似性，但本质上仍然不失为合法行为。《行政处罚法》中规定依法应当不予处罚情形有：（1）不满 14 周岁的人有违法行为的；（2）精神病人在不能辨认或者不能控制自己行为时有违法行为的；（3）违法行为在两年内未被发现的，法律另有规定的除外；（4）违法行为轻微并及时纠正，没有造成危害后果的；（5）违法事实不清的。

减轻处罚多数是在罚款幅度方面的减轻，其前提是必须在法律、法规、规章有明确规定的情况下。例如，法律规定的处罚种类可以单处也可以并处的，可以选择适用。

从轻处罚是在几种处罚种类中选择较轻的，或者在一处罚幅度种选择则较低档。法律如果规定下限的，所实施的处罚种类或者处罚幅度不得低于法定下限。但法律规定应当并处的，不得选择适用。

反垄断政策的三大支柱并非全部适用宽大政策：经营者集中要么合法要么不合法，没有宽大的余地。滥用支配地位通常是单个经营者的行为，违法者一般不会在违法行为被发现前自首；在违法行为被发现后，违法者可以通过辩诉交易（pleatrade）获得宽大处理。宽大政策存在的意义不大，目前大多数国家反垄断领域的宽大政策都主要针对垄断协议。❶

2016年2月，《横向垄断协议案件宽大制度适用指南》（征求意见稿）公开征求意见，该指南第2条指出，依据《反垄断法》第46条第2款的规定，经营者主动向反垄断执法机构报告达成垄断协议的有关情况并提供重要证据的，执法机构可以酌情减轻或者免除对该经营者的处罚（以下称宽大制度）。为指导在横向垄断协议案件中适用上述规定，提高执法机构工作的透明度，便于经营者申请宽大，依据《反垄断法》制定该指南。但该指南不适用纵向横断协议。

3.16.1 不予处罚的案件

表3-15 发改委不予处罚的垄断案件

序号	案件名称	免除处罚理由
1	中国人民财产保险股份有限公司浙江分公司达成并实施商业车险垄断协议案	启动反垄断调查后第1家主动承认违法事实，并率先提供关键证据
2	日立汽车系统有限公司与其他汽车零部件生产企业实施价格垄断案	第1家主动报告达成垄断协议有关情况并提供重要证据，且停止了违法行为
3	株式会社不二越与其他轴承生产企业实施垄断协议案	第1家主动报告达成垄断协议的有关情况并提供了重要证据，且停止了违法行为

❶ 张昕竹，黄坤．“坦白从宽”在反垄断法中的应用——中国垄断协议的宽大政策研究［J］．山东大学学报：哲学社会科学版，2011（2）．

续表

序号	案件名称	免除处罚理由
4	惠氏奶粉价格垄断案	主动向反垄断执法机构报告达成垄断协议有关情况、提供重要证据，并积极主动整改
5	贝因美奶粉价格垄断案	主动向反垄断执法机构报告达成垄断协议有关情况、提供重要证据，并积极主动整改
6	明治奶粉价格垄断案	主动向反垄断执法机构报告达成垄断协议有关情况、提供重要证据，并积极主动整改
7	湖北奥泽汽车销售服务有限公司达成并实施整车销售及服务维修价格的垄断协议案	主动报告达成价格垄断协议的有关情况并提供重要证据
8	武汉奥嘉汽车销售服务有限公司达成并实施垄断协议案	违法行为轻微并及时纠正，没有造成危害后果
9	豪雅（上海）光学有限公司实施价格垄断行政处罚案	主动向反垄断执法机构报告达成垄断协议的有关情况，提供重要证据，并积极主动整改
10	上海卫康光学眼镜有限公司实施价格垄断行政处罚案	主动向反垄断执法机构报告达成垄断协议的有关情况，提供重要证据，并积极主动整改
11	日本邮船株式会社达成并实施价格垄断协议行政处罚案	第1个主动报告达成垄断协议的有关情况并提供重要证据，且停止了违法行为，在调查过程中全面持续配合、进行整改
12	三亚亿佳哈斯理水晶有限责任公司实施价格垄断行政处罚案	在检查中主动报告达成价格垄断协议的有关情况，提供重要证据

如表3-15所示，截至2015年12月31日，发改委适用宽大制度不予处罚案件共计12件。在惠氏、贝因美和明治价格垄断案中，三家企业因配合调查、提供重要证据和积极主动整改被免于处罚。

宽大制度在茅台和五粮液价格垄断案、液晶面板垄断价格案、洋奶粉涨价案、黄金价格操纵案和汽车业价格垄断案等一系列案件中得以实施，有效地提高了反垄断行为的执法效率，保护了经营者和消费者的合法权益。但由于目前我国《反垄断法》法律条文规定的过于原则性，使得与普通执法机构相比，反垄断执法机构拥有更大的自由裁量权。而宽大制度的实施与执法机构的自由裁量权密切相关，因此，合理把握执法尺度和干预边界就显得极为重要，为增强申请者对宽大制度的可预期性，应规范执法机构的自由裁量权，保证宽大制度有效实施。❶

需要注意的是，我国现行反垄断法中的宽大制度在主体、行为、证据等规

❶ 张晓云. 反垄断宽恕制度中执法机关裁量权的规制［J］. 价格理论与实践，2015（11）.

定上皆有缺失，导致了具体案件中执法机构对宽大条款的适用不一致的情况。例如，表 3-15 的案件中大多没有提及对哪些垄断主体不能适用宽大制度，但在浙江商业车险垄断协议案中（中国人民财产保险股份有限公司浙江分公司为垄断协议参与者之一），对浙江保险业协会的处罚决定书却写道："鉴于你单位是本案横向价格垄断协议的策划者、召集者和主要推动者，依据《反垄断法》第 46 条第 2 款的规定，本机关决定对你单位罚款 50 万元。"可见，该案中发改委考虑了浙江保险业协会作为横向价格垄断协议的"策划者、召集者和主要推动者"的身份。这一标准从字面上看与美国的"领导者、发起者"和欧盟的"胁迫者"都有所不同，但从实质意思上看，本案中的"召集者""策划者"与美国的"发起者"更为接近。再如，对于行为要件，获得宽大是否必须以停止违法行为为前提，表 3-15 显示各案有所不同。在日本车企零部件垄断案和日本车企轴承垄断案中，停止违法行为是其获得宽大的理由之一，而在中国人民保险股份有奶公司浙江分公司达成并实施商业车险垄断协议案中，责令停止违法行为却是作为处罚结果之一。[1]

自 1996 年至 2011 年，美国卡特尔犯罪中裁决的 50 亿罚金中超过 90% 源于由宽大申请者支持的调查，约 50 个国际卡特尔调查中超过一半是由宽大申请人帮助启动或推进的，在欧洲也有类似情况，欧盟委员会的大部分卡特尔裁决是卡特尔成员提起宽大申请的结果。

3.16.2 减轻处罚案件

表 3-16 发改委减轻处罚的垄断案件

序号	案件名称	减轻处罚幅度	减轻处罚理由
1	中国人寿财产保险股份有限公司浙江省分公司参与达成实施商业车险价格垄断协议案	90%	第 2 家主动向调查机关提供关键证据的当事人
2	中国平安财产保险股份有限公司浙江分公司参与达成实施商业车险价格垄断协议案	45%	第 3 家主动向调查机关提供关键证据的当事人
3	株式会社电装与其他汽车零部件生产企业进行价格协商达成并实施价格垄断协议案	60%	第 2 家主动报告达成垄断协议有关情况并提供重要证据，且停止了违法行为
4	爱三工业株式会社与其他汽车零部件生产企业进行价格协商达成并实施价格垄断协议案	20%	主动报告达成垄断协议有关情况并提供重要证据，且停止了违法行为

[1] 洪莹莹. 反垄断法宽恕制度的中国实践及理论反思［J］. 政治与法律，2015（5）.

续表

序号	案件名称	减轻处罚幅度	减轻处罚理由
5	三菱电机株式会社与其他汽车零部件生产企业进行价格协商达成并实施价格垄断协议案	20%	主动报告达成垄断协议有关情况并提供重要证据，且停止了违法行为
6	三叶株式会社与其他汽车零部件生产企业进行价格协商达成并实施价格垄断协议案	20%	主动报告达成垄断协议有关情况并提供重要证据，且停止了违法行为
7	矢崎总业株式会社与其他汽车零部件生产企业进行价格协商达成并实施价格垄断协议案	40%	主动报告达成垄断协议有关情况并提供重要证据，且停止了违法行为
8	古河电气工业株式会社与其他汽车零部件生产企业进行价格协商达成并实施价格垄断协议案	40%	主动报告达成垄断协议有关情况并提供重要证据，且停止了违法行为
9	住友电气工业株式会社与其他汽车零部件生产企业进行价格协商达成并实施价格垄断协议案	40%	主动报告达成垄断协议有关情况并提供重要证据，且停止了违法行为
10	日本精工株式会社与其他轴承生产企业进行价格协商达成并实施价格垄断协议案	60%	第2家主动报告达成价格垄断协议有关情况并提供了重要证据，且停止了违法行为
11	NTN株式会社与其他轴承生产企业进行价格协商达成并实施价格垄断协议案	40%	主动报告达成垄断协议有关情况并提供了重要证据，且停止了违法行为
12	株式会社捷太格特与其他轴承生产企业进行价格协商、达成并实施价格垄断协议案	20%	主动报告达成垄断协议有关情况并提供了重要证据，且停止了违法行为
13	武汉华星汉迪汽车销售服务有限公司达成并实施整车销售及服务维修价格的垄断协议案	50%	主动报告达成价格垄断协议的有关情况并提供重要证据
14	川崎汽船株式会社达成并实施价格垄断协议案	60%	第2个主动向本机关报告达成垄断协议的有关情况并提供重要证据，且停止了违法行为，在调查过程中全面持续配合、进行整改
15	株式会社商船三井达成并实施价格垄断协议案	30%	第3个主动向本机关报告达成垄断协议的有关情况并提供重要证据，且停止了违法行为，在调查过程中全面持续配合、进行整改
16	广东宝海砂石有限公司达成并实施海砂价格垄断协议案	50%	主动提供部分重要证据

如表3-16所示，发改委减轻处罚的案件共16件，减轻20%处罚的4件，减轻30%处罚的1件，减轻40%～45%处罚的6件，减轻50%～60%处罚的5件，减轻90%处罚的1件。

中国人寿财产保险股份有限公司浙江省分公司参与达成实施商业车险价格垄断协议案减轻90%处罚，而同样第2家主动报告达成垄断协议有关情况并提供重要证据，且停止了违法行为的日本精工株式会社与其他轴承生产企业进行价格协商达成并实施价格垄断协议案、株式会社电装与其他汽车零部件生产企业进行价格协商达成并实施价格垄断协议案，仅被减轻处罚 60%；而川崎汽船株式会社达成并实施价格垄断协议案，第 2 个主动报告达成垄断协议的有关情况并提供重要证据，且停止了违法行为，在调查过程中全面持续配合、进行整改，也是减轻 60% 处罚。

这说明减轻处罚中的自由裁量权不统一。容易导致相同或类似案件不同的减轻幅度。“各地在确定具体案件的处罚幅度方面，对性质类似的，要注意平衡，不能差距过大。”❶

3.16.3 发改委与工商宽大制度比较

表 3-17 发改委与工商总局各自规定的宽大制度对比

执法机构名称	垄断协议组织者是否适用宽大制度	重要证据	宽大制度免除或减轻处罚
工商总局	禁止	必须对主管机关启动调查程序或认定垄断协议起到关键性作用	第一个主动报告所达成垄断协议的有关情况、提供重要证据并全面主动配合调查的经营者，免除处罚
			对主动向工商行政管理机关报告所达成垄断协议的有关情况并提供重要证据的其他经营者，酌情减轻处罚
发改委	不予禁止	对主管机关认定价格协议具有关键作用	第一个主动报告达成价格垄断协议的有关情况并提供重要证据的，可以免除处罚
			第二个主动报告达成价格垄断协议的有关情况并提供重要证据的，可以按照不低于 50% 的幅度减轻处罚
			其他主动报告达成价格垄断协议的有关情况并提供重要证据的，可以按照不高于 50% 的幅度减轻处罚

如表 3-17 所示，自 2008 年《反垄断法》实施以来，发改委和工商总局对宽大制度的适用态度截然不同，虽然在各自颁布的规章中都对《反垄断法》第 46 条的原则性规定做了一定的细化，但对于宽大制度的适用对象、适用条件等规定均有所不同。

迄今为止，工商总局处理的案件中仅有 1 例案件适用了宽大制度。而发改委则多次在执法实践中适用了宽大制度，如海南三亚水晶店价格垄断案、合生元等乳粉价格垄断案（纵向垄断协议案件）。

《工商行政管理机关查处垄断协议、滥用市场支配地位案件程序规定》在

❶ 卢延纯. 进一步做好反价格垄断工作［J］. 中国价格监管与反垄断，2015（1）.

第20条规定，对垄断协议的组织者，不适用减轻或免除处罚。然而，发改委及省级价格主管部门在执法中却给出了不同的答案。在2011年广东海砂案中，以广东宝海砂石有限公司、东莞江海贸易有限公司等企业为首，广东省内具有海砂开采资格的20多家企业成立了“海砂联盟”，定期协商统一海砂开采资源费，通过价格垄断行为操纵海砂价格，以获得高额利润。该案中，广东宝海砂石公司为该垄断协议的组织者，但由于其主动提供了部分重要证据，广东省物价局最终依据《反垄断法》第46条第2款规定，对其以50%幅度减轻罚款。可见该案中价格主管部门对垄断协议中的组织者不排除适用宽大制度。

我国《反垄断法》第46第2款和《反价格垄断行政执法程序规定》第14条第2款、《工商行政管理机关查处垄断协议、滥用市场支配地位案件程序规定》第20条以及《工商行政管理机关禁止垄断协议行为的规定》第11条和第12条的规定对宽大制度做了非常原则性的规定，从而赋予反垄断执法机关较大的自由裁量权。反垄断执法机关对宽大制度的裁量权的具体表现为：一是执法机关对于经营者提供的重要证据的裁量权；二是执法机关享有是否给予申请者宽大待遇及何种待遇的裁量权。[1]

为解决执法中的宽大制度适用问题，《横向垄断协议案件宽大制度适用指南》（征求意见稿）就宽大制度适用进行了明确。《横向垄断协议案件宽大制度适用指南》（征求意见稿）第13条对《反垄断法》确立的宽大制度进行了细化规定。对于第一顺位的经营者，执法机构可以对经营者免除全部罚款或者按照不低于80%的幅度减轻罚款。在执法机构启动调查程序前申请宽大并确定为第一顺位的经营者，执法机构将给予免除全部罚款。对于第二顺位的经营者，执法机构可以按照30%~50%的幅度减轻罚款。对于第三顺位及后序顺位的经营者，可以按照不高于30%的幅度减轻罚款（见表3-18）。

纵向垄断协议是否适用宽大问题，《横向垄断协议案件宽大制度适用指南》（征求意见稿）没有涉及，但在执法实践中，在奶粉企业横向价格垄断案中，发改委依法对3家企业适用了宽大政策免除了处罚。[2]

表3-18 《横向垄断协议案件宽大制度适用指南》（征求意见稿）相关规定

顺位 / 阶段	第一	第二	第三	其他
调查启动前	100%	30%~50%	30%≤	0
调查启动后	≥80%	30%~50%	30%≤	0

[1] 张晓云. 反垄断宽恕制度中执法机关裁量权的规制［J］. 价格理论与实践，2015（11）.

[2] 参见许昆林. 宽大政策适用于纵向垄断协议［N］. 中国经济导报，2013-10-31.

3.16.4 附加宽免制度

附加宽免（leniency/amnesty plus），又称为宽大升级，是指因为告发来迟而依据宽大政策未能免除行政罚款的卡特尔成员，就另一市场上的其他卡特尔行为同反垄断执法机构合作，作为回报，反垄断执法机构不仅会依据宽大政策对其在另一市场上的其他卡特尔行为减少或免除罚款，还会降低其在前一卡特尔中的罚款额度，从而获得附加宽大。为了打击国际卡特尔，附加宽免制度作为一种政策工具由美国始创于20世纪90年代中期，后来在20世纪90年代末被正式引入到宽大制度中，被称为“能够像推到纸牌屋一样摧毁一系列卡特尔的工具”。不过由于附加宽免制度具有容易被卡特尔成员“战略性”利用的特点，欧盟以及我国台湾地区和香港地区并未在宽大政策中引入该制度。引入该制度的许多国家或地区在具体制度设计方面也存在一定差异（见表3-19），例如，国际竞争网络（ICN）就在《实施指南》中称该制度为宽大政策中的“低概率事件”，本来已经引入该制度的葡萄牙也于2012年将其从卡特尔实施工具中剔除。❶

表3-19 各司法辖区附加宽免制度对比

司法辖区	强制性适用还是选择性适用	加重处罚	申请者是否被要求披露其所参加的其他违法协议	宽大幅度是否提前作出规定	同一经营者能否多次获得附加宽免（涉及同一罚款）
美国	强制	√	是	不，但幅度较大	不能，附加宽免幅度取决于多种因素
加拿大	强制	√	是	是，通常为5%~10%	不能，附加宽免幅度取决于多种因素
英国	选择	×	不	不，不会太高，但至少25%	能
新西兰	选择	×	不	不	能
新加坡	选择	×	不	不	能
瑞士	选择	×	不	是；≥30%	能
韩国	选择	×	不	是；幅度为20%、30%、50%、100%	参见《附加宽免款减轻计算规则》
巴西	选择	×	不	是，幅度为33%	能

❶ 綦书纬. 完善我国《反垄断法》宽大制度的研究——兼就《横向垄断协议案件宽大制度适用指南（征求意见稿）》提出几点建议［J］. 价格理论与实践，2016（3）.

续表

司法辖区	强制性适用还是选择性适用	加重处罚	申请者是否被要求披露其所参加的其他违法协议	宽大幅度是否提前作出规定	同一经营者能否多次获得附加宽免（涉及同一罚款）
保加利亚	选择	×	不	是；≥10%	能；明确可预见，附加宽免幅度总共不超过30%
波兰	选择	×	不	是；幅度为30%	能

3.17 垄断协议豁免

本次统计的175件经营者垄断案件中，尚未发现有依据《反垄断法》第15条对当事人予以豁免的案件。

反垄断法豁免制度是《反垄断法》的重要内容，对于实现反垄断法的立法目的具有重大现实意义。豁免是指排除适用反垄断法的情形。豁免制度是利益衡量的结果，即从经济效果上对于限制竞争行为的性质和影响进行利益对比，在利大于弊时将其排除适用反垄断法的禁止规定。[1]

从执法程序来看，西方有听证、证据开示等制度，而根据我国《行政处罚法》，申请听证是当事人接到行政处罚告知书后依法享有的权利，反垄断执法机构目前没有主动开展听证的法律依据。从具体条款来讲，美国对不同垄断行为的分析形成了本身违法原则和合理分析原则，对横向价格垄断协议主要适用本身违法原则，对纵向价格垄断协议和滥用市场支配地位行为以合理分析原则为主。我国没有这两个原则，而是采用了一般禁止加例外豁免的规定，不管是横向垄断协议还是纵向垄断协议，只要符合第15条的要件，都有获得豁免的机会。能不能证明自己的行为符合豁免的条件，是经营者的责任。[2] 目前在欧洲，英国、芬兰、波兰、罗马尼亚、瑞典等五国的宽大政策仍适用于纵向领域。其中，英国公平交易办公室2012年刚刚修改了《关于确定适当罚款的指南》。该指南明确指出，“在卡特尔行为案件中，对于主动报告并提供证据的经营者，可以给予罚款减免的宽大待遇。本指南所称卡特尔行为是指违反欧盟条约第101条和英国《竞争法》第一章的协议行为，包括固定价格（包括转售价

---

[1] 尚明. 反垄断——主要国家与国际组织反垄断法律与实践［M］. 北京：中国商务出版社，2005：42.

[2] 卢延纯. 进一步做好反价格垄断工作［J］. 中国价格监管与反垄断，2015（1）.

格维持）、串通投标、限制产量和划分市场等”。英国反垄断执法机构通过扩大解释卡特尔行为，将转售价格维持也涵盖在了宽大政策的适用范围内。❶

2013年发改委曾派出30个工作组对全国各地水泥行业价格协同案进行调查。2014年3月27日《证券时报》披露，考虑水泥行业产能过剩、2012年利润率较低，此次价格协同行为持续时间不长，中国水泥协会负责人带队前往发改委陈述水泥行业价格协同行为，并提供行业数据论证。最终，发改委将之定性为不属于垄断行为，但发改委官方网站上没有披露相关信息。❷

3.18 中止调查

表3-20 发改委中止调查的垄断案件

序号	企业名称	申请中止理由	立案时间	中止调查时间	是否终止调查
1	湖北盐业集团有限公司武昌分公司	积极配合价格主管部门的调查，主动采取了收回余货等减轻违法行为后果的措施，且其涉案数量数额、销售对象、市场辐射、社会影响等均较小，并提交了规范非盐商品销售的承诺书	2010.8	2010.8	未知
2	美国IDC公司涉嫌价格垄断案中止调查	积极配合调查，提出了消除涉嫌垄断行为后果的具体措施	2013.6	2014.3	未知

如表3-20所示，发改委系统共中止案件2件。工商行政管理机关中止的案件明显多于发改委，发改委系统中止的案件目前是否终止不得而知。这说明发改委系统中止决定作出的条件较高，审查较严格。

2003年欧盟理事会制定的《欧盟竞争条例》第9条规定了承诺和解制度。2004年9月17日，欧盟委员会发布了一份关于承诺决定的备忘录，明确指出核心卡特尔案件不适用经营者承诺和解制度。2004年9月，在德国足联转播权滥用市场支配地位案中欧盟委员会首次适用了承诺和解制度。❸ 我国《反垄断法》第45条在吸取国外经验的基础上规定了经营者承诺制度，其本质是反垄断执法和解制度。2011年年底发改委对中国电信和中国联通涉嫌阻碍网络互通互联和价格歧视展开反垄断调查，这是我国《反垄断法》实施以来首例执法机

❶ 潘皞宇. 纵向垄断协议可适用宽大政策［N］. 法制日报，2013-11-27（012）.
❷ 参见北京市律协竞争与反垄断法律事务专业委员会编：2013年竞争法年度报告。
❸ 万江. 中国反垄断法理论、实践与国际比较［M］. 北京：中国法制出版社，2015：15.

构对具有行业垄断色彩的央企发起的调查，受到舆论的极大关注，很快电信和联通两巨头承认错误，向发改委提交中止反垄断调查申请，并承诺宽带提速降价，这是我国对承诺和解程序的第一次运用。

在中国反垄断执法史上，最早适用中止程序的反垄断案件是2010年武昌盐业分公司强制搭售案。[1] 该案案情为：按照湖北盐业集团有限公司和湖北盐业集团有限公司武汉分公司提出的发展“非盐经济”的工作要求，武昌盐业分公司于2010年7月5日从荆州活力二八沙市日化有限公司分别以每件38元和47元的价格，购进不同类别“活力28”洗衣粉共1 400件。7月9日至8月3日，武昌盐业分公司青山批发部按3~5元/件不等的差价，售给2家食盐批零兼营经销店即永隆干调店和张斌调料店380件，共计货款19 362元。永隆干调店店主何红军在接受调查人员询问时回答说：“因为我们与盐业分公司关系好，所以帮他们销售一些沙市日化洗衣粉”。张斌调料店店主张斌在接受调查人员询问时回答说：“在批发食盐的时候，曾有过普通碘盐搭营养盐的现象，前段时间还可以选择批进沙市日化‘活力28’洗衣粉。洗衣粉相对营养盐销路好一些，我们愿意批洗衣粉”。永隆干调店和张斌调料店在销售食盐过程中，采取搭售和分售两种方式，将200件洗衣粉转售给若干零售商店。绝大部分零售商店没有采取搭售方式，而是以分售方式分别销售食盐和洗衣粉。

搭售案件被曝光后，武昌盐业分公司于8月13日从张斌调料店收回未售出的洗衣粉。8月20日，武昌盐业分公司以书面形式向湖北省物价局提交了关于规范非盐产品销售的承诺。考虑到武昌盐业分公司搭售洗衣粉的态度较好，积极配合价格主管部门的调查，主动采取了收回余货等减轻违法行为后果的措施，且其涉案数量数额、销售对象、市场辐射、社会影响等均较小，并提交了规范非盐商品销售的承诺书，湖北省物价局依据《反垄断法》第45条规定，对本案作出了中止调查和提醒告诫的决定。一是决定对武昌盐业分公司“搭售事件”一案中止调查，同时提出限期整改（一个月）并跟踪监督（两个月）的限制条件。如果发现武昌盐业分公司不履行承诺，不改正错误，不整改到位，将立即恢复调查。二是决定对湖北盐业集团有限公司和湖北盐业集团有限公司武汉分公司进行提醒告诫。责成湖北盐业集团有限公司和湖北盐业集团有限公司武汉分公司督促武昌盐业分公司履行承诺、整改到位，并进一步加强对重点辖区内盐业分支机构的管理，整顿规范湖北省和武汉市区域内的盐及非盐

---

[1] 叶高芬. 滥用市场支配地位的反垄断规制［M］//中国世界贸易组织研究会竞争政策与法律专业委员会. 中国竞争法律与政策研究报告（2013年），北京：法律出版社，2014：84.

商品销售行为，防止类似滥用市场支配地位的违法行为再次发生。❶

3.19 行政处罚听证

根据发改委及各省级执法部门公开的反垄断执法案件信息，结合其他媒体报道和相关检索，未发现涉案经营者在反垄断调查过程中申请听证。

3.20 行政复议分析

根据发改委及各省级执法部门公开的反垄断执法案件信息，结合其他媒体报道和相关检索，尚未发现对相关决定提起了行政复议的案件。

3.21 行政诉讼分析

表 3-21 反垄断行政诉讼案件

序号	案件名称	案件结果
1	原告南京嘉盛混凝土有限公司与被告江苏省物价局物价行政处罚行为一案的行政裁定书	裁定驳回原告起诉
2	原告南京建工集团有限公司混凝土分公司与被告江苏省物价局物价行政处罚行为一案的行政裁定书	裁定驳回原告起诉
3	原告南京大地万宏混凝土有限公司与被告江苏省物价局物价行政处罚行为一案的行政裁定书	原告撤诉

如表 3-21 所示，截至 2015 年年底，仅搜集到 3 件针对价格管理部门的反垄断行政处罚决定提起的行政诉讼，即南京建工集团有限公司混凝土分公司、南京嘉盛混凝土有限公司、南京大地万宏混凝土有限公司不服价格垄断处罚决定诉讼案。❷ 在我国，与反垄断有关的行政诉讼主要表现为两种形式：一是对行政机关的反垄断执法行为提起的诉讼，即反垄断行政诉讼；二是对行政垄断提起的诉讼，即反行政垄断诉讼。❸

❶ 参见湖北省物价局依法查处武昌盐业分公司强制搭售案件［EB/OL］.［2016-04-10］. http：//www. sdpc. gov. cn/fzgggz/jggl/zhdt/201011/t20101115_ 380425. html.

❷ 参见江苏省南京市中级人民法院行政判决书（2014）宁行初字第 71 号和（2014）宁行初字第 70 号。

❸ 参见王岩. 反垄断行政诉讼中若干问题探析［J］. 电子知识产权，2015（8）.

2013 年 8 月 7 日，江苏省物价局根据举报，依法对南京混凝土协会及部分混凝土生产企业开展了反价格垄断调查，并于2013 年12 月23 日依据《反垄断法》规定，对实施价格垄断的南京混凝土协会及 37 家涉案企业共计罚款 3900 万元。[1]

行政处罚决定送达后，因南京混凝土协会、南京加豪新型建材有限公司拒不执行处罚决定，江苏省物价局向南京市中级人民法院申请强制执行。南京建工集团有限公司混凝土分公司、南京嘉盛混凝土有限公司、南京大地万宏混凝土有限公司等三家企业不服行政处罚决定，向南京市中级人民法院提起行政诉讼。南京市中级人民法院受理后，南京大地万宏混凝土有限公司撤回起诉。法院经审理查明，南京建工集团有限公司混凝土分公司、南京嘉盛混凝土有限公司的代理律师通过提供虚假证明的欺骗方式，误使法院立案，上述两企业的起诉已超过法定期限且无正当理由，遂依法裁定驳回起诉。

依据《行政诉讼法》第 45 条，公民、法人或者其他组织不服复议决定的，可以在收到复议决定书之日起 15 日内向人民法院提起诉讼。复议机关逾期不作决定的，申请人可以在复议期满之日起 15 日内向人民法院提起诉讼。法律另有规定的除外。第 46 条第 1 款规定：公民、法人或者其他组织直接向人民法院提起诉讼的，应当自知道或者应当知道作出行政行为之日起 6 个月内提出。法律另有规定的除外。《行政处罚法》第 6 条规定：公民、法人或者其他组织对行政机关所给予的行政处罚，享有陈述权、申辩权；对行政处罚不服的，有权依法申请行政复议或者提起行政诉讼。公民、法人或者其他组织因行政机关违法给予行政处罚受到损害的，有权依法提出赔偿要求。

行政相对人应当在前述规定的时效内提起行政诉讼，否则超过时效，再提起行政诉讼法院会直接裁定驳回起诉。

3.22　法律适用分析

如图 3-24 所示，190 件案件中，有 2 件案件适用《价格法》查处，占比 1.1%，98.9%的案件均适用《反垄断法》查处。

[1] 需要说明的是，江苏省物价局的这起反垄断行政处罚案件由于行政处罚决定信息未全面公开，故笔者没有将其纳入本次发改委反垄断大数据分析。

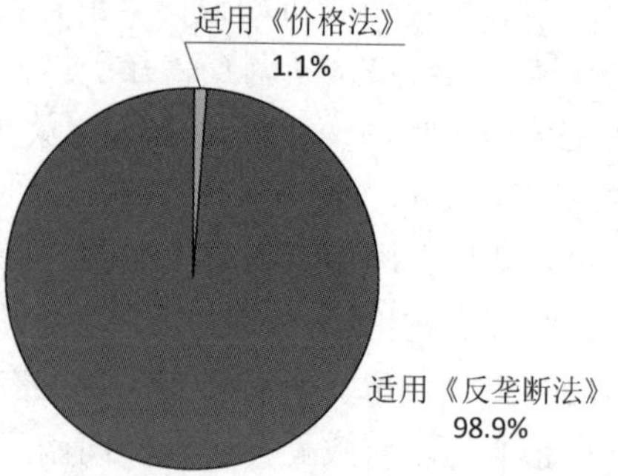

图 3-24 发改委查处价格垄断案件法律适用情况

例如，在浙江省富阳市造纸行业协会组织经营者达成价格垄断协议案中，浙江省富阳市造纸行业协会组织本行业经营者达成变更或固定价格的垄断协议的行为，违反了《价格法》和《反垄断法》的相关规定。根据《价格违法行为行政处罚规定》第 5 条第 3 款关于行业协会组织经营者相互串通、操纵市场价格的，对行业协会可以处 50 万元以下的罚款的规定，为维护正常的市场竞争秩序，保护消费者和其他经营者的合法权利，浙江省物价局依法对协会处以 50 万元的罚款。

2013 年 1 月中旬发改委还公布了对六家境外企业实施液晶面板价格垄断的处罚决定，依法责令涉案企业退还国内彩电企业多付价款 1.72 亿元，没收 3675 万元，罚款 1.44 亿元，经济制裁总金额 3.53 亿元。其中，三星 1.01 亿元，LG1.18 亿元，奇美9 441万元，友达2 189万元，中华映管1 620万元，瀚宇彩晶 24 万元。该案 2012 年 8 月启动调查，2013 年 1 月 4 日公布处罚决定，但由于涉案行为发生在我国《反垄断法》实施之前，故该案处罚决定是依据《价格法》。

另在未收录统计的价格垄断案中，适用《价格法》查处的有 2009 年绿豆串通涨价案，2009 年柳州米粉串通涨价案，2014 年重庆快递公司统一涨价案❶。

关于法律适用，《反垄断法》和《价格法》在调整重心、调整方式和调整范围等方面均有不同：《反垄断法》主要关注市场上的价格是否在自由、有效竞争中形成，着重于审查该行为对市场竞争的影响，调整垄断行为；而《价格法》只需要关注某一行为是否违反法律规定，重心则放在价格的宏观调控上，

❶ 圆通等 6 家快递统一涨价被调查：涉嫌操纵价格［EB/OL］（2014-08-14）［2016-06-01］. http：//tech. qq. com/a/20140814/012615. htm？pgv_ ref=aio2012&ptlang=2052.

调整范围较为宽泛。[1] 因此，竞争执法机关应依据违法行为后果、引起的社会反应来选择适用法律。如果该行为可能排除竞争，对相关市场造成反竞争后果，或者该行为引起的社会反响较大，应适用《反垄断法》，而不能简单适用《价格法》。《反垄断法》和《价格法》的衔接表现在《价格法》具有弥补《反垄断法》规制空白、提供兜底保护的作用。只有对尚不构成价格垄断行为的违法行为，才可以适用具有兜底保护作用的《价格法》，而对于符合要件的垄断协议行为，应适用反垄断法。[2]

在一定意义上，所有的行政执法活动都应当坚持审慎的原则，避免执法不当，侵害相对人的合法权益。笔者把审慎执法作为反垄断执法的一个原则，是因为反垄断执法确实具有一定的特殊性。前面已提到反垄断执法应当把握好“度”的问题，使《反垄断法》成为促进经济发展的有力工具，而不能对经济过度干预而影响经济的发展。我国《反垄断法》的规定较为原则，反垄断执法直接影响反垄断法实施的效果。因此，无论从哪个角度来看，反垄断执法都不同于一般的行政执法，反垄断执法效果往往具有整体性和全局性，直接关系到经济社会发展。反垄断执法也非常复杂，如何用好这一政策工具绝非易事，正因为反垄断执法既重要又复杂，反垄断执法就更应当秉持一种审慎的态度。

一是慎用《反垄断法》。有这样一种说法，《反垄断法》是一把悬着的剑，一方面是说反垄断法是一把利剑，具有很强的威慑作用；另一方面是说这把利剑是悬起的，并不一定经常被使用。从世界其他国家反垄断执法情况来看，每年进入反垄断调查的案子并不是很多，最终被确认违反反垄断法并被处罚的案件数量就更少。反垄断法这部法律同时具有政策工具的性质，其规制的对象是对市场竞争秩序具有破坏影响的垄断行为，不仅仅是从微观层面对一个具体的行为进行考察，而是从宏观层面对具体行为所产生的效果进行判断。需要反垄断法规制的垄断行为，都应当是对整体市场竞争秩序具有一定的破坏影响，因此，反垄断法的性质也决定了反垄断法不可能被非常频繁地使用。笔者强调慎用反垄断法，并不是说要使反垄断法成为高悬之剑，只具有威慑作用，而是说正是由于反垄断法是把利剑，一定要用好、用对地方。对于损害其他经营者或者消费者的利益，但对相关市场的竞争并不具有排除、限制影响的一般的价格违法行为，应当适用《价格法》进行处罚。对于破坏市场竞争秩序的价格垄断

---

[1] 中国世界贸易组织研究会竞争政策与法律专业委员会. 中国竞争法律与政策研究报告（2011年）[M]. 北京：法律出版社，2012：70.

[2] 中国世界贸易组织研究会竞争政策与法律专业委员会. 中国竞争法律与政策研究报告（2011年）[M]. 北京：法律出版社，2012：71.

协议行为，以及滥用市场支配地位价格垄断行为，则运用《反垄断法》进行规制。

二是适用反垄断法要审慎。反垄断案件一般涉及面广、关注度高、社会影响大，一个具体反垄断案件的处理，可能对特定市场具有巨大的、长远的影响。因此，反垄断执法不是简单地适用法律的问题，要从全局的、长远的角度出发，统筹考虑各方面的因素。对垄断行为进行认定是一个复杂的判断过程。因此，反价格垄断执法应当审慎适用反垄断法，慎重作出判断，要注意反价格垄断执法的综合社会效果。笔者强调适用反垄断法要慎重，不是说反价格垄断执法不能放开手脚，而是说要适用反垄断法要有一种审慎的态度，对于经营者实施的行为是否构成价格垄断行为，不能简单下结论，要研究、要论证，慎重作出判断。对于有些模糊的、一时还不能确定是否构成反垄断法规制的价格垄断行为，可以不急于适用反垄断法进行规制，可以等一等，放一放，等情况更加清楚、证据更为充分了，再作出判断。

第 4 章　商务部反垄断行政执法分析

4.1　经营者集中统计

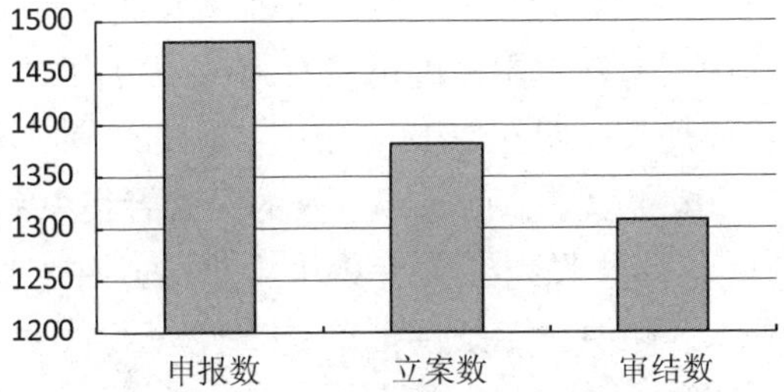

图 4-1　经营者集中数据统计

如图 4-1 所示，自 2008 年《反垄断法》实施以来，截至 2015 年 12 月 31 日，商务部反垄断局共收到经营者集中[1]案件申报1 480件，立案1 381件，审结1 308件。通用中国与神华煤制油设立合营企业是目前附限制性条件批准案件中，唯一一起国有企业参与的经营者集中案件。[2]

2015 年上半年共收到经营者集中反垄断案件申报 160 件，同比增长 55%。立案 169 件，同比增长 46%；审结 156 件，同比增长 33%。所有审结案件中，153 件无条件批准，立案后撤销两件，撤回 1 件。[3]

截至 2012 年 12 月 26 日，2012 年商务部共收到经营者集中申报 201 件，立案 186 件，审结 154 件。其中商务部附条件批准了 6 件，这是从年反垄断法实施以来附条件批准最多的一年。其中，2008 年 1 件、2009 年 5 件、2010 年 1

---

[1] 我国《反垄断法》采用了“经营者集中”的概念。除此之外，在其他司法辖区还有采用“企业并购”的如德国，采用“企业结合”的如日本，“合并”和“经营者集中”同时使用的如欧盟，等等。为便于表述并与我国《反垄断法》相一致，除特别指出或尊重原文表述外，本文一律采用“经营者集中”的措辞。

[2] 张硕. 蔡峻峰解读经营者集中 [J]. 汽车商业评论，2014（10）.

[3] 万静. 上半年经营者集中反垄断立案同比大增——交易金额百亿元以内案件逾八成 [N]. 法制日报，2015-07-24.

件、2011年4件、2012年6件。❶

从2008年8月1日至2014年4月，商务部已就750起经营者集中案件作出审查决定，其中无条件批准经营者集中决定728个（截至2013年年底），附加限制性条件批准经营者集中决定21个，禁止经营者集中决定1个。❷

2008年11月8日商务部作出的关于附加限制性条件批准英博集团公司收购公司反垄断审查决定，是我国《反垄断法》颁布实施以后商务部作出的第一起附加限制性条件批准集中决定。

我国在法律上确立经营者集中反垄断控制制度是2007年8月30日公布的《反垄断法》，即便从2003年3月7日对外贸易经济合作部等单位联合发布《外国投资者并购境内企业暂行规定》第一次确立外资并购反垄断控制制度算起，我国的经营者集中反垄断控制制度也只有10年左右的历史。❸

商务部反垄断局原局长尚明在2014年2月28日的“反垄断工作”专题新闻发布会上介绍：“2008年以来，商务部审查的经营者集中案件数量快速增加。截至2013年年底，商务部共收到经营者集中申报866件，立案797件，审结740件。在审结的全部案件中，无条件批准717件（约占97%）；附条件批准22件，禁止1件（二者合计约占3%）。

随着竞争的加剧，随着兼并重组、收购的趋势加大，可以预料的是，经营者集中案件必然增加，新情况和新类型案件也将更多，案件的增加和审查机关的审查效率之间的矛盾更加突出。

美国是世界上最早建立经营者集中反垄断控制制度的国家，1890年颁布的《谢尔曼法》和1914年颁布的《克莱顿法》是美国经营者集中反垄断控制的主要法律依据。欧盟经营者集中反垄断控制制度起步较晚，但具有许多特色。我国经营者集中反垄断控制制度的立法，既有美国反托拉斯法的影子，又在很大程度上借鉴了欧盟竞争法的经验。目前世界上已经有110多个国家和地区建立了经营者集中反垄断控制制度。

4.2 经营者集中申报

经营者集中的申报制度主要规定在《反垄断法》的第21~25条，我国经营者集中申报制度主要有以下几个特点：(1) 仅采用了营业额标准，排除了市

❶ 赵健. 经营者集中附加限制性条件研究［D］. 郑州：郑州大学，2013.

❷ 刘斌. 商务部经营者集中审查决定研究［D］. 武汉：中南大学，2014.

❸ 叶军. 经营者集中反垄断控制中的资产分持规则研究［J］. 比较法研究，2015 (6).

场份额标准。(2) 区别“全球市场”和“境内市场”，分别设置了不同的营业额标准。(3) 对特殊行业领域的营业额计算作了例外规定。❶

4.2.1 申报标准

表 4-1 申报标准的相关规定

一般经营者集中申报标准	
标准 1	参与集中的所有经营者上一会计年度在全球范围内的营业额合计超过 100 亿元人民币，并且其中至少两个经营者上一会计年度在中国境内的营业额均超过 4 亿元人民币
标准 2	参与集中的所有经营者上一会计年度在中国境内的营业额合计超过 20 亿元人民币，并且其中至少两个经营者上一会计年度在中国境内的营业额均超过 4 亿元人民币
简易案件申报标准	
市场份额标准	横向集中：在同一相关市场，所有参与集中的经营者所占的市场份额之和小于 15%
	纵向集中：存在上下游关系的参与集中的经营者，在上下游市场所占的份额均小于 25%
	混合集中：不在同一相关市场、也不存在上下游关系的参与集中的经营者，在与交易有关的每个市场所占的份额均小于 25%
经营活动范围	参与集中的经营者在中国境外设立合营企业，合营企业不在中国境内从事经济活动
	参与集中的经营者收购境外企业股权或资产的，该境外企业不在中国境内从事经济活动
控制权取得标准	由两个以上经营者共同控制的合营企业，通过集中被其中一个或一个以上经营者控制
	由两个以上经营者共同控制的合营企业，通过集中被其中的一个经营者控制，该经营者与合营企业属于同一相关市场的竞争者

表 4-1 为现行法律、法规对经营者集中申报标准的相关规定。尽管现行立法已对经营者集中的申报标准进行了较为详尽的规定，但实践中认定经营者集中仍存在很大的不确定性，特别是“取得控制权”“决定性影响”等概念的模糊性，使得一项经营者集中交易进行时是否应当进行申报接受反垄断审查，无论是官方执法机构还是参与集中的经营者对此都没有确切答案。

由于经营者集中申报门槛的不确定性，大部分企业在进行并购等集中交易时都会选择主动向商务部反垄断局申报，通过接受事前审查来规避事后反垄断调查的风险，但也因此大大增加了商务部反垄断局反垄断审查工作量，并在实际上拖延了真正有必要进行反垄断审查的经营者集中案件的审查进度，在市场瞬息万变的环境下时间因素对于经营者集中这一市场交易行为的影响极为重大，因此，有必要通过规则细化，建构具有可操作性的经营者集

❶ 马晓鹏. 经营者集中法律制度比较研究［J］. 职工法律天地：下，2014（5）.

中认定标准。

有研究者认为，国企并购并未严格适用该项重要制度，最典型的案例就是中国联通与中国网通合并案，❶ 以国有企业为例，实际上国有企业申报的也比较多，虽然是国企，但是有些市场份额也没有那么高。❷

4.2.2 申报前商谈

商务部反垄断局专设商谈处，负责商谈事宜。仅有的两处公开信息显示，2009 年商谈已达 200 多次，❸ 商务部网站披露 2010 年共接收经营者集中申报案件 130 多起，立案 110 多起，进行立案前商谈 100 余次。❹《外国投资者并购境内企业反垄断申报指南》第五条、《关于经营者集中申报的指导意见》第 9 条、《经营者集中申报办法》第 8 条、《商务部实施外国投资者并购境内企业安全审查制度有关事项的暂行规定》第 3 条均规定了申报前的商谈程序。

但据了解，商务部因人员编制问题，商谈处处于半停止状态。

在欧盟规定的合并控制程序中，申报前商谈为第一阶段，将相关市场界定等实践中阻碍正式申报审查程序运行效率的复杂问题，提前到不受法定时限限制的商谈阶段解决，有助于合并案件进入正式程序之后在法定时限内迅速完结。欧盟执法经验显示，许多申报材料不完整的主要原因在于没有进行商谈或者商谈不充分。因此，从动态关联维度分析，商谈阶段是后续程序高效运行的基础。❺

4.2.3 申报年度趋势

如图 4-2 所示，2008~2015 年，商务部收到的经营者集中反垄断审查申报案件数量呈显著递增趋势，其中 2010 年 136 件，2011 年上升至 205 件，2011~2013 年的三年间，维持在 200 件左右，这与金融危机的影响是分不开的，2014 年 262 件，2015 年更是上升至 352 件，相比 2010 年案件数量，增长一倍多，

---

❶ 参见孙晋. 论经营者集中审查制度在国有企业并购中的适用 [J]. 华东政法大学学报，2015 (4).

❷ 蔡峻峰. 解读经营者集中 [J]. 汽车商业评论，2014 (10).

❸ 商务部反垄断局原局长尚明在中国人民大学法学院举办的“后金融危机时代反垄断法实施国际研讨会”上的演讲：中国反垄断的立法与实施 [EB/OL]. [2016-06-01]. http://www.shandongbusiness.gov.cn/index/content/sid/101778.html.

❹ 张斌. 反垄断立案数量猛增，商务部称外资进入未趋严 [N]. 经济观察报，2011-01-31.

❺ 参见张东. 经营者集中申报前商谈制度比较研究 [J]. 比较法研究，2013 (5).

截至 2015 年年底，共收到经营者集中案件申报 1480 件。

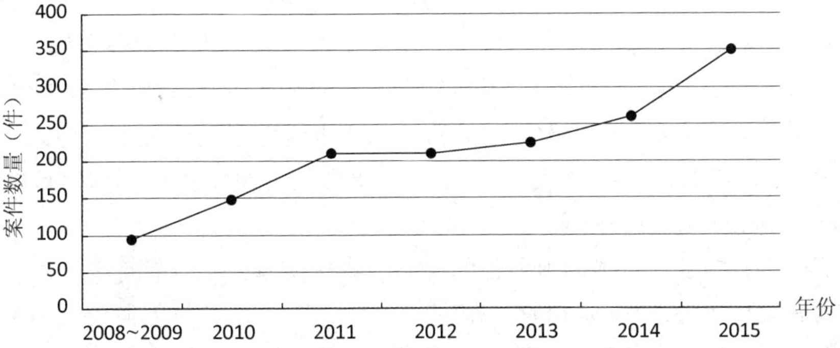

图 4-2　申报数量年度趋势

可以预料的是，经营者集中案件肯定会逐年增长。

4.2.4　未依法申报处罚

表 4-2　未依法申报受罚案件

案号	案件名称	排除、限制竞争影响	罚款数额（元）
商法函［2014］788 号	紫光集团有限公司收购锐迪科微电子公司	否	30 万
商法函［2015］668 号	省电子信息（集团）有限责任公司收购深圳市中诺通讯有限公司	否	15 万
商法函［2015］669 号	上海复星医药产业发展有限公司收购苏州二叶制药有限公司	否	20 万
商法函［2015］670 号	南车南京浦镇车辆有限公司与庞巴迪运输集团瑞典有限公司设立合营企业	否	15 万
商法函［2015］671 号	百视通新媒体股份有限公司与微软公司（以下简称微软）设立合营企业上海百家合信息技术发展有限公司	否	20 万

如表 4-2 所示，截至 2015 年年底，商务部处罚经营者集中未申报案件 5 件。尽管行政处罚决定文书中未公开案源，但据官方消息透露，此类案件多因同行业其他经营者举报而得以发现。

商务部反垄断局原局长尚明在“反垄断工作”专题新闻发布会上介绍，自《反垄断法》实施以来，商务部依法履行职责，共对 700 多件经营者集中案件进行了反垄断审查。他表示，对 2014 年 5 月 1 日后立案调查的未依法申报案件，商务部将通过商务部政府网站向社会公布行政处罚决定，同时公布了举报传真电话，接受任何单位和个人对涉嫌违法实施经营者集中的举报。[1] 根据《反垄断法》和《国务院关于经营者集中申报标准的规定》，经营者集中达到国务院规定的申报标准的，经营者应当事先申报，未申报的不得实施。《反垄断法》和《国务院关于集中申报标准规定》施行后，绝大多数经营者能够依法申报，但商务部注意到，也有一些经营者集中未经申报实施集中。为此，商务部于2011年12月30日公布了《未依法申报经营者集中调查处理暂行办法》，该办法于2012年2月1日实施。

值得注意的是，对于动辄上亿的经营者集中交易，《反垄断法》对违法实施经营者集中行为的50万罚款上限定得过低。集中方式为单独控制型，如一方收购另一方的，商务部仅处罚了申报义务人即收购方；集中方式为共同控制型如设立合营企业的，参与集中的经营者均负有申报义务，商务部对参与集中的各经营者都进行了惩罚。

《反垄断法》第21条规定："经营者集中达到国务院规定的申报标准的，经营者应当事先向国务院反垄断执法机构申报，未经申报的不得实施集中。"第48条规定："经营者违反本法规定实施集中的，由国务院反垄断执法机构责令停止实施集中、限期处分股份或者资产、限期转让营业以及采取其他必要措施恢复到集中前的状态，可以处50万元以下的罚款。"

《关于经营者集中申报的指导意见》第13条规定："通过合并方式实施的经营者集中，由参与合并的各方经营者申报；其他方式的经营者集中，由取得控制权的经营者申报，其他经营者予以配合。在同一案件中，有申报义务的经营者是两个或两个以上时，可以约定由其中一个经营者负责申报，也可以共同申报。约定一个经营者申报而没有申报的，其他有申报义务的经营者不因上述约定而减免其未依法申报法律责任。申报义务人未进行集中申报的，其他参与集中的经营者可以提出申报。"

未依法申报的案件主要来源于同行业经营者举报，如爱康国宾实名举报美年大健康违反《反垄断法》，2016年3月10日，爱康国宾发布声明称，已正式向商务部提交书面实名举报，美年大健康及其实际控制人俞某涉嫌违反《反垄断法》。爱康国宾的法律顾问张元明称，美年大健康收购慈铭体检过程中，涉及的经营者集中申报营业额超过《反垄断法》划出的"门槛"——20亿元人民币，却未报商务部反

---

[1] 杜军玲.《反垄断法》实施以来700多件经营者集中案件进行反垄断审查［N］. 人民政协报，2014-04-09.

垄断局审批。商务部反垄断局已接受了爱康国宾的相关举报材料。❶

2015 年携程网和去哪儿网互相举报：携程和艺龙合并，去哪儿举报。去哪儿网宣布：已向中国商务部反垄断局递交文件，其认为携程收购艺龙交易涉嫌违反《反垄断法》及其相关法规，并且该交易已触及相关国家规定中的申报门槛，却未按规定向商务部申报。携程此后进行了反击称，去哪儿网的举报是基于经营压力采取的非理性行为，并表示将向有关部门举报去哪儿网的多项并购行为涉嫌未申报。❷

投诉举报的主要法律依据为《反垄断法》第 38 条："反垄断执行机构依法对涉嫌垄断行为进行调查。对涉嫌垄断行为，任何单位和个人有权向反垄断执法机构举报。""举报采用书面形式并提供相关事实和证据的，反垄断执法机构应当进行必要的调查。"为免除举报人的后顾之忧，第 38 条还规定，反垄断执法机构应当为举报人保密。商务部反垄断局在网站上公布了受理涉嫌垄断行为的举报范围，包括："1. 有关经营者违反《反垄断法》及其他反垄断法律、法规、规章规定实施集中的举报；2. 有关在对外贸易经营活动中实施并危害对外贸易秩序的涉嫌垄断行为的举报。"❸

4.3 经营者集中立案

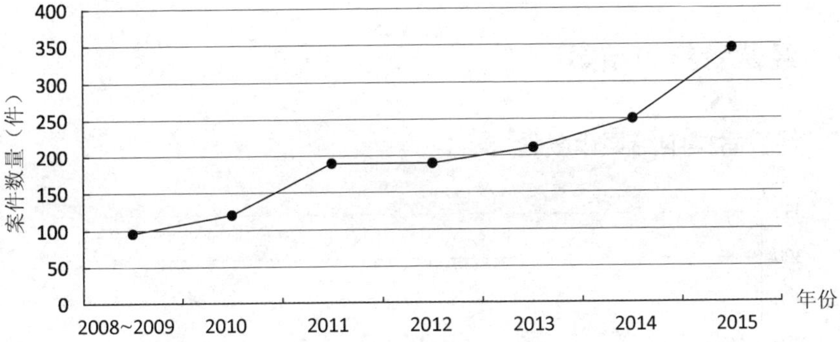

图 4-3 立案数量年度趋势

如图 4-3 所示，2008 年《反垄断法》实施以来，随着经营者集中申报数量

---

❶ 蔺丽爽. 称美年大健康及其实际控制人俞熔涉嫌违反《反垄断法》——爱康国宾昨实名举报美年［N］. 北京青年报，2016-03-11.

❷ 杨静. 携程去哪儿互相举报对方垄断［N］. 南京晨报，2015-08-12.

❸ 中华人民共和国商务部反垄断局［EB/OL］.［2016-06-02］. 商务部反垄断局负责受理的涉嫌垄断行为的举报范围，http：//fldj. mofcom. gov. cn/aarticle/zcfb/200812/20081205930993. html.

的逐年增加，经营者集中反垄断审查立案数量也呈逐年递增趋势。其中 2008~2009 年商务部共计立案 94 件，2010 年立案 118 件，2011 年立案 185 件，2012 年立案 188 件，2013 年立案 212 件，2014 年立案 246 件，2015 年立案 338 件。

2008~2015 年，每年经营者集中反垄断审查案件的立案率[1]大部分在 90% 以上，七年平均立案率达到了 93%（见图 4-4）。商务部在有限的审查人员前提下，解决人员不足与案件增多的矛盾压力是较大的。此种案件增多的主要原因在于，经营者对是否需要申报，尤其对于如何理解“控制权”“决定性影响”掌握不准，导致大量非必要申报的案件申报；同时，经营者并购加速也是主要原因。

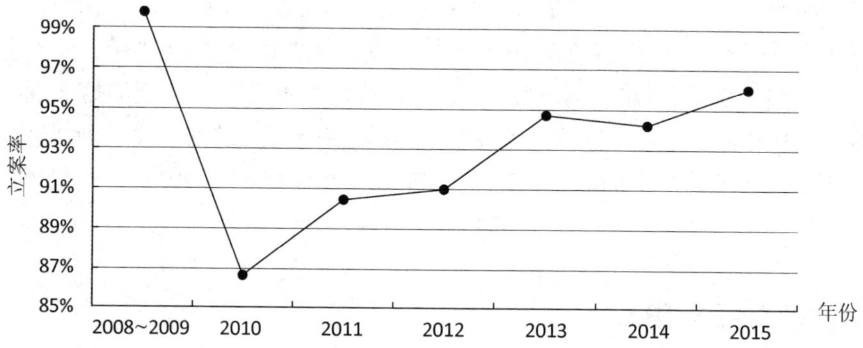

图 4-4　立案率年度趋势

4.4　经营者集中结案

4.4.1　经营者集中结案年度趋势

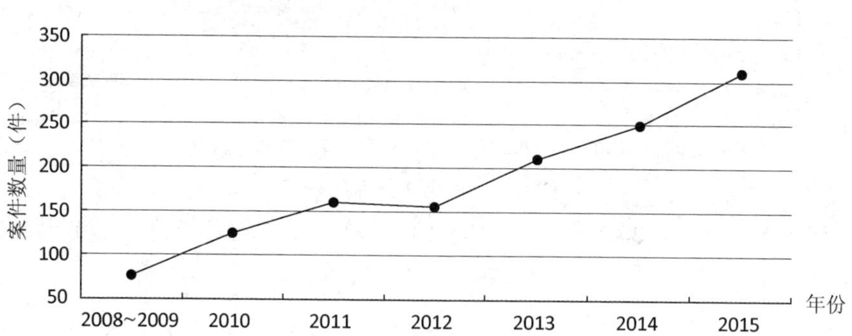

图 4-5　结案数量年度趋势

[1] 每年立案率=每年立案数/每年申报数。

如图 4-5 所示，截至 2015 年年底，商务部每年审结的经营者集中案件数量明显递增，其中 2008～2009 年间审结案件 77 件，2010 年审结 125 件，2011 年审结 168 件，2012 年审结 164 件，2013 年审结 215 件，2014 年审结 245 件，2015 年审结 314 件。

结合图 4-3 得出，立案和结案均同步递增，随着市场并购重组加剧，商务部审查工作量会越来越大，人员少和案件数量剧增矛盾更加突出。

4.4.2　结案方式分析

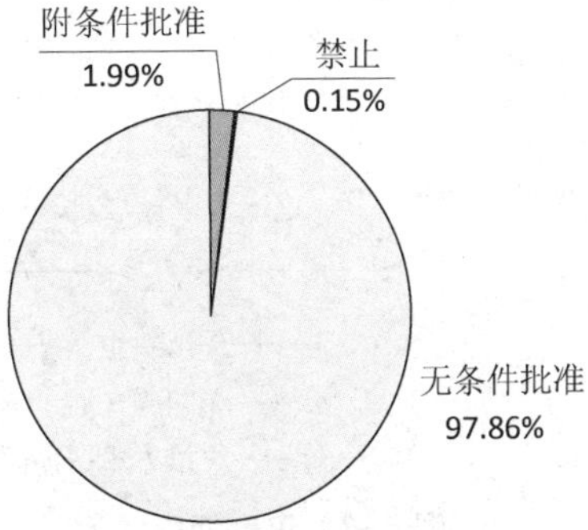

图 4-6　结案方式

如图 4-6 所示，截至 2015 年年底，商务部已审结的经营者集中反垄断审查案件中，97.86%的案件无条件批准通过，共计1 280件；附条件批准案件仅占 1.99%，共计 26 件；禁止集中的案件有 2 件，分别为“可口可乐公司收购汇源公司案”和“马士基，地中海航运、达飞设立网络中心案”。

以上分析说明我国经营者集中申报中，多数经营者无法判断是否需要申报，审查机关对于经营者申报的条件，无必然禁止条件的，一般均通过审查。

根据美国司法部反托拉斯局和联邦贸易委员会每年共同发布的《哈特—斯科特—罗迪诺反托拉斯改进法》年度报告，2006 年这两家执法机构反对了 32 个合并交易，其中有 14 个通过资产剥离改变了集中交易的结构而被允许合并。2007 年反对了 34 个合并交易，其中采取了资产剥离措施被允许合并的是 11 个；2008 年反对了 34 个合并交易，其中采取了剥离救济被允许合并的是 26 个；2009 年的数据分别是 31 个和 14 个，2010 年数据分别为 41 个和 17 个。[1] 从中可以看出，在美国可能对竞争产生实质影响的合并交易通过资产剥离的经

[1] Federal Trade Commission Bureau of Competition and Development of Justice Antitrust Division，“Hart-Scot t-Rodino Annual Report”，Fiscal Year 2006，2007，2008，2009，2010.

营者集中反垄断救济制度最终实施了合并。❶

4.4.3 经营者集中审查期限

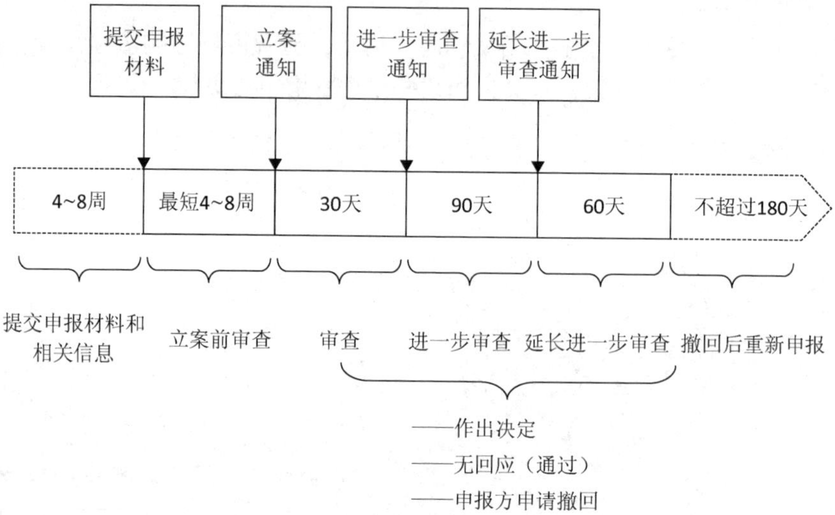

图 4-7 审查期限

如图 4-7 所示，商务部的合并审查程序包括三个阶段，“初步审查”阶段为 30 天，30 天是自然日还是工作日法律没有明确，商务部目前采取的是按自然日计算。❷“进一步审查”阶段为 90 天，“延长期”为 60 天，这三个阶段并不包括审查程序启动前的受理过程。在受理过程中，交易方必须针对商务部提出的问题书面答复，在商务部认为答复满意、材料完备的情况下才会受理申报并立案，由此正式启动“初步审查”阶段及后续阶段。依据商务部 2010 年 3 月 11 日发布的《经营者集中反垄断审查办事指南》的规定，商务部对经营者集中案件进行反垄断审查这一行政行为的性质为行政许可，法定审查期限最长不超过 180 天。

如前文所述，商务部反垄断局审查的经营者集中案件中 97.86% 的案件无条件批准通过。由于商务部反垄断局官网平台上仅公布了无条件批准案件的结案时间，未公布立案时间，故无条件批准案件的审查期限无法统计。附条件批准经营者集中案件的审查期限将在后文中专门说明。❸

❶ 王丽. 经营者集中反垄断救济制度及其实施研究［J］. 经济法研究，年份不详（12）.
❷ 张硕. 蔡峻峰解读经营者集中［J］. 汽车商业评论，2014（10）.
❸ 参见本文第 6 章第 6.4 节。

据相关资料显示，大多数合并案件只能在“进一步审查”阶段获得批准。也就是说合并交易自首次提交申报材料起至少需要2个月的审批时间，涉及重大竞争问题的经营者集中可能需要4~7个月的审批时间。对经营者而言，进行合并申报的时间成本较高，尤其是参与集中的经营者在中国境外设立合营企业，但该合营企业并不在中国境内从事经济活动也有可能需要在中国进行申报，较长的合并申报时间变相加大了交易方的交易成本。值得注意的是，商务部正在积极改变处理这一问题的方式，于2014年2月12日起施行了《关于经营者集中简易案件适用标准的暂行规定》，并于2014年4月18日发布了《关于经营者集中简易案件申报的指导意见（试行）》。根据参与集中的经营者的市场份额、其所在市场的集中水平以及其他因素将经营者集中分为“简易案件”和“非简易案件”。当然下一步急需出台的是“简易案件”的“简易程序”，这是实践中加快经营者集中案件审查批准程序的关键。❶

4.4.4　简易程序审查

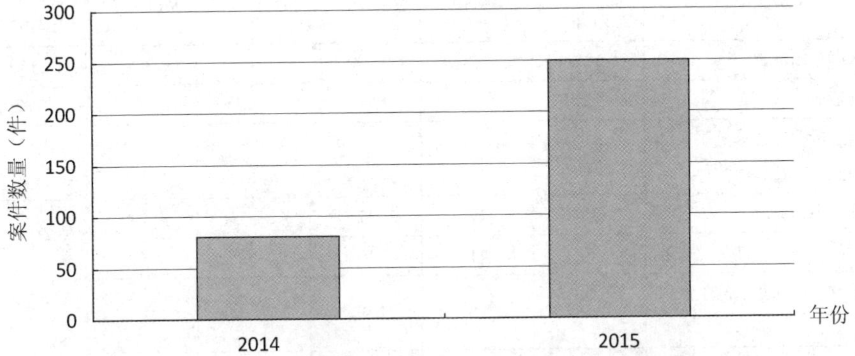

图4-8　简易案件公示数量

如图4-8所示，截至2015年年底，商务部公示的经营者集中简易案件共计331件，其中2014年78件，2015年253件。

如前文所示，自我国《反垄断法》正式实施以来，我国经营者集中反垄断审查案件数量不断攀升，目前中国与美国、欧盟一起，同为当今世界最重要的实施经营者集中反垄断审查的国家和地区。为提高办案效率、进一步缩短办理期限，商务部决定推进配套立法，对明显不具有排除、限制竞争效果的案件适用简易程序。

❶ 李煜. 附条件批准经营者集中制度的实践与法律完善——基于典型案例的分析［J］. 现代经济探讨，2015（8）.

《关于经营者集中简易案件适用标准的暂行规定》《关于经营者集中简易案件申报的指导意见（试行）》分别从实体和程序两个方面初步确立了我国反垄断经营者集中简易案件的申报制度，《关于经营者集中简易案件申报的指导意见（试行）》还规定了简易案件的公示程序，但对更为重要的经营者集中简易案件的具体审查程序，如简易案件与普通案件的审查程序有何不同，是否能在初步审查阶段的30天内就审结等问题，商务部尚未给出明确规定。

2014年5月22日公示的罗尔斯-罗伊斯控股公司拟收购罗尔斯罗伊斯动力系统控股公司单独控制权（共同控制变为单独控制）案为商务部反垄断局官网公示的第一件经营者集中简易案件。公示内容包括案件名称、交易概况（限200字以内）、参与集中的经营者简介以及简易案件理由。

4.4.5 经营者集中行业

表4-3 已结案件涉及行业*

行业分类年份	2008~2010年**	2011年**	2012年**	2013年	2014年**	2015年上半年***
年度审结件数	189	168	164	215	245	156
制造业	122	107	106		157	87
信息传输、计算机服务和软件业	11	13	8			
批发零售业	12	12	17			
交通运输、仓储和邮政业	10	11	10			
电力、燃气及水的生产供应业	10	10	9			
采矿业	10	7	6			
建筑业		3	2			
金融业		3	4			
房地产业		1	1			
科学研究、技术服务和地质勘探业		1	1			
其他行业	14	0	0			

注：* 因部分数据未搜集到，故表中存在空格。

** 数据来源参见中国竞争法律与政策研究报告（2011年）[M]. 北京：法律出版社，2012：3.

*** 数据来源参见万静. 上半年经营者集中反垄断立案同比大增——交易金额百亿元以内案件逾八成 [N]. 法制日报，2015-07-24.

表4-3为笔者搜集的2008~2015年各年份商务部审结案件的行业分布，尽

管2013年度数据空缺，但观察2008~2010年、2011年、2012年、2014年以及2015年上半年的已结案件所涉行业，会发现大部分案件发生在制造业，每年已结案件中制造业占比均超过50%。这里所称的制造业是一个大的概念，如果进行分类的话，可以再细分为若干类别。

4.4.6　经营者集中主体

2008年8月1日至2010年年底，商务部审结的189件案件中，大部分案件涉及上市公司，约占66%。❶

2015年上半年审结156件，从交易主体看，境内企业间的并购同比有所增长，中国企业赴海外并购成为新亮点。❷

自《反垄断法》实施至2014年4月，商务部共作出经营者集中审查决定750起，其中外资企业参与集中的决定有634起，占全部决定数量的84.5%；完全由内资企业参与集中的决走116起，在整个决定数量中只占很小一部分。从三种类型决定的数量来看，无条件批准集中决定中，涉外企业参与的集中有612起，占84%；附限制性条件批准决定及禁止集中决定中，涉外企业参与集中的比例为100%。❸

4.4.7　经营者集中交易金额

表4-4　已结案件交易金额*

年份 交易金额	年度审结件数	不涉及金额的案件	小于1亿元	1亿~10亿元	10亿~100亿元	100亿~1000亿元	大于1000亿元
2008~2010年	189				66	28	8
2011年	168	8	21	60	49	29	1
2012年	164	12	28	59	37	24	4
2013年	215						
2014年	245						
2015年上半年	156		29	57	47		

注：* 因部分数据未搜集到，故表中存在空格。

如表4-4所示，2013年和2014年审结的经营者集中案件交易金额数据

❶ 参见：中国竞争法律与政策研究报告（2011年）［M］. 北京：法律出版社，2012：3.

❷ 参见万静. 上半年经营者集中反垄断立案同比大增——交易金额百亿元以内案件逾八成［N］. 法制日报，2015-07-24.

❸ 刘斌. 商务部经营者集中审查决定研究［D］. 武汉：中南大学，2014.

存在缺失，但根据已搜集到的数据来看，2008~2010 年审结案件 189 件，交易金额在 100 亿元以内的案件 153 件，占 81%；2011 年审结案件 168 件，交易金额在 100 亿元以内的案件 138 件，占 82%；2012 年审结案件 164 件，交易金额在 100 亿元以内的案件 83%；2015 年上半年审结案件 156 件，交易金额在 100 亿元以内的案件占 84%❶。故基本可以推断：自 2008 年《反垄断法》实施以来，商务部审批的经营者集中案件大部分交易金额在 100 亿元以内。

4.4.8 集中方式

如图 4-9 所示，由于 2015 年度已结案件的相关数据存在缺失，笔者仅整理分析了 2008~2014 年年底商务部审结的经营者集中案件的集中性质情况。2008~2014 年年底商务部共审结经营者集中案件 981 件，其中横向集中 551 件，占 56%；纵向集中 102 件，占 10%；混合集中 218 件，占 22%；横向与纵向均涉及的案件 110 件，占 11%。❷ 这说明在经营者集中案件中，横向集中仍占最大比重。

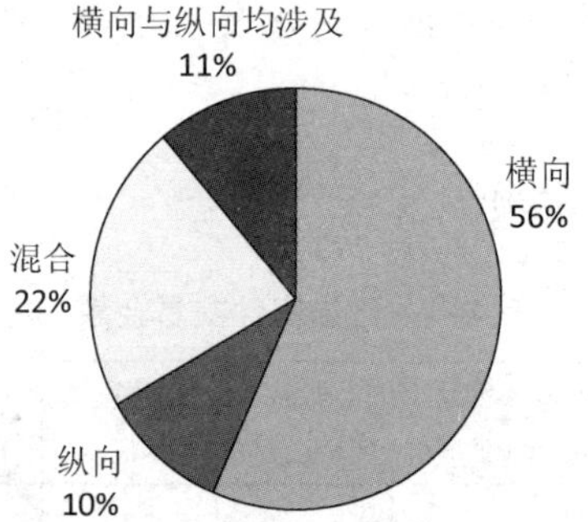

图 4-9　2008~2014 年已结案件集中性质

4.4.9 审查决定公告

表 4-5 展示了商务部对无条件批准案件、附条件批准案件及禁止集中案件三种案件发布决定公告的特点。无条件批准案件内容极为简略，且按季度批次发布，如前文所述，每年商务部进行反垄断审查的经营者集中案件中平均 97%

❶ 中国世界贸易组织研究会竞争政策与法律专业委员会．中国竞争法律与政策研究报告（2015 年）[M]．北京：法律出版社，2016：24.

❷ 此数据为笔者对《中国竞争法律与政策研究报告（2011 年）》《中国竞争法律与政策研究报告（2012 年）》《中国竞争法律与政策研究报告（2013 年）》《中国竞争法律与政策研究报告（2015 年）》中公布的数据进行整合得出。

都是无条件通过的，故出于行政效率的考量，没有必要对无条件批准案件进行详尽披露。

表 4-5　三类案件审查决定公告对比

案件类型	公开性质	公布方式	公告内容
无条件批准集中案件	非强制性公开	2012 年 11 月 16 日一次性公开了 2008.8.1~2012.9.30 无条件批准的经营者集中案件；自 2012 年第 4 季度开始，无条件批准经营者集中案件情况按季度发布	案件名称；参与集中经营者；审结时间
附条件批准集中案件	强制性公开	个案发布	案情简介；立案、审查程序；相关市场认定；竞争分析；附加限制性条件商谈；审查决定等
禁止集中案件	强制性公开	个案发布	案情简介；立案、审查程序；相关市场认定；竞争分析；附加限制性条件商谈；审查决定

附条件批准案件、禁止集中案件两种案件的公告内容相似，英博集团公司收购 AB 公司❶是商务部作出的第一件附条件批准经营者集中案件，由于初次执法经验不足，该案公告中，商务部仅披露了极为简略的审查程序、审查决定、附加限制性条件三部分内容，篇幅不过 500 字左右，商务部如何界定相关市场、如何分析竞争影响都没有交代。但是，从可口可乐公司收购汇源公司一案❷起，商务部有关附条件批准、禁止集中的案件公告中就有了立案和审查过程、审查内容、审查工作、相关市场、竞争问题、附加限制性条件的商谈、审查决定等内容，案件信息披露趋于标准专业化。

自《反垄断法》实施之日起，商务部共公示经营者集中决定案件 22 起，就内容而言，尽管在不同时期，商务部发布的经营者集中审查决定的公告内容在结构上会有一些差异，但从总体上看，我国商务部经营者集中审查决定可以分为四个部分（事实上，63.64%的决定采用这种结构）：立案和审查程序、竞争分析、附加限制性条件的商谈以及审查决定。

以商务部公告的一起经营者集中审查具体决定（联发科技案决定）为例，对经营者集中审查决定的基本构成进行介绍：（1）立案与审查程序。除英博案

❶ 商务部公告 2008 年第 95 号。
❷ 商务部公告 2009 年第 22 号。

以外，其他起决定中第一部分内容都是“立案和审查程序”（或称“立案与审查过程”），首先是立案过程，几乎所有经营者集中审查决定的立案与审查部分中都有这样的一句话：×年×月×日，商务部收到收购经营者集中反垄断申报。经商务部初步审查，申报方所提供的文件和材料不全，要求申报方补全材料。×年×月×日……这一部分的内容在整个决定中一般较为简单，在整个决定中居于次要地位。联发科技案决定中，立案和审查程序部分首先介绍的主要是一些时间点，如商务部于2012年7月6日收到申报材料，经审核，发现材料不完备遂要求申报方补充。同年9月4日，商务部决定立案审查此案，9月29日，商务部决定进一步对该案进行审查，在审查过程中，商务部认为该项集中对相关产品及相关市场具有排除、限制竞争效果。后申报方申请延长审查期限，并多次提交解决排除、限制竞争的方案，但均没能达到要求。2013年3月22日，申报方申请撤回案件，商务部准许其撤回，后申报方于3月12日重新申报并获得商务部重新立案并审查，4月9日进入进一步审查阶段，7月8日商务部经申报方同意延长该案审查期限至9月6日。然后介绍的则是审查过程中，商务部书面征求相关主体意见的过程。(2) 竞争分析。该部分属于商务部经营者集中审查决定的核心部分。竞争分析主要由三部分内容组成：交易概况、相关市场以及竞争评估。在联发科技案决定中，商务部首先介绍了本次集中交易概况，包括集中双方的企业性质、主要业务以及本次集中交易所采取的形式。接着，商务部通过对集中交易所涉及的相关市场进行分析后再认定此项集中会对相关市场竞争秩序造成一定影响。最后商务部指出此集中交易可能造成的具体影响，包括使相关市场的结构发生改变，可能消除主要竞争对手，可能促使收购方在相关市场占据支配地位、可能导致客户选择供应商时受限等，因此商务部认为此项集中在短时期内会对大陆液晶电视的主控制芯片市场带来排除、限制竞争的效果。(3) 附加限制性条件的商谈。商谈部分在整个决定中居于次要位置。在所有附条件决定中，都未提及商谈的具体过程，如联发科技案中附加限制性条件的商谈部分就简单陈述进行了多轮商谈，提出了数个解决方案，再通过进行综合评估，最终认为该方案能减少经营者集中给市场带来的限制竞争的不利影响，而商谈的具体内容，考虑的具体问题以及解决方案试图采取何种措施来减少影响等均未具体阐述。(4) 审查决定。审查决定部分在整个决定中也属于重点部分。审查决定部分除认定结果之外，还对附加的限制性条件或者禁止的理由进行了阐述。联发科技案中，审查决定部分正是由这两方面内容组成。[1]

---

[1] 参见刘斌. 商务部经营者集中审查决定研究［D］. 武汉：中南大学，2014.

笔者认为，商务部发布的经营者集中审查决定公告公开的案件信息越来越完善，但审查期限应当自参与集中的经营者提交的材料符合要求时开始计算，以免因补充材料的时间耽误了审查进度。

4.5　无条件批准案件分析

如图 4-10 所示，2008~2015 年审结的经营者集中案件中，无条件批准的经营者集中案件均占 90% 以上。其中 2008~2009 年为 71 件；2010 年 124 件；2011 年 164 件；2012 年 158 件；2013 年 211 件；2014 年 240 件；2015 年 312 件。这与世界反垄断执法实践的潮流也是相吻合的。

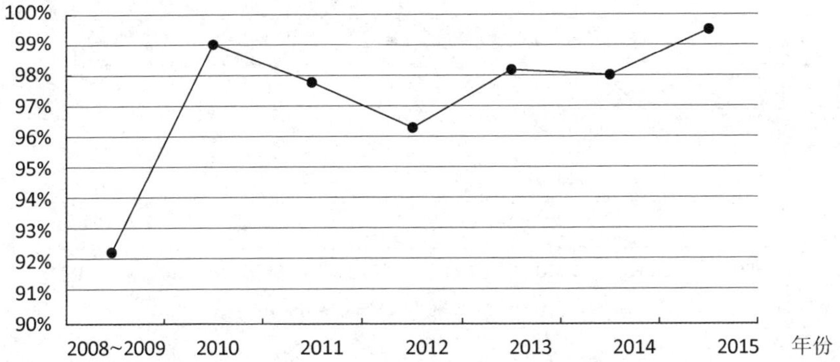

图 4-10　2008~2015 年无条件批准案件每年占比

4.6　附条件批准案件

我国《反垄断法》第 29 条规定："对不予禁止的经营者集中，国务院反垄断执法机构可以决定附加减少集中对竞争产生不利影响的限制性条件。"这一规定是我国反垄断法对美国、欧盟反垄断法中合并救济制度的引进，在我国又被称为"附条件批准经营者集中制度"。

作为配套措施的《经营者集中审查办法》于 2010 年 1 月 1 日起正式实施。该办法主要从以下方面对附加限制性条件[1]予以明确：一是明确商务部作为我国经营者集中反垄断审查执法机关负责具体执法工作，当然也包括附加限制性条件的相关执法工作；二是明确限制性条件包括结构性限制条件、行为性限制条件、综合性限制条件三种法定形态；三是确定附条件建议由经营者提出，但

[1] 本节所称限制性条件亦称"救济性措施"。

审查决定权在商务部手中；四是提出附条件建议应当具备现实的可操作性；五是明确对参与集中的经营者履行限制性条件的行为进行监督检查，经营者向商务部汇报进展状况。

4.6.1 附条件批准年度趋势

如图4-11所示，截至2015年12月31日，商务部反垄断局共附条件批准经营者集中案件26件，[1] 其中2008年1件；2009年4件；2010年1件；2011年4件；2012年6件；2013年4件；2014年4件；2015年2件。

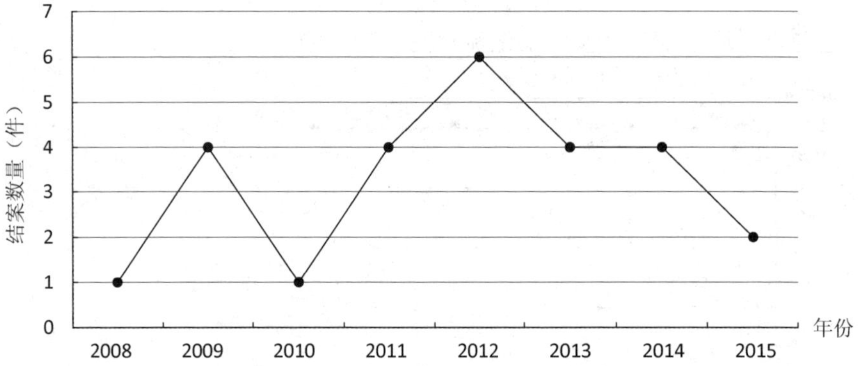

图4-11 附条件批准案件每年结案数量

在反垄断审查已结的经营者集中案件中，附条件批准案件仅占2%。对经营者集中附加限制性条件，本质上是政府对于市场行为的干预，从已有数据看，商务部反垄断局对经营者集中案件予以限制决定是持审慎态度的。

4.6.2 参与集中经营者主体

如图4-12所示，26件附条件批准经营者集中案件中，22件为外国经营者间的集中，只有4件有中国企业的参与，它们是：通用电气（中国）有限公司与中国神华煤制油化工有限公司设立合营企业案，汉高香港控股有限公司与天德化工控股有限公司组建合营企业案，联发科技股份有限公司吸收合并开曼晨星半导体公司案，湖南科力远新能源股份有限公司、丰田汽车（中国）投资有限公司、Primearth EV Energy 株式会社、常熟新中源创业投资有限公司和丰田通商株式会社拟设立合营企业案，目前尚未出现单纯中国经营者之间的集中案件被附条件批准。

[1] 本节以此数据为基础分析，不再重复。

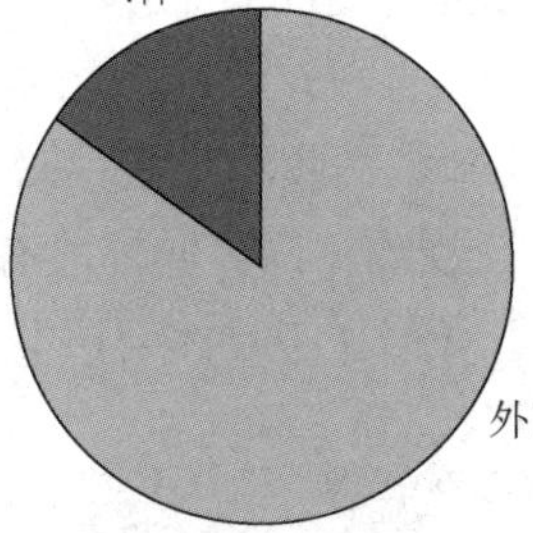

图 4-12 附条件批准案件集中方性质分析

4.6.3 附条件案件立案期限

如图 4-13 所示，26 件附条件批准经营者集中案件中，立案期限在 1 个月以内的案件有 11 件，立案期限超出 1 个月且在 2 个月以内的案件 13 件，立案期限超出 2 个月的案件有 2 件，分别为松下公司收购三洋公司案（2009 年 1 月 21 日申报，2009 年 5 月 4 日立案，立案期限约 4.5 个月），及美国百特国际有限公司收购瑞典金宝公司案（2012 年 12 月 31 日申报，2013 年 3 月 12 日立案，立案期限约 2.5 个月）。

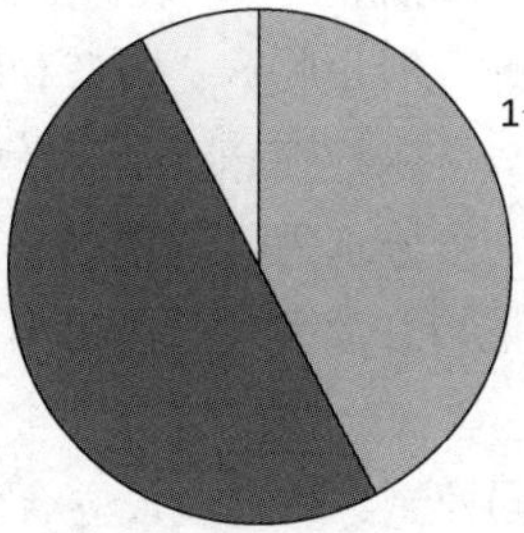

图 4-13 附条件集中案件立案期限

4.6.4 附条件案件审查期限

如图 4-14 所示，26 件附条件批准经营者集中案件中，审查期限在 1 个月以内的案件仅 2 件，即经初步审查就审结的案件，分别为英博集团公司收购 AB 公司案，（2008 年 9 月 10 日申报，2008 年 10 月 27 日立案审查，2008 年 11 月 18 日作出附条件批准决定）和美国通用汽车有限公司拟收购美国德尔福公司案（2009 年 8 月 18

日申报，2009 年 8 月 31 日立案审查，2009 年 9 月 28 日作出附条件批准决定）。审查期限超出 1 个月且在 4 个月以内的案件，即进入了进一步审查程序的附条件批准案件有 8 件。审查期限超出 4 个月且在 6 个月以内的案件共计 11 件。审查期限超出 6 个月的案件有 5 件，分别为西部数据收购日立存储案，嘉能可国际公司收购斯特拉塔公司案，日本丸红株式会社收购美国高鸿控股有限责任公司 100%股权案，联发科技股份有限公司吸收合并开曼晨星半导体公司案，恩智浦半导体股份公司收购飞思卡尔半导体有限公司全部股权案。

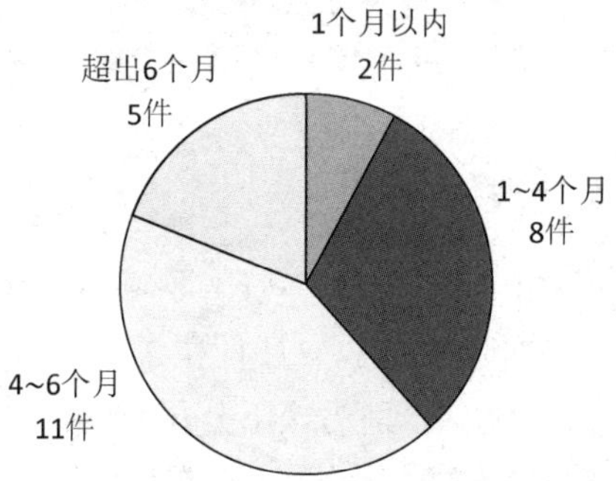

图 4-14　附条件批准案件审查期限

4.6.5　集中方式分析

如图 4-15 所示，26 件附条件批准经营者集中案件中，19 件案件中的集中方式为单独控制，主要通过资产收购、股权收购、资产和股权联合收购等方式实现，但在目前公布的公告文书中大部分并未详细介绍经营者集中案件中具体集中手段。

3 件案件的集中方式为合并，分别为英博集团公司并购 AB 公司案，乌拉尔开放型股份公司吸收合并谢尔维尼特开放型股份公司案，联发科技股份有限公司吸收合并开曼晨星半导体公司案。

4 件案件的集中方式为共同控制，均通过设立合营企业实现，分别为通用电气（中国）有限公司与中国神华煤制油化工有限公司设立合营企业案，汉高香港控股有限公司与天德化工控股有限公司组建合营企业案，安谋公司、捷德公司和金雅拓公司组建合营企业案，湖南科力远新能源股份有限公司、丰田汽车（中国）投资有限公司、Primearth EV Energy 株式会社、常熟新中源创业投资有限公司和丰田通商株式会社拟设立合营企业案。

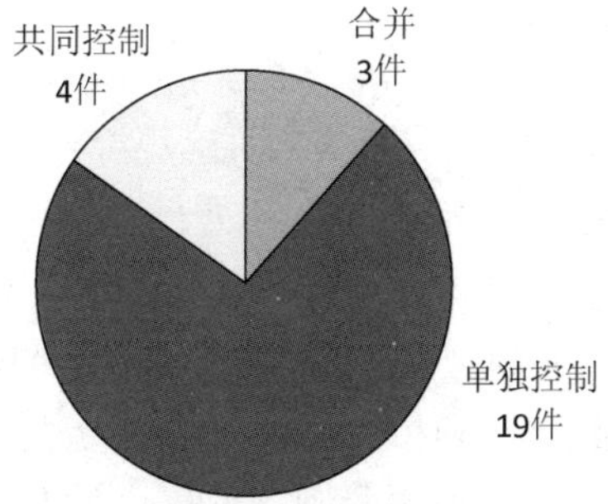

图 4-15　附条件批准案件集中方式

2015 年上半年审结 156 件，从交易模式看，股权收购和设立合营企业为最主要交易模式，共占 87%，合营仍是外国投资者对华投资主要交易模式。[1]

4.6.6　集中性质分析

如图 4-16 所示，附条件经营者集中案件中主要为横向集中，为 20 件；纵向集中案件 5 件，分别为美国通用汽车有限公司拟收购美国德尔福公司案，安谋公司、捷德公司和金雅拓公司组建合营企业案，嘉能可国际公司收购斯特拉塔公司案，美国微软公司收购芬兰诺基亚公司设备和服务业务案，谷歌公司收购摩托罗拉移动公司案。

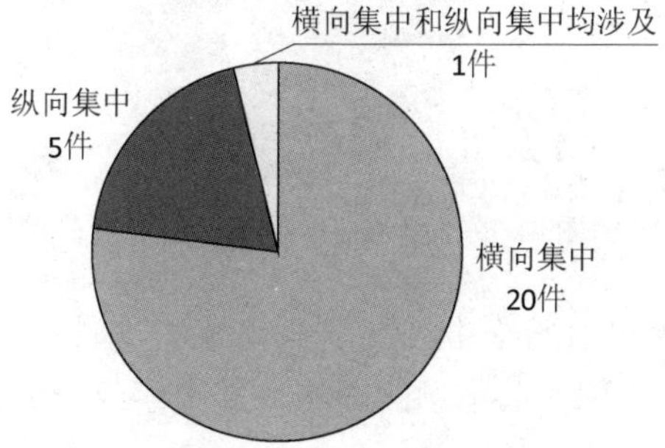

图 4-16　附条件批准案件集中性质

横向和纵向集中均涉及的案件仅 1 件，为汉高香港控股有限公司与天德化工控股有限公司组建合营企业案。

---

[1] 万静. 上半年经营者集中反垄断立案同比大增——交易金额百亿元以内案件逾八成［N］. 法制日报，2015-07-24.

4.6.7 相关市场分析

我国《反垄断法》第 12 条第 2 款明确规定：“本法所称相关市场，是指经营者在一定时期内就特定商品或者服务进行竞争的商品范围和地域范围。”该条款既是《反垄断法》对于相关市场概念的明确定义，同时也为我国反垄断执法机关进行相关市场界定确立了指导原则。根据该规定，我国《反垄断法》将相关市场分为相关商品市场和相关地域市场，分别代表了经营者就特定商品和服务进行竞争的商品范围和地理范围。《反垄断法》还规定所指的商品市场和地域市场都是在“一定时间范围内”，即所谓“相关时间市场”。但是，由于经营者展开竞争的时间范围在很多情况下可以融入相关商品市场的界定之中，实践中并不将“相关时间市场”作为一个单独问题对待。

如图 4-17 所示，26 件附条件批准经营者集中案件中，有 14 件案件的集中会影响多个相关产品市场的有效竞争格局，这主要是由参与集中的企业的经营范围有较多重叠所致，另 12 件案件的集中则仅影响单一产品市场的有效竞争格局。

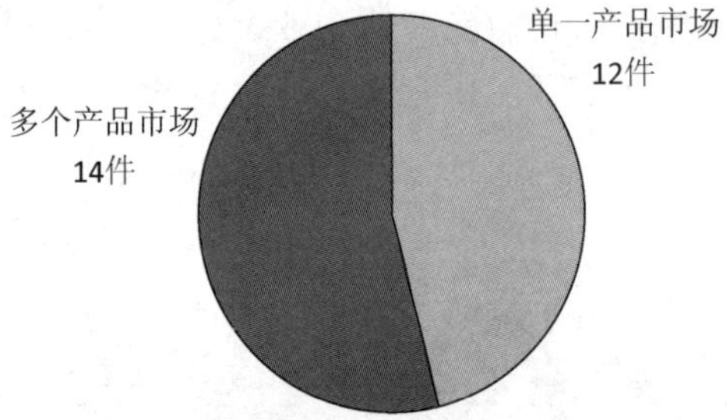

图 4-17　附条件批准案件所涉产品市场

如图 4-18 所示，附条件批准的经营者集中案件中，有 18 件案件考察了其集中对相关产品在中国大陆市场的影响，仅考察经营者集中对全球相关产品市场的竞争影响的案件为 8 件。

尽管商务部对经营者集中进行审查主要目的在于维护中国相关产品市场内的有效竞争，但附条件批准的经营者集中案件多为跨国外企之间的合并收购，故对于这些大型并购案件，商务部还会考察其对全球范围内相关产品市场的竞争影响。

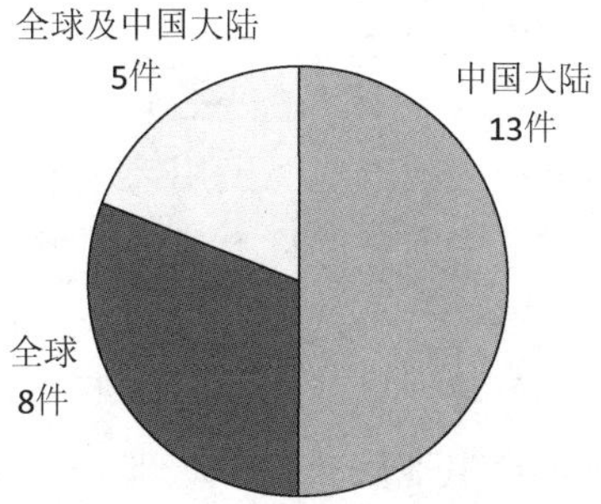

图 4–18 附条件批准案件所涉地域市场

商务部公布的第一起经营者集中案件是 2008 年 11 月 18 日作出附条件批准决定的英博集团公司收购 AB 公司案。该起收购属于世界知名的两大啤酒企业之间的股份收购。两大企业在中国都有合资公司及相应的生产基地，两大企业的全球规模及中国市场规模也达到了我国《反垄断法》规定的经营者集中申报标准，因而两家企业在实施集中之前向我国商务部提交了申请。但是，在该起集中案件的审查决定中，商务部并没有进行相关市场的界定。

商务部公布的第二起经营者集中案件是 2009 年 3 月 18 日作出禁止决定的可口可乐公司收购汇源公司案。该案中，商务部认为可口可乐收购汇源公司会在果汁饮料市场产生“支配传导效果”“品牌效果”和“抑制创新效果”，而当事企业并未提出让商务部满意的救济措施。从公告内容来看，商务部并未就相关市场进行界定，也未对如何产生三个限制竞争的效果进行详细分析，只是根据《反垄断法》规定的审查要素，认定该起收购会产生上述三个限制竞争效果。可口可乐收购汇源公司案的决定公布后，引发了国内外媒体的广泛关注。2009 年 3 月 25 日，在商务部新闻发布会上，发言人姚坚专门就可口可乐收购汇源案的审查过程以及决定的细节等作出解释。据此，在可口可乐收购汇源公司的反垄断审查中，商务部反垄断局将相关市场界定应用在果汁饮料市场，其中包括 100% 纯果汁、浓度为 26% ~ 99% 的混合果汁以及浓度在 25% 以下的果汁饮料。同时，由于碳酸饮料和果汁饮料之间的替代性不强，两者同属于非酒精饮料，商务部将其认定为紧密相邻市场。

2009 年 4 月 24 日公布的第三起经营者集中案件——日本三菱丽阳公司收购璐彩特公司案中，商务部第一次在案件决定中进行了相关市场的界定。商务部将该案的相关商品市场界定在 MMA、SpMas、PMMA 粒子和 PMMA 板材，同时将相关地域市场界定为中国市场。在界定相关市场的基础上，商务部评估了该起收购的竞争影响，作出了要求当事企业实施包括结构性救济和行为性救济在内的附加限制性条件的许可决定。此后，界定相关市场就称为商务部审查经营者集中案件的一个必经程序。

2009年10月30日作出决定的日本松下公司收购三洋公司案中，商务部将相关商品市场界定在硬币型锂二次电池、民用镍氢电池和车用镍氢电池这三个市场。值得一提的是，在该案中商务部将上述硬币型锂二次电池和民用镍氢电池的地域市场界定为世界市场，这也是商务部第一次在经营者集中审查中界定世界市场。案件决定中，商务部列出了合并后松下公司分别占据硬币型锂二次电池市场的61.6%和民用镍氢电池市场的46.3%；在车用镍氢电池市场，松下公司和丰田公司的合资企业——松下EV能源股份公司占据市场77%的市场份额，这可能是商务部界定世界市场的重要证据。❶

附条件批准案件中的相关市场详情见表4-6。

表4-6 附条件批准案件中的相关市场详情

公告号	相关产品市场	相关地域市场
商务部公告2008年第95号	啤酒	中国大陆
商务部公告2009年第28号	甲基丙烯酸甲酯（Methylmethacrylate，MMA）的生产和销售	中国大陆
商务部公告2009年第76号	汽车乘用车； 汽车商用车； 汽车零部件	中国大陆
商务部公告2009年第77号	人类药品（J1C（广谱青霉素）和N6A（抗抑郁和情绪稳定剂））； 动物保健品（猪支原体肺炎疫苗、猪伪狂犬病疫苗以及犬用联苗）	中国大陆
商务部公告2009年第82号	硬币型锂二次电池； 民用镍氢电池； 车用镍氢电池	全球
商务部公告2010年第53号	眼科抗炎/抗感染化合物； 关于隐形眼镜护理产品	中国大陆
商务部公告2011年第33号	氯化钾	全球及中国大陆
商务部公告2011年第73号	自动络筒机电子清纱器	全球
商务部公告2011年第74号	水煤浆气化技术许可	中国大陆
商务部公告2011年第90号	硬盘	全球
商务部公告2012年第6号	氰乙酸乙酯； 氰基丙烯酸酯单体； 氰基丙烯酸酯粘合剂	全球

❶ 戴龙. 反垄断法中的相关市场界定及我国的取向［J］. 北京工商大学学报：社会科学版，2012（1）.

续表

公告号	相关产品市场	相关地域市场
商务部公告 2012 年第 9 号	硬盘	全球
商务部公告 2012 年第 25 号	移动智能终端； 移动智能终端操作系统	全球
商务部公告 2012 年第 35 号	飞机交流发电系统	全球
商务部公告 2012 年第 49 号	B2C 网上零售	中国大陆
商务部公告 2012 年第 87 号	可信执行环境（Trusted Execution Environment，TEE）	全球
商务部公告 2013 年第 20 号	铜精矿； 铅精矿； 锌精矿	中国大陆
商务部公告 2013 年第 22 号	中国大豆的进口； 中国玉米、豆粕以及干粗酒糟的进口	中国大陆
商务部公告 2013 年第 58 号	CRRT 系列商品； 血液透析系列商品	全球及中国大陆
商务部公告 2013 年第 61 号	液晶电视主控芯片	全球及中国大陆
商务部公告 2014 年第 3 号	生物科技行业的分子生物学、蛋白质生物学、细胞培养技术等领域的 59 种产品	中国大陆
商务部公告 2014 年第 24 号	智能手机； 移动智能终端操作系统； 与移动智能终端相关的专利许可	中国大陆
商务部公告 2014 年第 30 号	平板显示器	中国大陆
商务部公告 2014 年第 49 号	车用镍氢电池	全球
	混合动力汽车	中国大陆
商务部公告 2015 年第 44 号	无线通信网络设备和服务	中国大陆
商务部公告 2015 年第 64 号	射频功率晶体管	全球及中国大陆

4.6.8　限制性条件分析

通常把经营者集中救济划分为结构性救济和行为性救济两种基本类型。在进行经营者集中救济类型选择时，一种观点认为：结构性救济能够迅速产生直接效果且具有永久性，将来一般不会发生逆转，可以完整而及时地消除对反竞争效果的担忧。[1] 因此，结构性救济比行为性救济具有优先性，在经营者集中救济类型选择时存在先后的逻辑顺序，也就是说经营者集中救济类型具有位阶

[1] 尚明. 中华人民共和国反垄断法理解与适用［M］. 北京：法律出版社，2007：261.

性。美国、欧盟都曾在立法上明确表述过结构性救济优先于行为性救济的观点，一度成为经营者集中救济位阶性的主导观点。

美国联邦贸易委员会2003年发布的《集中救济商谈声明》（*Statement of the Federal Trade Commission's Bureau of Competition on Negotiating Merger Remedies*）和美国司法部2004年发布的《集中救济指南》（*Antitrust Division Policy Guide to Merger Remedies*）均清晰阐明了执法机构将优先考虑结构性救济的立场。❶ 欧盟2008年发布的《集中救济通告》（*Commission Notice on Remedies Acceptable under Council Regulation*（*EC*）*No 139 /2004 and under Commission Regulation*（*EC*）*No 802 /2004*）也明确表达了欧盟委员会将优先考虑结构性救济的态度。

随着对经营者集中救济研究的深入和实践的发展，另一种观点认为：由于经营者集中救济需要面对的现实环境非常复杂，不能简单地主张哪一种救济类型更为优越；❷结构性救济未必比行为性救济更容易实施；结构性救济本身在实施中也存在很多困难和缺陷，反垄断执法机构不应当在所有情况下都将结构性救济作为设定救济的首选方式。❸

美国司法部2011年修订的《集中救济指南》，对行为性救济进行了重新定位，直接删除了2004年中“结构性救济优先适用”的表述，同时直接删除了“行为性救济可能产生四项重大成本”的内容，明确指出：“有效的集中救济通常包括结构性救济或者行为性救济。在合适的环境下，二者均可以用于维护竞争。”“有些情况下，结构性救济可能是最佳选择；有些情况下，行为性救济可能是最佳选择；还有些情况下，结构性救济和行为性救济的结合可能是合适的选择。”❹

美国联邦贸易委员会2012年修订的《集中救济商谈声明》虽然继续坚持结构性救济对于解决横向集中产生的竞争问题的优先性，但也清晰表明行为性救济对于解决纵向集中产生的竞争问题的有效性。❺

欧盟2008年修订的《集中救济通告》虽然也继续坚持结构性救济优先适用的立场，但是实务上则积极适用行为性救济。❻

---

❶ See Case No COMP/M. 1628，TotalFina/Elf，European Commission Decision，09 /02 /2000.

❷ See Commissioner of Competition v. Trilogy Retail Enterprises L. P. /Chapters，CT-2001-003，Statement of Grounds and Material Facts，p60.

❸ 吴振国，刘新宇. 企业并购反垄断审查制度之理论与实践［M］. 北京：法律出版社，2012：422.

❹ US Department of Justice，Antitrust Division Policy Guide to Merger Remedies〔Z〕. 2011：4-6.

❺ Federal Trade Committee，Statement of the Federal Trade Commission's Bureau of Competition on Negotiating Merger Remedies〔Z〕. 2012：5.

❻ 近年欧盟适用行为性救济处理的典型案例 Lufthansa/SNAir Holding，Case No COMP/M. 5335；Intel/McAfee，Case No COMP/M. 5984 等。参见袁日新. 经营者集中救济类型位阶性的理论反思［J］. 法律科学，2016（2）.

如何选择行为性和限制性条件，是经营者集中难以决策的，一般可以参照以下几点：❶ 第一，当剥离救济不可能时，选择行为性救济是合适的。如波音/麦道案中，欧盟委员会调查发现除了波音之外，没有现存的飞机制造商对于该项集中交易感兴趣，并且不可能找到商用喷气飞机市场的任何潜在进入者，因而剥离麦道飞机公司是不可能的。❷ 第二，当剥离不合适或者不成比例时，选择行为性救济是合适的。例如，在 Unilever/Amora-Maille 案中，尽管竞争关注与集中当事人在法国的蛋黄酱和色拉调味品市场的支配地位有关，但是 benedicta 商标的剥离范围非常广泛，不仅包括其他商品（如芥末），而且覆盖该商标注册的所有地区（不仅在法国）。欧盟委员会认为，新进入者不仅需要提供 benedicta 商标的所有商品，而且需要在国际范围内销售，以便与 Unilever 开展有效竞争。❸ 第三，当剥离可能妨碍集中的效率时，选择行为性救济是合适的。在谷歌/ITA 软件公司案中，美国司法部要求谷歌继续以相同的救济授权其他公司使用 QPX 软件；继续以正常的路线开发和升级 QPX 软件并以公平合理无歧视的救济许可给新的客户；建立一个内部防火墙使谷歌无法获得竞争对手的敏感信息。❹ 第四，结构性救济通常会使得财产权利的归属发生变化，而行为性救济只是在权利的行使上进行控制。❺ 第五，结构性救济往往是不可逆转的，而行为性救济需要持续性的监管，并可以随着市场情况的变化而及时调整。第六，结构性的救济可能创造新的市场竞争者或者增加现有竞争者的市场份额，行为救济仅仅是使得新的进入者获得有效竞争的机会。第七，结构性救济影响的是固定成本，而行为性救济可能会影响边际成本，如进入价格。❻

4.6.8.1 限制性条件类型

如图 4-19 所示，26 件附条件批准经营者集中案件中，有 1 件案件仅采取结构救济措施，即佩内洛普有限责任公司收购萨维奥纺织机械股份有限公司案；有 9 件案件同时采取了结构救济和行为救济措施，16 件案件则仅采取了行为救济措施。

---

❶ 近年欧盟适用行为性救济处理的典型案例 Lufthansa/SNAir Holding，Case No COMP/M. 5335；Intel/McAfee，Case No COMP/M. 5984 等。参见袁日新. 经营者集中救济类型位阶性的理论反思［J］. 法律科学，2016（2）.

❷ IV/M. 877，Boeing/McDonnell Douglas〔Z〕. 1997 OJL336/16.

❸ Case COMP/M. 1802，Unilever/Amora-Maille〔Z〕. 2000，OJ C33/4.

❹ United States v. Google Inc.，Case No. 1：11-cv-00688，D. D. C. Apr. 8，2011.

❺ Mssimo Motta，Michele Polo，Helder Vasconcelos，"Merger Remedies in the EU：An Overview"，The Antitrust Bulletin：Vol. 52，No. S3&4/Fall-Winter 2007：603-031.

❻ Stephen Davies and Bruce Lyons，"Mergers and Merger Remedies in the EU：Accessing the Consequences for Competition"，Edward Elgar Publishing，2008，p41.

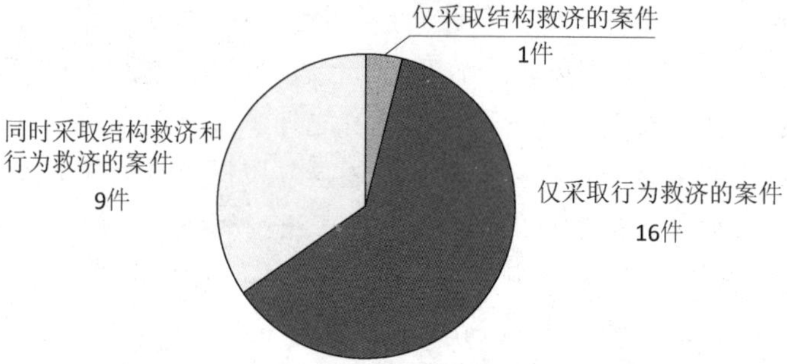

图 4-19　附条件批准案件救济措施分析

《经营者集中审查办法》第 11 条规定，在审查过程中，为消除或减少经营者集中具有或者可能具有的排除、限制竞争的效果，参与集中的经营者可以提出对集中交易方案进行调整的限制性条件。根据经营者集中交易具体情况，限制性条件可以包括如下种类：（1）剥离参与集中的经营者的部分资产或业务等结构性条件；（2）参与集中的经营者开放其网络或平台等基础设施、许可关键技术（包括专利、专有技术或其他知识产权）、终止排他性协议等行为性条件；（3）结构性条件和行为性条件相结合的综合性条件。

除了上述明文规定，商务部在执法中灵活运用了国际上已有的多样的限制性条件，如在通用汽车收购德尔福案中适用了防火墙条款、非歧视交易、禁止报复的行为救济，在松下收购三洋案中适用了欧盟委员会在 2008 年修订后的《合并救济公告》中单独列举的切断与竞争者的关联这一限制性条件。❶

对欧洲七个典型国家（含英国、法国、德国、西班牙、意大利、瑞士和荷兰）2000 年到 2008 年合并救济案例的检验来看，在 234 个案例中，单独使用行为性救济措施的案件是 76 个，比例为 32.5%；混合性救济的比例是 55 个，比例为 23.5%，即使用了行为性救济方式的案例达到 56%。❷ 其中网络和基础设施领域如水利、能源、交通运输、信息和通信行业，行为性救济使用更多，尤其是进入许可的救济方式使用最频繁。在网络和基础设施领域内的 92 个案例中，只有 31 个案例单独采用结构性救济，其他 61 个案例中均有行为性救济，占比 66%，其他领域的 142 个案例中有 72 个单独使用了结构性救济，即采取了行为性救济的案例比例是 49%。对发生在网络和基础设施领域内 43 个案例

❶ 刘研. 论我国的经营者集中附条件批准制度［J］. 黑龙江政法管理干部学院学报，2015（2）.

❷ Thomas Hoehn，"Structure versus conduct-a comparison of the national merger remedies practice in seven European countries"，International Journal of the Economics of Business，Volume 17，Issue 1，February 2010，p9~p32.

的检验发现，其中单独采用行为性救济措施的有 17 件，而在批发和零售领域的 43 个案例中，单独采用行为性救济方式的仅仅 9 件。[1]

在中国的集中救济案例中，有多起涉及实施期限不明确的问题。英博公司收购 AB 公司案、通用收购德尔福案和诺华收购爱尔康案中都采用了行为性救济措施，但都没有明确给出实施的时间限制，这会被理解为无论在稳定还是在变化的市场条件下，都需要接受同样的限制。中国在通用并购德尔福案中，适用了防火墙要求。防火墙要求的具体做法包括：规定信息的流出途径，限制集中各方共同使用一种服务，将集中经营者的内部成员和业务进行物理的隔断，严格控制管理层和相关人员之间的流动等。防火墙要求的实施非常困难，会带来多方面的问题。

4.6.8.2 结构限制性条件

如图 4-20 所示，截至 2015 年年底，作出结构限制性承诺的案件有 10 件，涉及的结构类救济措施有两类：一类是临时性产能剥离，此措施仅在日本三菱丽阳公司拟收购璐彩特国际公司一案中出现，璐彩特国际（中国）化工有限公司将其年产能中的 50% 剥离出来，一次性出售给一家或多家非关联的第三方购买人（“第三方购买人”），剥离的期间为 5 年。第三方购买人将有权在 5 年内以生产成本和管理成本（即成本价格，不附加任何利润）购买璐彩特中国公司生产的 MMA 产品；另一类是剥离业务与资产，又分为剥离既存独立业务单位和剥离非独立业务单位的资产，剥离非独立业务单位资产的案件仅 1 件，即佩内洛普有限责任公司收购萨维奥纺织机械股份有限公司案。

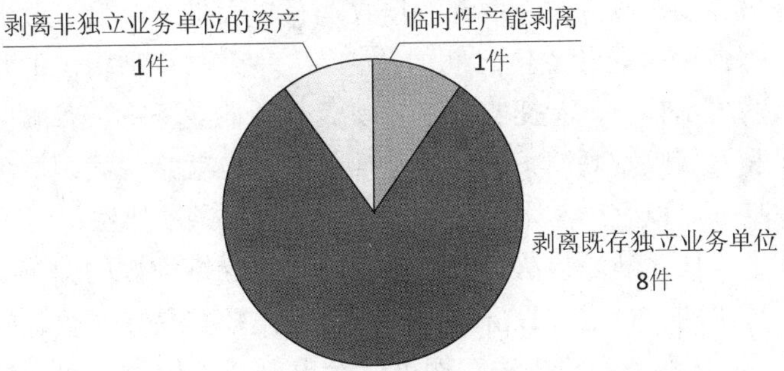

图 4-20 附条件批准案件中的结构类救济

对企业合并附加结构性条件是一种直接干预市场的方法，是在源头上对集

[1] Thomas Hoehn, “Structure versus conduct-a comparison of the national merger remedies practice in seven European countries”, International Journal of the Economics of Business, Volume 17, Issue 1, February 2010, p9~p32.

中交易导致的反竞争效果进行了有效救济。并且在反垄断审查结束后，其后期监督成本较低，这也是各国反垄断执法机构倾向于附加结构性条件的重要原因。但在这20起经营者集中案件中，我国商务部反垄断局也许是过于尊重交易的原始结构而显得对附加结构性条件的相对“谨慎”。其中只有美国辉瑞收购惠氏案和松下收购三洋案（均发生在2009年）是附加了典型的结构性条件，即剥离了参与集中的企业既存独立业务单位。其余的案件均附加了非典型的结构性条件，包括剥离非独立业务单位的资产、产能；转让关联企业股份、股东权益等。❶ 如在嘉能可收购斯特拉塔公司案中，嘉能可公司被要求剥离交易后其在拉斯邦巴斯项目，即斯特拉塔公司目前正在开发的位于秘鲁的铜矿项目中持有的全部权益。

商务部对附加行为性的限制条件态度却是放开的，近半数的案件都附加了行为性条件，即使在附加综合性条件的案件中也是以附加行为性条件为主。其中附加“开放承诺”的案件有松下收购三洋案、谷歌收购摩托罗拉移动业务案、安谋、捷德和金雅拓组建合营企业案；附加“防火墙条款”的案件有通用汽车收购德尔福案，希捷收购三星硬盘驱动器业务案、西部数据收购日立存储案、丸红收购高鸿案；附加“终止排他性协议”的案件有诺华收购爱尔康案；附加“过渡性协助义务”的案件有辉瑞收购惠氏案、联合技术收购古德里奇案。除了附加上述典型的行为性条件外，我国商务部反垄断局还创设了一些颇具特点的行为性条件。如在早期的英博收购AB案、三菱丽阳收购璐彩特案、诺华收购爱尔康案中，附加的是“禁止进行市场扩张”的行为性条件；在希捷收购三星硬盘驱动器业务案、西部数据收购日立存储案、丸红收购高鸿案中要求交易方“保持两个业务主体之间的独立性”。需要特别指出的是，商务部对通用汽车收购德尔福案，希捷收购三星硬盘驱动器业务案，谷歌收购摩托罗拉移动业务案和丸红收购高鸿案的处理是唯一的，也就是说我国商务部是在所有司法辖区中唯一对以上交易附加了限制性条件的反垄断执法部门。❷

在实践中，反垄断法执法机关一般倾向于接受结构性的救济。因为这种救济的结果是直接的，且通过救济产生的新市场比较容易在一个长时期内保持竞争的态势❸。但从商务部的执法案例可以看出，其貌似更偏向于接受行为性的

---

❶ 附加了非典型的结构性条件的案件包括：三菱丽阳收购璐彩特案，佩内洛普收购萨维奥案，松下收购三洋案，西部数据收购日立存储案，联合技术收购古德里奇案，嘉能可收购斯特拉塔公司案，美国百特收购瑞典金宝。当然结构性条件是有的案件附加的综合性条件中的一部分。

❷ 李煜．附条件批准经营者集中制度的实践与法律完善——基于典型案例的分析［J］．现代经济探讨，2015（8）．

❸ 王晓晔．反垄断法［M］．北京：法律出版社，2011．

救济。在商务部“反垄断工作”专题新闻发布会上，商务部反垄断局原局长尚明对该问题进行了详细解释。首先，减轻或者消除损害的限制性条件是由集中申报方提出，这个承诺可能包括结构性的，也可能包括行为性的，商务部要对其进行评估；其次，案件的实际情况很复杂，可能现实中没有合适的接盘者而无法实施资产或业务剥离，就只能退而求其次选择进行业务分离等；最后，附加性限制条件是要确保并购完成以后，市场中的竞争状况不影响到相关产业和消费者，要保持在合并之前的状态。所以每个案件的情况都是不可复制的，我国的反垄断部门并不是比较倾向于或者偏爱于哪种方式，而是根据案件情况灵活处理。

美国最高法院法官 Brenman 曾经提道，“资产剥离是最重要的反托拉斯救济方式，它形式简单，便于管理，且结果确定”。2010 年商务部发布了《关于实施经营者集中资产或业务剥离的暂行规定》，对附条件批准经营者集中案件里剥离类救济措施的应用进行了详细规定，就业务剥离涉及的资产、购买人、期限以及剥离期的独立运营等方面作了具体要求，其中剥离的资产范围涉及生产设备、销售、研发部门和客户资源等广泛领域以及知识产权许可。资产剥离目的在于将特定资产出售给一个新的资产进入者，为其创造有效竞争的条件，或者出售给一个相关市场中独立于集中企业的既存竞争者，强化其竞争力，从而确保集中发生后相关市场竞争水平的适度维系。❶

4.6.8.3　行为限制性条件

表 4-7　附条件批准案件的行为救济措施

序号	公告号	案件名称	行为限制性条件概述
1	商务部公告 2008 年第 95 号	英博集团公司收购 AB 公司	禁止在未来对竞争者增加持股比例或者进行收购； 公司控股股东或控股股东的股东变化情况的及时告知义务
2	商务部公告 2009 年第 28 号	日本三菱丽阳公司拟收购璐彩特国际公司	禁止创建新的生产能力
3	商务部公告 2009 年第 76 号	美国通用汽车有限公司拟收购美国德尔福公司	无歧视供货； 限制竞争性保密信息交流； 配合客户转换供应商； 无歧视多源采购

❶ 韩伟. 合并救济中待剥离资产的选择［J］. 北京交通大学学报：社会科学版，2012，11（1）：108.

续表

序号	公告号	案件名称	行为限制性条件概述
4	商务部公告2009年第77号	美国辉瑞公司收购美国惠氏公司	向被剥离业务企业临时性提供技术支持； 协助原材料采购； 提供技术培训和咨询服务
5	商务部公告2009年第82号	松下株式会社收购三洋电机株式会社	降低出资比例； 放弃股东大会表决权、董事委派权以及有关业务否决权； 变更企业名称； 3年内不得变更限制性条件
6	商务部公告2010年第53号	诺华股份公司收购爱尔康公司	停止在中国市场相关业务的经营活动（5年）； 审查决定生效之日起12个月内，终止相关协议
7	商务部公告2011年第33号	乌拉尔开放型股份公司吸收合并谢尔维尼特开放型股份公司	对中国市场的开放性承诺
8	商务部公告2011年第74号	通用电气（中国）有限公司与中国神华煤制油化工有限公司设立合营企业	禁止滥用市场势力的承诺
9	商务部公告2011年第90号	希捷科技公司收购三星电子有限公司硬盘驱动器业务	（一）保持被收购企业的独立性； （二）审查决定作出后6个月内继续维持和扩大三星产品产能的承诺，按月向监督受托人报告； （三）建立防火墙承诺，防止交换竞争性信息； （四）禁止滥用市场势力的承诺； （五）保证持续创新研发投入的承诺。 附条件批准决定实施12个月后，希捷可以向商务部提出解除上述第（一）、（二）项义务的申请
10	商务部公告2012年第6号	汉高香港控股有限公司与天德化工控股有限公司组建合营企业	无歧视供货； 限制竞争性保密信息交流
11	商务部公告2012年第9号	西部数据收购日立存储	（一）保持被收购企业的独立性； （二）根据市场需求状况合理确定产能产量，按月向监督受托人报告； （三）建立防火墙承诺，防止交换竞争性信息； （四）禁止滥用市场势力的承诺； （五）保证持续创新研发投入的承诺。 附条件批准决定实施24个月后，西部数据可以向商务部提出解除上述第（一）、（二）项义务的申请

续表

序号	公告号	案件名称	行为限制性条件概述
12	商务部公告2012年第25号	谷歌公司收购摩托罗拉移动公司	（一）开放承诺； （二）无歧视对待所有下游制造商； （三）继续履行专利方面的FRAND义务。 对于第（一）项和第（二）项义务，自商务部决定之日起5年内有效。如果市场状况或市场竞争发生变化，则谷歌可以向商务部申请变更或解除此2项义务。如果谷歌不再控制摩托罗拉移动，则此2项义务失效。自商务部决定发布之日起5年内，谷歌应当每6个月就其遵守上述义务的情况向商务部和监督受托人报告。5年期满后，商务部可以继续评估中国移动智能终端操作系统市场的状况，并根据评估状况依法作出决定
13	商务部公告2012年第35号	联合技术公司收购古德里奇公司	提供技术培训和咨询服务
14	商务部公告2012年第49号	沃尔玛公司收购纽海控股有限公司	此次收购仅限于利用自身网络平台直接从事商品销售的部分； 在未获得增值电信业务许可的情况下，被收购方在此次收购后不得利用自身网络平台为其他交易方提供网络服务； 本次交易完成后，收购方不得通过VIE架构从事目前由被收购方全资子公司运营的增值电信业务
15	商务部公告2012年第87号	安谋公司、捷德公司和金雅拓公司组建合营企业	继续履行专利方面的FRAND义务； 不得通过对自有知识产权的特殊设计降低第三方TEE的性能； 安谋公司的上述义务自商务部决定之日起8年内有效
16	商务部公告2013年第20号	嘉能可国际公司收购斯特拉塔公司	2013年至2020年12月31日，维持集中前铜精矿的交易条件； 2013年至2020年12月31日，继续向中国客户无歧视提供锌精矿和铅精矿长期合同和现货合同报盘
17	商务部公告2013年第22号	日本丸红株式会社收购美国高鸿控股有限责任公司100%股权	（一）维持被收购企业的独立性； （二）经营者集中完成后，收购方不得从被收购方处采购大豆，除非交易依据公平市场条件进行； （三）禁止交换竞争性信息。 24个月期满后，丸红公司可以向商务部提出解除上述第（一）项义务的申请
18	商务部公告2013年第58号	美国百特国际有限公司收购瑞典金宝公司	2016年3月31日前，收购方在中国境内终止尼普洛代工生产协议

续表

序号	公告号	案件名称	行为限制性条件概述
19	商务部公告2013年第61号	联发科技股份有限公司吸收合并开曼晨星半导体公司	保持被并入企业的独立性； 并购方行使有限股东权利； 未经批准不得进行业务合作； 在LCD电视芯片市场后续并购其他竞争者，未经申报批准不得实施； 3年期满后，联发科技和晨星台湾可以向商务部提出解除“保持晨星台湾作为独立竞争者的法人地位”相关义务的申请
20	商务部公告2014年第3号	赛默飞世尔科技公司收购立菲技术	未来10年每年以1%的幅度降低特定产品的中国市场目录价，同时不降低给予中国经销商的折扣； 未来10年中依据第三方的选择以代工协议（OEM）方式向第三方供应特定产品，或给与第三方有关特定产品的永久非排他性技术许可
21	商务部公告2014年第24号	美国微软公司收购芬兰诺基亚公司设备和服务业务	继续履行标准必要专利的FRAND义务； 就其拥有的标准必要专利，不得寻求针对中国境内相关企业制造的专利产品的禁令或排除令； 不得滥用知识产权； 未来进行标准必要专利转让时，仅会在新所有人同意遵守上述原则的条件下才进行转让； 继续其非标准必要专利的许可，为中国境内相关企业提供非标准必要专利的非排他性许可，同时（i）其收取的专利费率不高于本项集中完成前的项目专利费率，或针对现有被许可人而言，不高于该被许可人现有协议中的费率；（ii）其他非价格条款和条件与本项集中完成前所提供的保持实质一致； 自商务部决定之日起5年内，不会将其持有的经商务部考察的任何“非标准必要专利”转让给新的所有人。 在上述5年期结束之后，将非标准必要专利转让给新的所有人时，仅会在新所有人同意遵守转让方在经营者集中承诺之前已作出的所有适用的许可承诺的条件下才进行转让
22	商务部公告2014年第30号	默克公司收购安智电子材料公司	不得捆绑销售，不得对收购方和被收购方的产品进行任何形式的交叉补贴； 许可专利时需基于非排他性的、不得转许可的条款实施，所有许可都将遵循商业上合理的、非歧视性原则 上述义务自商务部决定公告之日起至2017年4月30日止3年内有效

续表

序号	公告号	案件名称	行为限制性条件概述
23	商务部公告2014年第49号	湖南科力远新能源股份有限公司、丰田汽车（中国）投资有限公司、Primearth EV Energy株式会社、常熟新中源创业投资有限公司和丰田通商株式会社拟设立合营企业	合营当事方及合营企业应遵循公平、合理、无歧视原则，向第三方广泛销售其产品； 在市场有相应需求的情况下，应在投产后3年内实现产品的对外销售
24	商务部公告2015年第44号	诺基亚公司收购阿尔卡特朗讯公司股权案	对等前提下，不得通过执行基于SEPs的禁令来阻止附有FRAND承诺的标准的实施，除非专利权人已经提供了符合FRAND原则的许可条件，而潜在被许可人却没有善意签订FRAND许可并遵守这些许可条款； 未来向第三方转让SEPs时，转让完成后转让方应将专利转让情况及时通知其现有的中国被许可人以及任何正在与其积极进行许可谈判的中国公司； 未来转让SEPs时，仅会在受让方接受这些SEPs上的FRAND义务时才会同意转让； 该报告义务自本公告生效之日起，持续执行5年至2020年10月18日终止
25	商务部公告2015年第64号	恩智浦半导体股份公司收购飞思卡尔半导体有限公司全部股权	过渡性协助义务

如表4-7所示，26件附条件批准经营者集中案件中，有25件案件采取了行为性救济措施。案件涉及的行为类救济措施主要有：（1）禁止在未来对竞争者增加持股比例或者进行收购；（2）公司控股股东或控股股东的股东变化情况的及时告知义务；（3）禁止创建新的生产能力；（4）无歧视供货，限制竞争性保密信息交流，配合客户转换供应商以及无歧视多源采购；（5）向被剥离业务企业临时性提供技术支持，协助原材料采购，提供技术培训和咨询服务；（6）降低出资比例；（7）放弃股东大会表决权、董事委派权以及有关业务否决权；（8）变更企业名称；（9）开放承诺（知识产权的强制授权许可是一种变相剥离）；（10）防火墙条款，确保双方不会交换竞争性信息；（11）过渡性协助义务；（12）禁止滥用市场势力的承诺；（13）终止相关协议；（14）禁止雇佣核心雇员；（15）保持独立性。

值得注意的是，在希捷收购三星硬盘案、西部数据收购日立存储案等案中，交易被附加了一项特殊的救济措施，即要求企业特定部门在交易后较长一段时期内维持各自的独立性，这类救济措施与欧美合并救济实践中的“资产分持（hold separate）”非常相似，但又有实质性的差别。欧美反垄断执法实践中的资产分持主要是作为结构救济中的一种实施保障机制而存在，由于结构救济的过渡期不会太长，所以这类措施不会对市场带来严重负面影响。但希捷收购三星案、西部数据案中“保持独立性”的行为救济措施却意味着虽然政府部门对交易放行，但实质上通过行为约束直接对交易后的市场结构进行了持续性地实质干涉。

商务部大部分案件附加的是行为性条件而非结构性条件，且行为性条件种类多样，这对原本人手不足的商务部反垄断局来说更是“雪上加霜”。因为对附加的行为性条件事后监督难、执行成本高。在多数案件中，商务部要求交易方委托独立的监督受托人监督交易方对义务的履行，同时商务部有权通过监督受托人或自行监督检查交易方履行义务的情况。即使委托了独立的监督受托人，对某些案件附加的限制性条件的执行效果仍存疑问。如 2013 年丸红收购高鸿案中，商务部要求在“本决定生效之日起 6 个月内，丸红公司应设立两家独立的法人实体，组建两支独立的运营团队负责向中国出口和销售大豆。”“在丸红大豆子公司和高鸿大豆子公司之间设置防火墙，确保双方不会交换竞争性信息。”这些条件对交易方而言交易负担较重，对商务部反垄断局而言监督执行的成本高。在 2012 年安谋、捷德和金雅拓组建合营企业案中，附加了条件，“安谋公司不得通过对自有知识产权的特殊设计降低第三方 TEE 的性能”。这样的行为性条件看似直接明了，但却横亘着知识产权的鸿沟，无形中加重了商务部的监管难度。[1]

4.6.8.4 与知识产权相关的限制性条件

如图 4-21 所示，在 26 件案件中，10 件案件针对知识产权的救济措施。[2]就经营者集中影响到的行业类型而言，10 个案件一共涉及了 8 个行业，分别是医药制造业、电池制造业、移动通信设备制造业、互联网信息及技术服务业等，部分经营者集中案件同时影响数个行业（见图 4-22）。

---

[1] 李煜. 附条件批准经营者集中制度的实践与法律完善———基于典型案例的分析［J］. 现代经济探讨，2015（8）.

[2] 分别为美国辉瑞公司收购美国惠氏公司案，松下株式会社收购三洋电机株式会社案，谷歌公司收购摩托罗拉移动公司案，联合技术公司收购古德里奇公司案，安谋公司、捷德公司和金雅拓公司组建合营企业案，美国百特国际有限公司收购瑞典金宝公司案，赛默飞世尔科技公司收购立菲技术案，美国微软公司收购芬兰诺基亚公司设备和服务业务案，默克公司收购安智电子材料公司案，诺基亚公司收购阿尔卡特朗讯公司股权案。

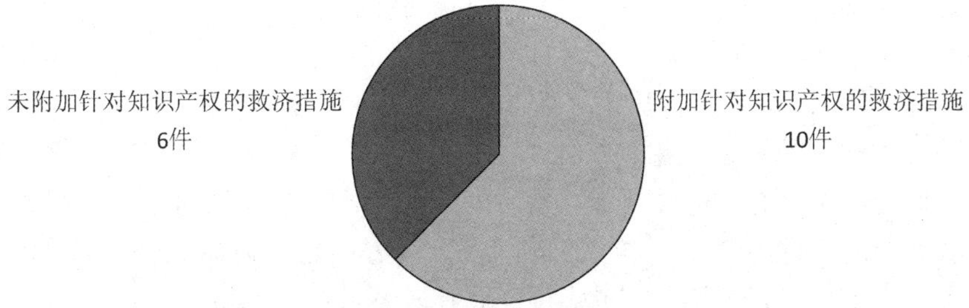

图 4-21　附条件批准案件中附有知识产权救济措施案件数量

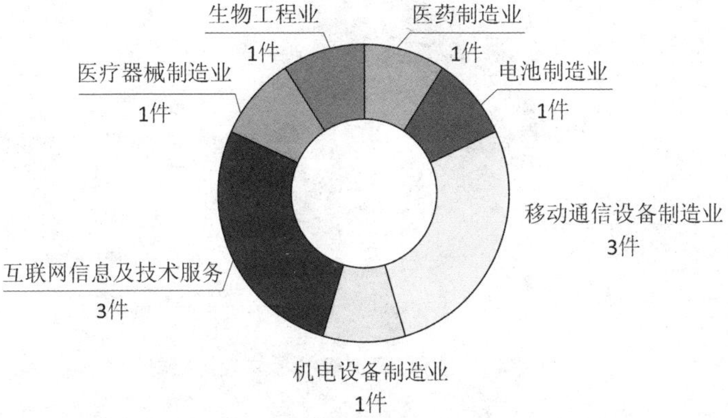

图 4-22　受附有知识产权救济措施案件影响的行业

如图 4-23 所示，上述 10 件案件中横向集中有 7 件，纵向集中 3 件，不涉及混合集中。如果专利权是一项企业并购的主要动因的话，那么这个企业大多数是希望借助相关专利打入新的市场，所以以专利权为目的的并购不乏混合集中。但是，正是因为企业希望通过专利进入新的市场实现战略转型，所以这种集中是不会给市场造成限制竞争的影响的。因为，作为一个新加入的竞争者，它的市场影响力还没有完全形成。所以，这类混合集中也不会成为商务部审查的重点。

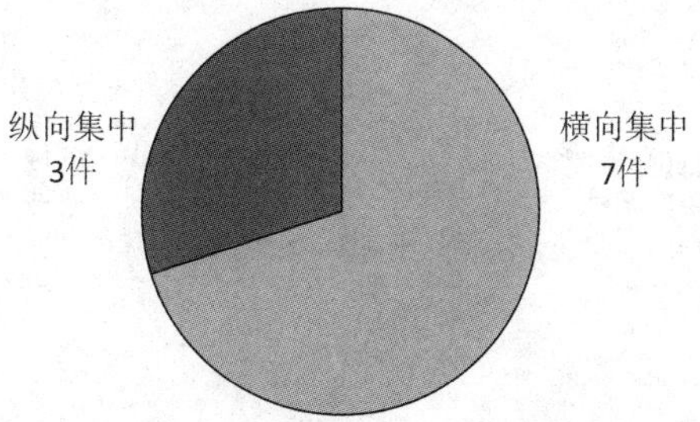

图 4-23　附有知识产权救济措施案件的集中方式

如图 4-24 所示，上述 10 个案件中要求剥离相关知识产权的案件有 4 件，强制经营者进行知识产权许可的案件有 2 件（许可应给予非排他性、不可转许可的条件实施），要求经营者继续遵守并购前集中方已作出的 FRAND 许可承诺的案件有 4 件，要求经营者不得通过对自由知识产权特殊设计来降低第三方相关产品性能的案件有 1 件，要求并购后的经营者不得寻求针对中国境内相关企业专利禁令的案件有 3 件。这些针对知识产权的救济措施多为行为性救济措施，可见商务部对行为性救济的态度还是比较开放的。

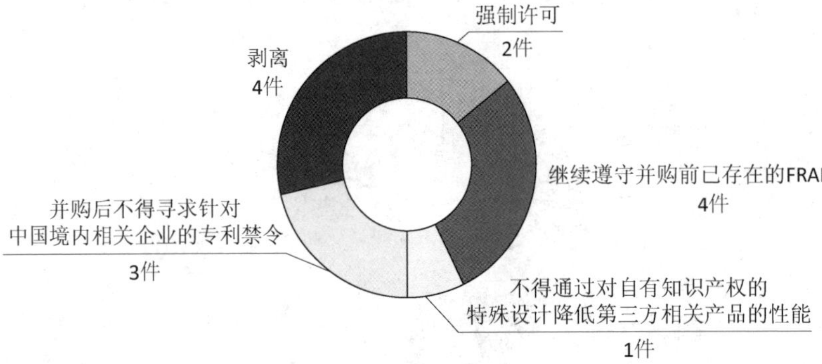

图 4-24　针对知识产权的具体救济措施

值得注意的是，上述行为救济措施针对的知识产权多为标准必要专利，近年来由标准必要专利引发的一系列大型专利诉讼以及滥用知识产权垄断案件影响颇大，这些案件也主要集中在标准必要专利的 FRAND 许可义务以及禁令使用的问题上。根据《关于经营者集中附加限制性条件的规定（试行）》第 3 条，无论是结构限制性措施还是行为限制性措施，都可对并购后的企业所拥有的知识产权进行一定程度限制。

4.6.9　限制性条件的变动

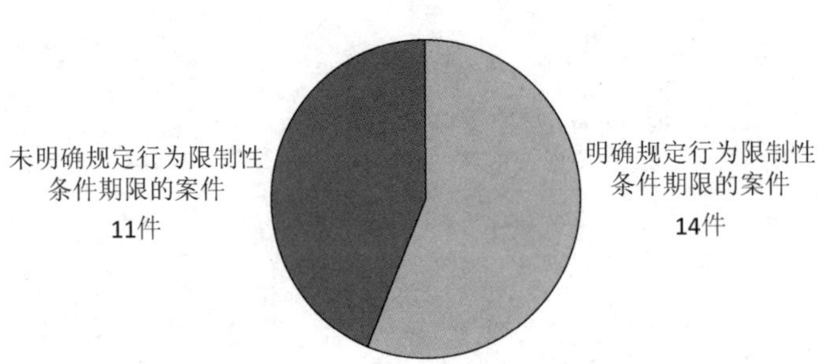

图 4-25　行为限制性条件履行期限规定情况

如图4-25所示，25件采取了行为限制性措施的附条件批准经营者集中案件中仅11件案件对行为限制性承诺的履行期限进行规定。

截至2015年年底，提出变更或解除限制性条件的案件仅4件，如表4-8所示：

表4-8　限制性条件变动情况

序号	经营者集中案件名称	变动公告号	限制性条件变动情况
1	英博集团公司收购AB公司	商务部公告2015年第35号	同意百威英博认购珠江啤酒非公开发行股份
2	希捷科技公司收购三星电子有限公司硬盘驱动器业务	商务部公告2015年第43号	解除2011年第90号公告第（一）、（二）项义务
3	西部数据收购日立存储	商务部公告2015年第41号	解除2012年第9号公告第（一）、（二）项义务
4	谷歌公司收购摩托罗拉移动公司	商务部公告2015年第2号	确认解除商务部2012年第25号公告第（二）项义务

限制性条件的变动，与限制性条件所适用的相关市场的环境的发展变化，有着密切的联系。执法部门确定限制性条件时，对其有效性的判断很大程度上是基于当时的市场环境以及所掌握的相关信息。此外，确定限制性条件时，针对的反竞争效果很大程度上也是基于执法部门的预测。随着市场环境的变化，一些限制性条件处理竞争问题的适当性可能会出现问题。此外，与限制性条件相关的主体，包括当事人、利益第三方甚至执法部门的某些执法行为，在特定情况下都可能导致当初确定的限制性条件无法继续实施或者不适合再继续实施。

限制性条件的变更或解除一般由经营者集中申报义务人在经营者集中完成后，履行经营者集中承诺义务的过程中向商务部提出申请，由商务部依据具体情况审查并作出决定。商务部在评估变更或解除限制性条件请求时，一般会考虑以下因素：（1）集中交易方是否发生重大变化；（2）相关市场竞争状况是否发生了实质性变化；（3）实施限制性条件是否无必要或不可能；（4）其他因素。

已公布的附条件批准经营者集中案件中，涉及结构性条件及剥离业务的，商务部给出的剥离期限一般不超过6个月，经申请可以延长3个月。“日本三菱丽阳公司拟收购璐彩特国际公司”一案由于是第一起采取结构限制性措施的经营者集中案件，故该案中商务部规定璐彩特公司在履行剥离义务时，经申请剥离期限可以延长6个月。《关于经营者集中附加限制性条件的规定（试行）》第13条规定，审查决定未规定自行剥离期限的，剥离义务人应在审查决定作出之日起6个月内找到适当的买方并签订出售协议。根据案件具体情况，经剥离义务人说明理由，商务部可以酌情延长自行剥离期限，但延期最长不得超过

3个月。审查决定未规定受托剥离期限的，剥离受托人应当在受托剥离开始之日起6个月内寻找适当的买方并签订出售协议。

4.6.10 监督受托人

表4-9 附条件批准案件监督受托人任命情况

序号	参与集中经营者	结案时间	限制性条件类型	是否任命监督受托人
1	英博—AB	2008/11/18	行为条件	否
2	三菱丽阳—璐彩特	2009/4/24	结构条件+行为条件	否
3	通用汽车—德尔福	2009/9/28	行为条件	否
4	辉瑞—惠氏	2009/9/29	结构条件+行为条件	否
5	松下—三洋	2009/10/30	结构条件+行为条件	否
6	诺华—爱尔康	2010/8/13	行为条件	是
7	乌拉尔—谢尔维尼特	2011/6/2	行为条件	是
8	佩内洛普—萨维奥	2011/10/31	结构条件	是
9	通用中国—神华	2011/11/10	行为条件	否
10	希捷—三星电子	2011/12/12	行为条件	是
11	汉高香港—天德化工	2012/2/10	行为条件	是
12	西部数据—日立存储	2012/3/2	行为条件	是
13	谷歌—摩托罗拉移动	2012/5/19	行为条件	是
14	联合技术—古德里奇	2012/6/15	结构条件+行为条件	是
15	沃尔玛—钮海控股	2012/8/13	行为条件	是
16	安谋—捷德—金雅拓公	2012/12/6	行为条件	是
17	嘉能可—斯特拉塔	2013/4/16	结构条件+行为条件	是
18	丸红—高鸿	2013/4/23	行为条件	是
19	百特—金宝	2013/8/13	结构条件+行为条件	是
20	联发科技—开曼晨星	2013/8/27	行为条件	是
21	赛默飞世尔—立菲技术	2014/1/15	结构条件+行为条件	是
22	微软—诺基亚	2014/4/8	行为条件	是
23	默克—安智	2014/4/30	行为条件	是
24	科力远—丰田中国—PEVE—新中源—丰田通商	2014/7/2	行为条件	是
25	诺基亚—阿尔卡特朗讯	2015/10/19	行为条件	是
26	恩智浦—飞思卡尔	2015/11/25	结构条件+行为条件	是

如表4-9所示，2010年7月5日《关于实施经营者集中资产或业务剥离的

暂行规定》的颁布成为清晰的时间界点。在《关于实施经营者集中资产或业务剥离的暂行规定》颁布之前，因立法上缺乏监督受托人制度的相应规范，商务部附条件批准的案件中，不论是结构性条件还是行为条件，均未要求任命监督受托人。当然，这并不意味着这些案件均无监督受托人适用的必要。在《关于实施经营者集中资产或业务剥离的暂行规定》颁布之后，则除通用中国与神华合并涉及行为条件一案外，其他案件均要求任命监督受托人。[1]

《剥离暂行规定》第4条中规定：剥离义务人应当根据审查决定的要求委托监督受托人。依该规定，是否适用监督受托人的权限则由商务部依据个案确定，但立场上是采用“多数适用，还是少数适用”的原则并不明确。从已有的实践看，商务部在附条件批准的案件中具体适用监督受托人的立场也不明朗。[2]

自2006年至2010年，在欧盟委员会作出的99起涉及经营者集中救济的案件中，就有91起案件包含监督受托人条款。[3] 2013年12月5日，欧盟委员会发布了最新的《向欧盟委员会的承诺示范文本》和《受托人委托协议示范文本》，使得欧盟经营者集中救济中监督受托人制度规范更加清晰、明确，运作更加成熟和完善。[4]

在我国，首次涉及委托实施机制的救济案件是2009年的三菱丽阳收购璐彩特案，尽管该案并未实际任命监督受托人，但商务部针对该案的救济决定要求为：如果在剥离期限内产能剥离未能完成，集中双方同意商务部有权指派独立的受托人将璐彩特中国公司的100%股权出售给独立第三方。《剥离暂行规定》对委托实施机制以规范性法律文件进行了确认。2014年12月4日，商务部又发布了《关于经营者集中附加限制性条件的规定（试行）》（以下简称《附条件规定（试行）》），取代了《剥离暂行规定》。《附条件规定（试行）》被视为《反垄断法》“配套立法的重要组成部分，对于规范经营者集中附加限制性条件的确定、实施及监督具有重要意义。

有研究者认为，《附条件规定（试行）》相比《剥离暂行规定》，有三个方面的倒退：

一是受托人的选任公示不不透明。依照《附条件规定（试行）》的要求，选任监督受托人、剥离受托人的程序是：首先由集中当事方自行选择若干候选人，在指定的期限内推荐给商务部；其次，由商务部对受托人的适格性、委托

[1] 刘武朝. 时建中论经营者集中反垄断审查中的监督受托人——欧美的经验及借鉴［J］. 河北法学.

[2] 刘武朝. 时建中论经营者集中反垄断审查中的监督受托人——欧美的经验及借鉴［J］. 河北法学.

[3] onas S. Brueckner and Thomas Hoehn. MonitoringCompliance with Merger Remedies－The Role of the MonitoringTrustee［J］. Competition Law International September，2010：73，77.

[4] 袁日新. 欧盟经营者集中救济中监督受托人职责制度及其启示［J］. 行政与法，2015（5）.

协议内容的妥当性进行审查和确认；最后，由经营者与受托人签署委托协议，受托人投入监督或剥离活动。对受托人的人选采取“推荐制”而非“招募制”。在目前的制度规范下，受托人的身份可能处于“秘密”状态，这不但制约了委托实施效果的最优化，而且增加了受托人发生道德风险、怠于职责甚至滥用权限的可能性。

二是监督受托人的工作期间。如图4-26所示，依据《剥离暂行规定》，监督受托人是“受剥离义务人委托，负责对业务剥离进行全程监督的自然人、法人或其他组织”，剥离受托人则是“在受托剥离阶段，受剥离义务人委托，负责找到适当的买方并达成出售协议及其他相关协议的自然人、法人或其他组织”。而如图4-27所示，现行的《附条件规定（试行）》则将监督受托人界定为“在自行剥离阶段负责对剥离进行监督的自然人、法人或其他组织”，将剥离受托人界定为“在受托剥离阶段负责出售剥离业务的自然人、法人或其他组织”。《附条件规定（试行）》把监督受托人的工作期间缩短至当事方自行剥离阶段，使受托剥离阶段的资产监督处于真空状态。

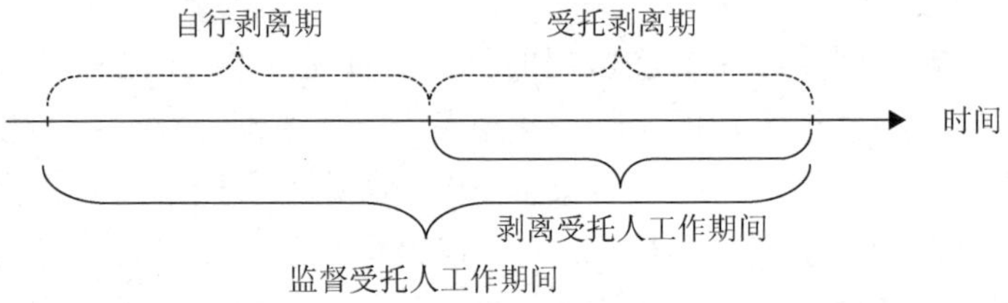

图4-26　《剥离暂行规定》中监督受托人工作期间

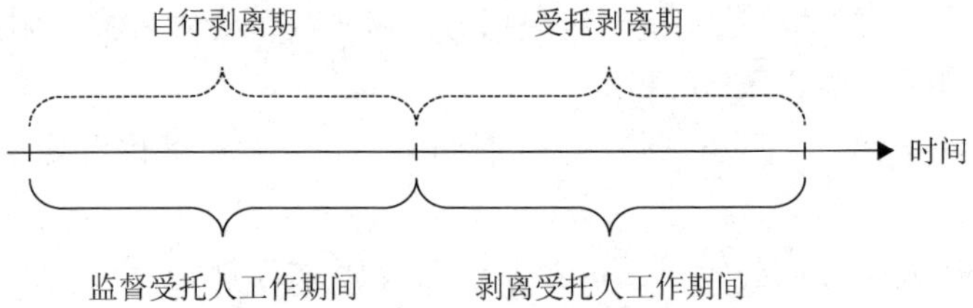

图4-27　《附条件规定（试行）》中监督受托人工作期间

三是受托人的义务与责任。《附条件规定（试行）》对监督受托人、剥离受托人的义务虽有列举式规定，但这些规定既难以从“数量”上完全涵盖监督过程可能遇到的未能明文列举的、但在理念上被认为“应当”属于受托人义务的事项，也没有为受托人履行义务的“质量”提供可资评判的尺度；关于受托人的责任问题，《附条件规定（试行）》则没有任何硬性规定。[1]

4.6.11　未遵守承诺处罚

如图 4-28 所示，截至 2015 年年底，未遵守经营者集中承诺受到行政处罚的案件仅 1 件，即西部数据公司违反了商务部公告 2012 年第 9 号中第四部分第（1）项关于“维持 Viviti 公司交易前的状态，确保 Viviti 公司维持独立的法人地位并独立开展业务”的规定。

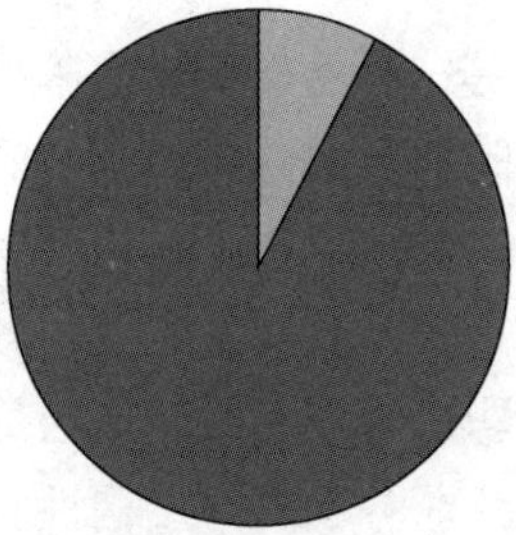

图 4-28　未遵守经营者集中承诺案件

我国《反垄断法》第 45 条主要借鉴欧盟经验规定了经营者承诺制度，本质上是一种执法和解制度，理论学者多采用执法和解一词。商务部发布的《经营者集中审查办法》第 11~13 条、第 15 条中规定了经营者集中关于承诺程序的审查处理，如承诺由经营者提出、承诺的三种类型、承诺要满足实质和形式要求及报告履行情况等内容。商务部应及时监督附加限制性条件批准的经营者集中案件的履行情况，发现参与集中的经营者在规定期限内未改正的，可以依照我国《反垄断法》的相关规定予以处理为有效实施经营者集中接受承诺规则提供了法律支持。

《反垄断法》第 48 条规定，经营者违反该法规定实施集中的，由国务院反垄断执法机构责令停止实施集中、限期处分股份或者资产、限期转让营业以及采取其他必要措施恢复到集中前的状态，可以处 50 万元以下的罚款。第 49 条规定，对该法第 46 条、第 47 条、第 48 条规定的罚款，反垄断执法机构确定具体罚款数额时，应当考虑违法行为的性质、程度和持续的时间等因素。《关于经营者集中附加限制性条件的规定（试行）》第 29 条规定参与集中的经营者违反审查决定，商务部应责令限期改正。情节严重的，商务部应责令停止实施

[1] 李俊峰. 经营者集中救济措施的委托实施机制研究［J］. 上海财经大学学报，2015（5）.

集中、限期处分股份或者资产、限期转让营业以及采取其他必要措施恢复到集中前的状态，可处以 50 万元人民币以下的罚款。

2012 年 3 月 8 日，西部数据公司未经批准，将 Viviti 公司的美国子公司 HGST 美国公司，转移到西部数据科技公司旗下，成为西部数据科技公司的全资子公司。[1] 2013 年 1 月，你公司未经批准，撤销 Viviti/HGST 公司发展部门，并将有关员工转移至你公司任职。[2] 针对西部数据的这两项违法行为，商务部分别处以 30 万元罚款。

4.6.12 附条件批准后续信息披露

《反垄断法》第 30 条规定，国务院反垄断执法机构应当及时将禁止经营者集中的决定或者对经营者集中附加限制性条件的决定，及时向社会公布。执法部门有必要对《反垄断法》第 30 条的规定做广义理解，信息披露义务不应限于狭义的附条件许可决定公告文书。合并救济中涉及的救济措施，往往存在一个实际执行的过程，救济措施履行完毕的时点一般和执法部门附条件许可决定作出之日存在一定的时差。在附加资产或业务剥离等结构性救济措施的案件中，往往是在附条件许可决定作出相当长一段时间之后资产或业务才能最终实现剥离，在资产或业务等待最终实现剥离的过渡期内，资产或业务的成功剥离仍然面临一定程度的不确定性。行为类救济措施的实施则更是一个持续的过程，涉及一系列的后续监督问题，救济措施执行中的变数也更大，行为类救济措施也可能基于市场环境变化而需要作出变更。因此，从附条件许可决定公告的作出到具体救济措施的最终完成这一时间阶段内，可能发生救济措施的变更、合并当事人在时限或其他方面的特定要求上违反救济措施的履行义务等事件。由于在合并救济措施最终完成之前，相关市场的竞争因而合并交易而过度受损的警报并未消除，所以后续的重要信息执法部门就有必要适当地向社会披露。

如果附条件许可公告作出后还涉及救济措施的后续履行与监督，后续过程中又发生影响合并救济目的实现的重大事件，诸如救济措施的变更、资产或业务剥离的完成，合并企业对救济措施履行义务的违反等，则执法部门有必要考虑对相关重大信息适当地向社会进行披露，促进社会监督功能的发挥，确保救济措施的有效落实。

欧盟委员会并于 2005 年发布了《合并救济研究》的研究报告，从救济措施的实施效果来看，欧盟 1996~2000 年的 84 个采用资产剥离的集中反垄断救济

---

[1] 参见商法函［2014］786 号。

[2] 参见商法函［2014］787 号。

措施案例中，总计有94%的剥离业务在剥离之后仍在运营，其中，由初始买受人继续经营的占87%，由继受的买方继续经营的占7%。而在剥离业务的市场份额变化上，剥离业务市场份额减少的占到44%，份额增加的为18%，34%的救济中市场份额稳定，4%的案例中剥离业务退出了市场。在剥离业务市场份额减少的44%案例中，超过50%的案例份额丢失严重，甚至破产。[1]

4.7　禁止经营者集中

如表4-10所示，截至2015年年底，商务部仅禁止了2起经营者集中案件。

表4-10　禁止经营者集中的案件

公告号	立案时间	公告时间	案件名称
商务部公告2009年第22号	2008.11.20	2009.3.18	可口可乐公司收购汇源公司
商务部公告2014年第46号	2013.12.19	2014.6.17	马士基，地中海航运、达飞设立网络中心案

4.7.1　可口可乐收购汇源案

可口可乐公司收购汇源公司案是中国反垄断法实施后执法部门作出的首例经营者集中反垄断审查禁止案，在中国反垄断执法史上具有里程碑意义，同时也引起了国内外的广泛关注。

在该案中，可口可乐主要经营的碳酸饮料和汇源的果汁饮料虽然有差别，但对相当部分消费者来说，它们具有可替代性。可口可乐除生产碳酸饮料外，也生产果汁饮料，且急于通过并购扩大这方面的市场份额。可见，可口可乐和汇源存在竞争关系，该起并购基本上属于横向并购，其次，可口可乐和汇源在中国软饮料市场都是大企业，如果并购成功，可口可乐可以凭借其市场势力，迅速扩大汇源在果汁市场上的份额，进而取得市场支配地位。最后，可口可乐是全球软饮料市场包括中国市场的第一号品牌，也是几乎任何一个软饮料批发商必须经营的产品。在可口可乐同时生产经营碳酸饮料和果汁饮料的条件下，它非常可能凭借其市场势力与交易对手进行“一揽子”交易，排除限制汇源产品的竞争对手。因此，此项经营者集中具有排除、限制竞争效果，将对中国果汁饮料市场有效竞争产生不利影响。

值得注意的是，该案中执法部门试图通过附加限制性条件的方式批准该起集中，并为此作出了商谈努力，但最终当事方提交的救济方案仍不能有效减少

[1] DG Competition, European Commission, “Merger Remedies Study”, Public Version, October 2005.

此项集中产生的不利影响。国外的执法经验也表明，当经营者无法或者未能提供反垄断执法机构可以接受的救济方式时，执法机构唯一的解决方式就是作出禁止经营者集中的决定。

4.7.2 马士基、地中海航运、达飞设立网络中心案

该案是《反垄断法》实施以来商务部禁止的第二起经营者集中案件。马士基，地中海航运、达飞是全球最大的三家航运且，通过此次集中将形成紧密型联营，交易后三家企业在亚欧航线集装箱班轮运输服务市场合计运力份额高达47%。经审查，商务部认为此项交易可能产生排除、限制竞争效果。

在审查期间，商务部向交易方指出了此项经营者集中可能具有排除、限制竞争效果，并就如何解决上述竞争问题与申报方进行了多次商谈。交易方提交了多伦救济方案，2014年6月9日，提交了最终救济方案。经评估，商务部认为，交易方提交的最终救济方案缺少相应的法律依据和可信服额证据支持，不能解决商务部的竞争关注。参与集中的经营者不能证明该集中对竞争产生的有利影响明显大于不利影响或者符合社会公共利益。

4.8 经营者集中听证

如图4-29所示，本次反垄断大数据分析统计的26件附条件批准经营者集中案件、2件禁止经营者集中案件，以及未依法申报予以行政处罚的5件经营者集中案件，共计33件案件公告中仅2件案件的公告文书中提及商务部在反垄断审查过程中举行了听证，即“美国辉瑞公司收购美国惠氏公司案”和“可口可乐公司收购汇源公司案”。

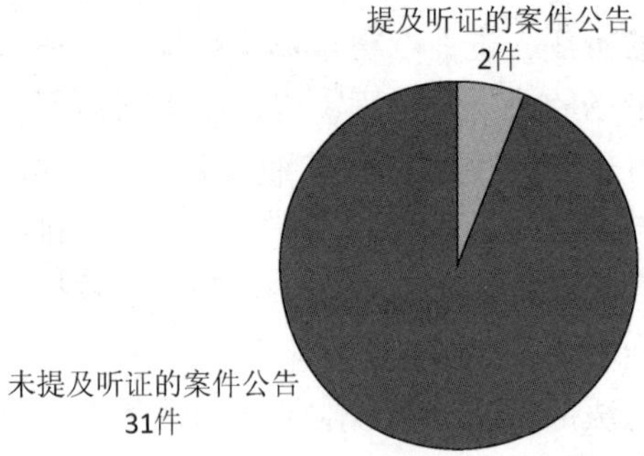

图4-29 经营者集中反垄断审查听证情况

2015年6月4日下午，商务部就阳光电源与三星SDI合资项目经营者集中

反垄断审查听证会，会议全面听取了相关方对阳光电源股份有限公司和三星SDI合资成立储能电池和储能电源两个合资项目涉及经营者集中反垄断的意见。

我国的经营者集中附条准制度中原先就在程序中设置了听证环节，《经营者集中审查办法》第7条规定："在审查过程中，商务部可以主动或应有关方面的请求决定召开，调查取证，听取有关各方的意见。"从法律条文中可以发现，区别于西方一些国家的法定听证制度，我国所设置的听证制度并不是审查程序的必须要素，在附条件批准的协商过程中只能由国家反垄断法执法机构主动决定召开，集中合并方和相关利益第三人只有参与权，而无发起权。社会公众更是连参与听证程序的机会都没有，这种听证方式显然是有失公平、公正的。

4.9 经营者集中行政复议和诉讼

《反垄断法》第53条规定，对反垄断执法机构依据该法第28条、第29条作出的决定不服的，可以先依法申请行政复议；对行政复议决定不服的，可以依法提起行政诉讼。对反垄断执法机构作出的前款规定以外的决定不服的，可以依法申请行政复议或者提起行政诉讼。

《反垄断法》第28条是关于禁止经营者集中的规定，第29条是关于附条件批准经营者集中的规定。

截至2015年年底，从商务部和媒体公开的信息来看，无条件批准的1 280件案件中，附条件批准的26件案件和禁止集中的2件案件，未有一例提起行政复议和行政诉讼。

4.10 经营者集中审查方式

如图4-30所示，在附条件批准经营者集中及禁止经营者集中共计28件案件的审查过程中，28件案件均书面征求了政府部门、行业协会和相关企业意见；咨询了有关专家意见的案件8件；进行了实地调研的案件8件；聘请独立第三方机构对竞争问题进行分析论证的案件5件；进行了电话采访的案件2件；发放调查问卷对申报情况进行核查的案件3件；9件案件举行了座谈会；2件案件举行了听证会；3件案件举行了论证会。说明商务部在反垄断审查工作中，采取了多种审查方式，充分听取各方意见，对经营者集中案件中的竞争问题进行了谨慎评估从而得出审查决定。同时，不难发现在反垄断审查过程中，在竞争问题的论证分析上十分需要来自专家学者、独立第三方评估机构的专业意见。而在征询"有关政府部门"的意见时，毋庸置疑国家发展和改革委员会和相关产业主管部门的意见是最重要的。

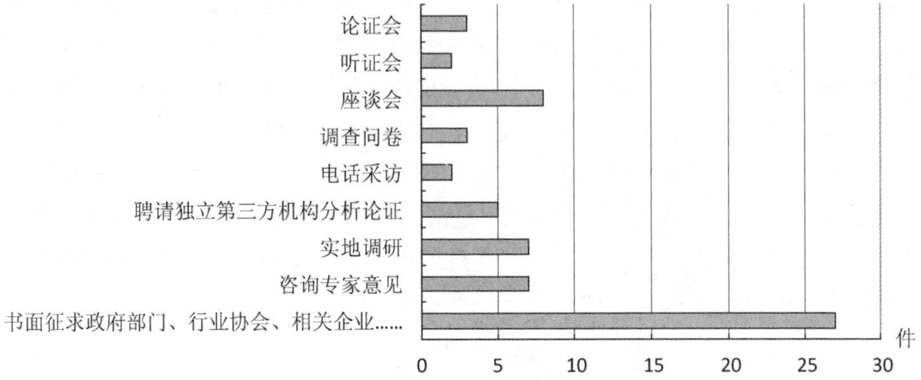

图 4-30　经营者集中反垄断审查方式

例如，在联发科技收购开曼晨星案、谷歌收购摩托罗拉移动业务案、西部数据收购日立存储案和希捷收购三星硬盘驱动器业务案的审查程序中，商务部都征询了工业和信息化部的意见；在丸红收购高鸿案中涉及我国的大豆、玉米等农产品的进口，商务部征询了农业部和大豆行业协会的意见。而商务部与农业部、工信部同为国务院组成部门，行政级别相同，所以他们的意见可能直接影响案件的审查进程。

并且《反垄断法》要求商务部在审查时除了考虑传统的反垄断分析要素外，还要评估经营者集中对“技术进步”“国民经济发展”的预期影响。所以一旦集中涉及商务部认为的对“国民经济发展”比较重要的产品，其对案件就会附加不同于其他司法辖区的行为性限制条件。例如因为中国是世界最大的大豆进口国，所以在丸红收购高鸿案中，商务部要求交易方“维持丸红公司和高鸿公司向中国出口和销售大豆业务的分离与独立”。

运用结构化实证分析方法评估单边效应离不开数据的搜集和整理。在横向经营者集中审查时进行单边效应评估对数据的要求较高，并且模型中变量设计的微小变化会对模拟的结果有较大的影响。美国司法部以及联邦贸易委员会评估合并效果时所用的数据主要来自于信息资源厂商（IRI）和 A. C. Nielsen 两家数据公司，都来自于杂货店零售商的扫描数据。这些数据收集在产品水平上面，由于在扫描器中多数价格变动都出现在临时降价时，这些数据是否适用于需求弹性估计，与竞争者后并购时期在持久价格变动上的决定相关。如果临时降价按预期实施，数量反应应该比对持久价格变动的数量反应更大。[1] 中国反

[1] 尚明. 反垄断法理论与中外案例评析［M］. 北京：北京大学出版社，2004.

垄断执法部门在进行横向经营者集中审查时，如果使用结构化实证分析方法进行单边效应的评估，必须借助于数据，而数据的获得以及数据的质量和处理技术都直接影响最终的评估结果，进而决定了该集中案是否被通过。实践的操作对数据的收集、处理等问题提出一个难题，而解决这一难题是对横向并购中单边效应进行数量分析的必要条件。❶ 要解决这一问题，一方面通过商业途径解决，由专业数据公司来收集和整理数据，进行有偿使用；另一方面通过反垄断执法部门借助法律的强制力由企业直接提供扫描数据。

4.11 经营者集中豁免

未发现商务部依据《反垄断法》第 28 条之规定给予经营者或行业协会豁免的案件。

《反垄断法》第 28 条仅规定了“集中对竞争产生的有利影响明显大于不利影响”和“符合社会公共利益”两个条件，而对如何分析集中对竞争产生的影响、怎么进行利弊权衡、社会公共利益如何界定等问题缺乏进一步的说明，导致经营着集中豁免制度不具有实际操作性，难以切实发挥豁免企业合法并购重组的作用。

我国《反垄断法》对经营者集中豁免制度的规定显得尤为粗糙。《反垄断法》第 28 条仅规定了“集中对竞争产生的有利影响明显大于不利影响”和“符合社会公共利益”两个条件，而对如何分析集中对竞争产生的影响、怎么进行利弊权衡、社会公共利益如何界定等问题缺乏进一步的说明，导致经营着集中豁免制度不具有实际操作性，难以切实发挥豁免企业合法并购重组的作用。而《关于经营者集中申报文件资料的指导意见》第 6 条提到了市场进入分析，第 9 条规定了“集中可能产生的效率及相应的支持文件，应分析效率如何实现、实现时间、量化方式、消费者受益程度、不通过集中是否无法实现该效率等情况”，却都没有明确将之列为豁免条件。关于破产企业抗辩，2006 年《关于外国投资者并购境内企业的规定》第 54 条第（2）项中规定重组亏损企业并保障就业的，并购一方当事人可以向商务部和工商总局申请审查豁免，但没有规定破产企业作为豁免条件的构成要件，而在 2009 年该规定修订时，该条款却被删除了。因此，我国《反垄断法》及相关规范性文件缺乏经营者集中类型化的豁免条件，使得实践中经营者集中豁免制度的运用十分困难。❷

---

❶ 连海霞. 计量工具在横向兼并反垄断审查中的应用 [J]. 山东财经大学学报，2014 (2)：28-35.

❷ 孙晋. 论经营者集中审查制度在国有企业并购中的适用 [J]. 华东政法大学学报，2015 (4).